U0950893

攻防有道

企业知识产权实战案例精解

蒋海军　陈静　李青尘　等◎著

知识产权出版社
全国百佳图书出版单位
—北京—

图书在版编目（CIP）数据

攻防有道：企业知识产权实战案例精解 / 蒋海军等著 . —北京：知识产权出版社，2022. 3

ISBN 978 -7 -5130 -8048 -4

Ⅰ. ①攻… Ⅱ. ①蒋… Ⅲ. ①企业—知识产权—案例—中国 Ⅳ. ①D923. 405

中国版本图书馆 CIP 数据核字（2022）第 012523 号

责任编辑： 唱学静　　**责任校对：** 潘凤越

封面设计： 瀚品设计　　**责任印制：** 刘译文

攻防有道：企业知识产权实战案例精解

蒋海军　陈　静　李青尘　等　著

出版发行：知识产权出版社有限责任公司　　网　址：http：//www. ipph. cn

社　址：北京市海淀区气象路 50 号院　　邮　编：100081

责编电话：010 -82000860 转 8112　　责编邮箱：ruixue604@163. com

发行电话：010 -82000860 转 8101/8102　　发行传真：010 -82000893/82005070/82000270

印　刷：天津嘉恒印务有限公司　　经　销：新华书店、各大网上书店及相关专业书店

开　本：720mm×1000mm　1/16　　印　张：19. 25

版　次：2022 年 3 月第 1 版　　印　次：2022 年 3 月第 1 次印刷

字　数：306 千字　　定　价：78. 00 元

ISBN 978 -7 -5130 -8048 -4

作者简介

蒋海军

江苏瑞途律师事务所主任，律师、专利代理师、仲裁员，美国华盛顿大学访问学者。2018—2019 年入选“中国优秀知识产权律师榜 TOP 50”，首批江苏省知识产权领军人才。最高人民检察院民事行政咨询专家，南京市律师协会知识产权保护法律专业委员会主任，国际商会（ICC）中国国家委员会知识产权委员会成员，国际商标协会（INTA）地理标志委员会委员，世界华人技术经理人协会会员，海南国际仲裁院、南京仲裁委员会等多地仲裁机构仲裁员，南京大学创业导师，苏州等多地知识产权专家咨询委员会委员。

在知识产权和科技法律领域有着深厚造诣，在企业知识产权风险防控和应对、涉外知识产权风险控制、纠纷应对等领域有着丰富的经验，有多件案例入选最高人民法院公布的中国法院重大知识产权案件和典型知识产权案例。

陈静

江苏瑞途律师事务所副主任，律师、专利代理师。南京仲裁委员会仲裁员，江苏省律师协会知识产权业务委员会副主任，中国（南京）知识产权保护中心技术专家库专家、苏州市知识产权保护中心专利侵权判定咨询专家、江苏省信息网络安全协会法律专家，江苏省知识产权纠纷调解员，南京理工大学知识产权学院校外硕士导师。江苏省知识产权领军人才，2008—2010 年度“南京市优秀律师”，2013—2015 年度“南京市十佳律师”。

专长包括专利、商标、著作权及不正当竞争等各类知识产权诉讼及非诉，尤其擅长专利无效、专利诉讼，还在企业知识产权管理咨询及培训方面有较丰富的经验。

李青尘

律师、专利代理师。2020 年入围“中国知识产权律师 TOP 200”，2019 年获评知产力“中国优秀知识产权律师”，2015 年度全国专利民事诉讼榜排名第一的律师团队主要成员。

具有法院工作经验，擅长专利相关争议解决及高价值专利布局策略，曾处理各类知识产权案件百余件，其中有最高人民法院改判胜诉案例。

杜袁成

律师、专利代理师。2019 年获评知产力“中国优秀知识产权律师”，2015 年度全国专利民事诉讼榜排名第一的律师团队主要成员。江苏省暨南京市高层次创业创新人才知识产权法律服务中心专家服务团成员，安徽省知识产权维权专家团成员，安徽省律师协会知识产权专业委员会委员，马鞍山市知识产权专家库专家。安徽警官职业学院客座教授，国家知识产权培训基地培训讲师。

发表文章 3 篇，出版图书 1 部。撰写的发明专利 2014—2016 年连续三年在江苏省“百件优秀发明专利”评选中获奖。

刘琦

律师、专利代理师。南京市律师协会知识产权保护法律专业委员会委员，常州市知识产权专家库专家。南京市 2019 年度优秀知识产权业务律师，南京市律师行业党员示范岗。与他人合著文章获 2019 全国律师协会知识产权专业委员会年会年度优秀论文。

具有理工科和法律教育背景，执业十余年来持续为包括高校、企业、科研院所在内的不同客户提供知识产权法律服务，具有丰富的知识产权申请、复审、无效和诉讼实务经验。

王瑋

律师、专利代理师。南京市律师协会知识产权保护法律专业委员会秘书，九三学社成员，江苏省常州市知识产权专家库入库专家。江苏省知识产权骨干人才，2018—2019 年度优秀知识产权诉讼专利团队榜 TOP10 律师团队主要成员。胜诉案件入选 2018 年中国法院 50 件典型知识产权案例、2019 年度全国律师协会知识产权专业委员会十佳案例，撰写的发明专利获第二十届中国专利奖金奖，还曾获得 2019 年度南京市律师协会优秀知识产权业务奖等荣誉。

具有丰富的专利代理、无效、知识产权诉讼经验，擅长商业活动中的知识产权争端解决。

李维朝

律师、专利代理师，曾在软件公司从事软件开发工作，在中兴通讯从事知识产权工作。江苏省知识产权骨干人才，江苏省律师协会知识产权律师人才库入库律师，江苏省常州市知识产权专家库入库专家。四川省内江高新区高新技术创业服务中心导师，南京市律师协会知识产权保护法律专业委员会委员，南京市律师协会合规审查法律专业委员会委员。

在知识产权领域深耕十余年，在专利无效宣告、专利侵权诉讼、专利分析评议、计算机软件著作权侵权诉讼、数据合规以及企业知识产权管理等方面有着丰富的经验。

序　言

蒋海军律师是本人认识多年的老朋友。他有丰富的知识产权实务经验，经常就一些专业法律问题和我交流，让我获益良多。这次得知他和几位同事准备出版这本面向企业家和企业管理人员的案例集，我很高兴，答应为本书写一小段文字，表达自己的敬意。

本书主要目标读者是企业家和企业管理人员等非知识产权专业人士，这从“实战案例精解”的书名就能看出。作者选择的典型案例具有知识产权管理和诉讼方面的实务价值，为了消除专业障碍，每个案例的案情介绍、律师评析或诉讼经验总结，也都尽可能采用通俗易懂的文字表达。看到这些接地气的标题“有多少优秀的发明，‘死’在了专利申请上”“绝地求生——专利权如何于‘在先公开’下幸存”“发明人奖酬‘秋后算账’争议多”“技术合作的‘一地鸡毛’”，读者就会忍不住想翻开书，一探究竟。通读这些真实案例和律师解析，读者一定能够更深刻地体会企业知识产权保护的重要性，理解企业知识产权保护的各种现实挑战，从而获得知识产权实战攻防的基本技能。

除了普通企业家或企业管理人员，知识产权专业人士其实也能从本案例集中获得有益启示。这些案例评论的文字虽然被通俗化，但是办案律师还是为它们所涉及的重要法律问题提供了个性化的解决方案。专业同行读到这些文字，还是能够从中汲取一些宝贵的经验教训，加深自己对知识产权实务的理解，提升自己的专业能力。

与专业律师不同，本人更关注案例的学术研究价值。每天涌现的各种匪夷所思的实务案例，不断挑战现有法律规则，敦促学术界不断提供新的理论解释框架。在这一过程中，即便学术界不想进步，也会被实践裹挟前行。因此，毫不夸张地说，这些实务案例已经成为中国知识产权学术研究的最重要资源。现在，我们很高兴地看到，越来越多的专业律师像本书作者们一样，百忙之中还乐于分享自己在实务工作中遇到的法律难点、痛点和兴奋点。办案律师的案例评论提供了不同于司法判决文书的“法官角度”，使得学术界对司法案例的理解更加多元，也更加深入，因而也间接推动学术研究的进步。

基于以上原因，我们期待蒋海军律师和他的同事们业务不断精进，将来能出版更多更好的实战案例集，为繁荣知识产权法律共同体做出更大的贡献。

崔国斌

清华大学法学院知识产权法研究中心主任

2021 年 9 月 12 日于北京清华园

目录

CONTENTS

发明/实用新型
专利篇

案例 1

有多少优秀的发明，“死”在了专利申请上

——钢管矫直机专利侵权案例剖析

案情介绍

钢管矫直机常常见于建筑工地，用于矫直钢筋，使其符合使用要求。扬州的一位专利权人在 2011 年申请了一件钢管矫直机专利，专利号为 ZL201120317370. X。

该专利产品使用效果较好，吸引了本地的另一家企业购买，该企业购买后仿制销售。由于二者在同一个地区，产品功能相近，名称相同，所以双方的销售范围产生了较大的重叠，最终专利权人以侵犯专利权为由提起诉讼。被告收到诉状后暗暗叫苦，因为他很清楚，这个产品完全仿自专利权人，两者几乎一模一样。

专利权的威力，就是可以禁止一切他人未经许可擅自实施和专利记载相同的技术方案。通常情况下，这种高程度的仿制，只要被专利权人抓到，基本在劫难逃。被告知道自己处境被动，尝试与专利权人协商，但双方在和解金额上面分歧较大，所以协商无果。于是被告只能请律师应诉，期望能够降低赔偿额度。

律师第一次与被告见面的时候，被告老板神情忧郁，眉头紧锁，不断地重复一个词“一模一样”。不过，专利产品并不能代表专利权本身，其最终的保护范围，还需要以文字记载的权利要求来理解认定。通过阅读专利文件发现，

权利要求 1 几乎写了满满一页（见图 1），详细地记载了专利产品的各种部件特征和位置关系。一般人可能并不清楚这意味着什么，但有着丰富专利代理经验的律师很清楚，技术特征越多，描述得越详细，其保护范围越小，很可能被控侵权产品有某处细微的特征或结构关系变化，就会跳出专利权的保护范围。

CN 202239074 U　　　　权 利 要 求 书　　　　1/2 页

1. 建筑钢管除锈调直油漆机的调直机构，包括对称布置的左右两块墙板，在所述两块墙板的下方、由前至后分别通过轴承横向布置第一、第二、第三、第四和第五根下传送轴，所述各下传送轴布置在同一水平面上，所述各下传送轴的两端分别布置在两块墙板的外侧，在左右两块墙板之间的所述第一、第三和第五下传送轴上分别固定连接第一、第三和第五下传送辊；在墙板的上方分别设置第一、第二、第三、第四和第五上传送轴，各上传送轴对应地与各下传送轴布置在同一竖向上；其特征在于在所述各下传送轴的两端分别各自连接第一、第二、第三、第四和第五下传动齿轮，所述第一、第二、第三、第四和第五下传动齿轮相互依次啮合；所述第一上传送轴的两端分别通过轴承穿置在第一左滑块和第一右滑块中，所述第一左滑块的上、下两端分别通过弹簧支撑在左墙板上，所述第一右滑块的上、下两端分别通过弹簧支撑在右墙板上，所述第一上传送轴的两端分别布置在左右两块墙板的外侧，在左右两块墙板之间的所述第一上传送轴上固定连接第一上传送辊，在所述第一上传送轴的端部连接第一上传动齿轮，所述第一上传动齿轮与所述第一下传动齿轮啮合；所述第二上传送轴的两端分别通过轴承连接第一左偏心套和第一右偏心套，所述第一左偏心套布置在左墙板的圆孔中，所述第一右偏心套布置在右墙板的圆孔中，在所述第一左偏心套和第一右偏心套上分别固定连接第一压力臂，在左右两块墙板之间的所述第二上传送轴上固定连接第二上传送辊，在所述第二上传送轴上固定连接第一链轮；所述第三上传送轴的两端分别通过轴承穿置在第三左滑块和第三右滑块中，所述第三左滑块的上、下两端分别通过弹簧支撑在左墙板上，所述第三右滑块的上、下两端分别通过弹簧支撑在右墙板上，所述第三上传送轴的两端分别布置在左右两块墙板的外侧，在左右两块墙板之间的所述第三上传送轴上固定连接第三上传送辊，在所述第三上传送轴的端部连接第三上传动齿轮，所述第三上传动齿轮与所述第三下传动齿轮啮合；所述第四上传送轴的两端分别通过轴承连接第二左偏心套和第二右偏心套，所述第二左偏心套布置在左墙板的圆孔中，所述第二右偏心套布置在右墙板的圆孔中，在所述第二左偏心套和第二右偏心套上分别固定连接第二压力臂，在左右两块墙板之间的所述第四上传送轴上固定连接第四上传送辊，在所述第四上传送轴上固定连接第二链轮；在所述第二下传送轴上连接第三链轮，在所述第一链轮、第二链轮和第三链轮之间连接传动链条；所述第五上传送轴的两端分别通过轴承穿置在第五左滑块和第五右滑块中，所述第五左滑块的上、下两端分别通过弹簧支撑在左墙板上，所述第五右滑块的上、下两端分别通过弹簧支撑在右墙板上，所述第五上传送轴的两端分别布置在左右两块墙板的外侧，在左右两块墙板之间的所述第五上传送轴上固定连接第五上传送辊，在所述第五上传送轴的端部连接第五上传动齿轮，所述第五上传动齿轮与所述第五下传动齿轮啮合。

图 1　原告涉案专利权利要求书（局部）

道理很简单，除实用性之外，专利授权主要考察的是新颖性和创造性要求。方案中出现的与现有技术不同的特征越多，与现有技术方案的差别就越大，也就更容易获得授权；但对于专利侵权判定，首要原则是全面覆盖，即只有被控侵权产品包含权利要求的全部技术特征，才会被判定为侵权。打个浅显的比方，如果权利要求写的是“人类”，那么无论哪国人，什么肤色性别，肯定在其中；但如果是“一个身高在 170 ~ 180 厘米的肤色较黑的 25 ~ 30 岁江苏男性”，符合这个要求的就少得多了。而本案的权利要求，就类似于后者。

为了核实产品是否侵权，被告让工程师抬出一部机器，并现场拆解进行仔细比对。律师对着独立权利要求，逐个特征比对下来，发现与涉案专利相比唯独缺少了一个齿轮（见图 2 和图 3）。工程师挠头：“曾经有一次我们测试机器的时候，这个齿轮忘了装，结果居然发现机器仍然能正常运转。所以为了节约成本，有些产品里这个齿轮我们就省掉了。”有了这个发现，律师觉得这个案子或许有一线生机，但此时原告已经公证购买了一台产品，而律师并不知道该产品是否安装了这个齿轮。

图 2　被告涉案产品

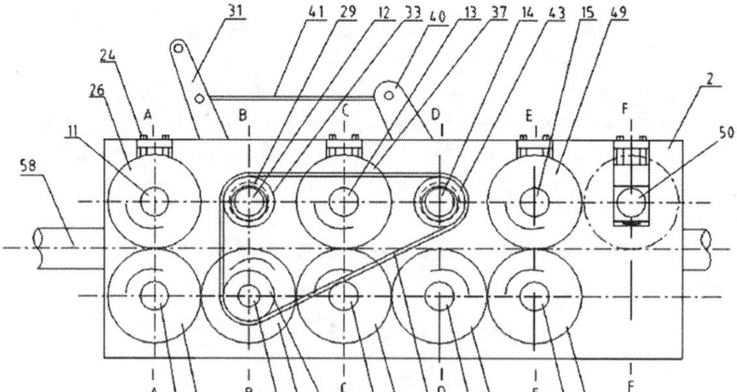

图 3　原告涉案专利说明书附图

开庭前，原告补充了一份侵权比对表，对自己的专利权利要求各技术特征进行了详细梳理，以20个技术特征明确了整个技术方案的组成，意在表明各技术特征与被控侵权产品相对应的特征均吻合，产品落入专利权保护范围。律师分析，这份侵权比对表反而能够为被告所用，原因在于原告已自行明确其各项技术特征为何物，包括被告缺失的这颗齿轮，原告也纳入了比对范围。这意味着原告在法庭上很难再反悔而另做解释了。

原告打开公证封存的木箱，取出被控侵权产品的那一刻，律师的心落了地。公证产品正是缺少那颗关键齿轮的产品。接下来的抗辩就轻松很多了。

根据专利说明书，可以清楚地知道其中对所缺失的齿轮的作用进行了详细的描述。对于本领域技术人员而言，一直认为该齿轮不可缺少，否则会严重影响传送效率，本领域技术人员一直是这么认为并且这样实施的。对于这个技术特征，本案的被告之前与本领域的技术人员一样都认为是必不可少的。但被告的技术人员在一次实验中，偶然发现将该齿轮取下后，只要严格地计算调整其他齿轮的啮合度，就可以更好地实现传动。在进一步的实验中发现，实际上该齿轮的存在使得齿轮之间的摩擦增加，损耗能源增加，导致齿轮的磨损度加大，去除该齿轮反而优化了技术效果。可以说该技术创新是由被告做出的，被告甚至可以就该点创新另行申请专利。

法官认可了被告的观点。经庭后工作，最终本案以原告撤诉结案。

律师评析

《中华人民共和国专利法》（以下简称《专利法》）（2008 年修正本）规定：“发明或者实用新型专利权的保护范围以其权利要求的内容为准，说明书及附图可以用于解释权利要求的内容。”2009 年 12 月 21 日由最高人民法院审判委员会第 1480 次会议通过的《最高人民法院关于审理侵犯专利权纠纷案件应用法律若干问题的解释》第七条规定：“人民法院判定被诉侵权技术方案是否落入专利权的保护范围，应当审查权利人主张的权利要求所记载的全部技术特征。被诉侵权技术方案包含与权利要求记载的全部技术特征相同或者等同的技术特征的，人民法院应当认定其落入专利权的保护范围；被诉侵权技术方案的技术特征与权利要求记载的全部技术特征相比，缺少权利要求记载的一个以上的技术特征，或者有一个以上技术特征不相同也不等同的，人民法院应当认定其没有落入专利权的保护范围。”

上述司法解释已经非常清楚地明确了“缺少权利要求记载的技术特征”是不侵权的。

本案中，不得不说的是，原告虽然做了大量认真细致的工作，对于自己的技术特征进行了详细的解析，但最终因为专利权利要求没有注意保护范围的问题导致不利结果。在作为知识产权律师执业的十年里，笔者见过许多这种因为没有真正关注专利权的实质而导致技术不能得到有效保护的案例，致使一些好的创新设计毁在了专利撰写上，专利申请人应当引以为戒。

此外，本案原告提交的侵权比对表也是败笔所在。正是因为自行限死了对技术特征的解释范围，导致该齿轮被无可争议地认定为权利要求限定的必要技术特征，从而不符合全面覆盖原则，使得被告避开了侵权。本案留给我们的思考是，如果当初原告从不同的角度去解释权利要求技术特征，比如以整个传动系统为技术单元来解释说明，或许案件会有不同的结果。

（承办律师　蒋海军）

案例 2

专利的杀手：使用公开

投入大量财力和人力，辛苦研发出来一套方案，经过层层测试修改，终于形成较为成熟的产品，紧锣密鼓地投入生产线，申请专利，规模生产。卖得好了，很快就会陆续冒出仿品；卖得不好，投入的成本都不一定收得回来。所以，比起申请专利，很多企业更注重的是抢占市场先机，巩固市场领先地位。笔者见过不少企业，产品还未投放，市场宣传就已经在大力推进了，然而就在这个过程中很多企业忽视了专利申请的时机问题。本文想提醒的，便是这个专利权人最易掉的“坑”——使用公开。

◇ 案情介绍

王氏兄弟两家住安徽和县，此地毗邻长江，气温适宜，雨水丰富，很适宜耕种。兄弟二人经营着一家农机维修铺，在农活儿之余，帮助邻居父老维修一下农机，赚些小钱。凭着多年的农机维修经验，加上一点灵感，王氏兄弟在 2015 年研究出了一套水田平整设备，并且申请了专利。在春季水稻插秧时，农民需要把水田的泥土翻犁平整一番，以便后续耕作。在过去，通常是用牛力，现在基本都用拖拉机或者专业农机操作，效率提高了不少。但是专业的水田平整机价格不菲，主要卖给农业公司使用，农民个人很少有去购买的，还是用拖拉机配合人力操作居多。王氏兄弟的发明就是在拖拉机上焊接加装一个耖板，以及一套液压油缸，使得耖板可以在驾驶室里直接操控，用以推平田里的泥土。这套看似不复杂的改装，效果却格外好，相比传统方式，大大减少了人力操作劳动量，提升了效率。因此，当地请他们改装拖拉机的同乡络绎不绝。后来，兄弟俩干脆放下农活儿，专心做农机，附近几个县城的人都慕名前来。生意最好的时期，每天家门前的马路边都停了一排等待改装的拖拉机。

朱某的农机维修铺开在王氏兄弟的对面，就隔着一条乡道，两家低头不见抬头见，双方一直相安无事。但在王氏兄弟的水田平整机火了以后，朱某分外眼红，也想分一块蛋糕。因为王氏兄弟的农机铺场地有限，所以门口临街那块区域就成了他们的操作车间，是完全开放的状态，他们的改装过程隔着马路不用望远镜就能看得清清楚楚。再加上本身改装的机械结构并不复杂，经过一番观察，朱某很快摸清了门道，也开始外购同样的零部件，帮人改装。

对王氏兄弟来说，其产能有限，而订单排得很长，根本照顾不过来，来个竞争对手分流一下，一时半会儿也影响不了他们的利益。但是朱某上来就搞低价竞争，抢夺客户。由于双方仅仅一路之隔，迫于客户压力，王氏兄弟只能跟着降价，双方互不相让。结果导致农机改装市场价从最初的5000元一台一路跌破3000元一台，利润大幅缩水。这样下去显然不是办法，于是王氏兄弟掏出去年申请的专利，把朱某告上了法庭。

立案后，主审法官安排时间去了和县现场勘查，了解情况。闲聊中，王老二提起："这个产品我们做出来以后免费给比较熟悉的邻居朋友改了几台试用了一下，觉得效果不错，后来就申请了专利。"此言一出，法官当时便沉吟不语。笔者在边上听得冷汗直流，赶紧找个理由把话题岔开。王老二并不知道自己失言，但法官显然已经有所察觉——使用公开的问题。

所谓使用公开，是指专利申请日之前，其技术方案或设计就已经公开使用，无论公开地点是国内还是国外。使用公开一旦成立，将直接影响专利的新颖性，致使专利权无效，影响案件走向。

不过这个案件中，朱某的律师没有注意到使用公开的问题，也没有从这个角度整理证据抗辩，法官虽然听到王老二提了这一句，但因司法中立性要求不能提示对方，也就只能依据双方提供的现有证据判定朱某侵权成立，承担侵权赔偿。只是，在赔偿数额方面做了适度平衡。

◇ 律师评析

对于使用公开的判断标准，在《专利审查指南2010》（2019年修订）

（以下简称《专利审查指南》）中有具体说明："使用公开的方式包括能够使公众得知其技术内容的制造、使用、销售、进口、交换、馈赠、演示、展出等方式。只要通过上述方式使有关技术内容处于公众想得知就能够得知的状态，就构成使用公开，而不取决于是否有公众得知。但是，未给出任何有关技术内容的说明，以致所属技术领域的技术人员无法得知其结构和功能或材料成分的产品展示，不属于使用公开。如果使用公开的是一种产品，即使所使用的产品或者装置需要经过破坏才能得知其结构和功能，也仍然属于使用公开。此外，使用公开还包括放置在展台上、橱窗内公众可以阅读的信息资料及直观资料，例如招贴画、图纸、照片、样本、样品等。"

从《专利审查指南》给出的判断标准可见，使用公开的方式非常宽泛，这个制度又一定程度上限制了企业快速推出、抢占领先的经营模式，若对这个概念没有清楚的了解，很容易在不经意间踩坑，导致辛苦研发的产品拿不到专利，或者专利权处于不稳定状态，将来拿去维权都心内无底。

本案中，若真如王老二所说的那样，是否构成使用公开呢？让我们比照《专利审查指南》中的判断标准来分析：这个专利产品是改装拖拉机，发明点在于改装部件及与拖拉机的连接方式上。在专利申请之前，王氏兄弟为邻居提供了改装并让他们在田间地头进行测试使用，这个使用场所显然是公共开放性的场所，拖拉机外接部件的焊接、组装方式通过简单观察也是一目了然的，并没有技术人员无法得知的结构或功能。如果专利申请的技术方案与测试的拖拉机相比没有大的改动，那么王氏兄弟免费给邻居改装测试，已经构成了使用公开。

此外，从王氏兄弟的研发环境来看，很有可能其前期的研发过程也已构成使用公开。因为其生产车间的特殊性——开放式的、临着车来人往的马路，所有的组装操作都在路边完成，没有任何秘密可言，因此王氏兄弟的整个研发、组装、测试过程都是暴露在公共环境下的。鉴于其产品没有太多高深莫测的技术含量，这就意味着专利技术方案的实质内容早已处于公众随时可以获悉的公开状态——这也是为什么朱某隔着马路看几眼就能仿出来的原因。

可能有读者会有疑问，这种即便是使用公开，也是专利权人自己公开的，会有影响吗？抱歉，《专利法》特意明确了"本法所称现有技术，是指申请日以前在国内外为公众所知的技术”，无论这个技术的出处是否为专利权人，只要客观上公开为公众所知即可。

本案启示

《专利审查指南》中说的是使用公开对专利新颖性的影响。在侵权诉讼中，如果使用公开被认定，对案件结果又有什么影响呢？其实和现有技术（设计）的效果类似，哪怕是专利权人自己使用公开的，也可以构成现有技术（设计），对侵权方而言，自然可以主张现有技术（设计）抗辩。

厘清了使用公开在真实案件中可能会对案件走向造成的影响，以此为鉴，研发企业或个人可以得到哪些启示呢？

1. 研发过程要保密

本案中，王氏兄弟受场地限制，不得不在光天化日之下进行研发，技术被一览无余，不过大部分企业还是具备基本的研发条件的。在专利申请乃至公开之前，研发过程中的数据、图纸、样品和最终的研发成果，属于企业的商业秘密，应当特别注意完善这一方面的保护，建立充分的商业秘密保护措施，对参与研发人员要有所制约，宣贯专利制度和保密意识。

2. 测试环节要把控

很多产品的样品生产、测试是与外部合作的，比如本案中王氏兄弟免费帮助邻居改装就是一种简陋的外部合作测试。这时候，因为测试产品脱离了自己的控制，到了第三方主体的手中，所以保密性这方面的把控就更要做好。应当与第三方签订正式的保密协议，对测试场所、参与测试的人员、保密措施有一定的规范，并明确违约责任——因为即便设有保密义务，一旦公开，产品还是成了现有设计，无法挽回了，只能从违约责任设计上增加对方的违约成本，以此来限制。

3. 善用优先权制度，提前申请时机

优先权制度，是设计给专利权人从概念形成到方案成熟的缓冲期。所谓优先权，简单来说，就是一年内的在后申请满足优先权条件时，可以把申请日提前到优先权文件的申请日期。不少企业习惯等产品开发完全，亲测可用

后，才去申请专利固定知识产权成果，其实大可不必，完全可以在思路基本成型时就提交一份申请，在申请文件中把产品将来所有的可能性都写进去，写详细一些也没有问题，然后在一年之内将研发基本成型，再正式申请并要求优先权。有人可能会说，这不是把家底都交出去了吗？并不是。发明申请，如果不做要求，一般 18 个月才会公开，而发明、实用新型专利的优先权期限是 12 个月，要求优先权后，可以要求撤回之前的优先权文件，所以这些内容自始至终都没有公开过，不会有影响。为什么要写得尽可能多而详细呢？这是因为优先权制度要求，在后的专利申请，要求优先权时，其技术方案要在之前的优先权文件中出现过才行。

在律师团队最近处理的案件中，笔者惊讶地发现，甚至是全球知名的业界大佬也掉过这个坑，在一起专利无效案件中，仅靠其在公开场所测试产品的照片与视频就对其专利权造成了毁灭性打击。由此感叹，企业家对专利规则的陌生与忽视，可能远比我们想象的严重得多。

（承办律师　李青尘）

案例3

谨防自己“丢掉”专利

在知识经济时代，企业的核心竞争力越来越集中在企业自主知识产权的数量和质量上。企业对经营市场的争夺，也越来越多地伴随着各种层出不穷的知识产权纠纷大战，其中最常见也最普遍的就是专利维权诉讼。然而，专利权人在专利维权诉讼中败诉的情况时有发生，那么是专利权人在申请专利过程中的哪些行为，让自己“丢掉”了专利，输掉了官司？这值得我们探讨。

案情介绍

无锡A管道附件有限公司（以下简称“无锡A公司”）是生产制造管道阀门和相关管道附件的老企业。无锡A公司非常重视新产品研发和技术创新工作，并依据其雄厚的技术力量参与本行业产品标准的制定。公司还针对其经营的主要产品先后申请了多项专利。

某年年初，无锡A公司发现行业内出现了一个强大的竞争者：天津某阀门公司（以下简称“天津公司”）。天津公司在全国范围内公开销售的一种管道伸缩接头产品，就是无锡A公司的专利产品之一。为了避免天津公司进一步挤占公司的产品市场，无锡A公司立即启动了专利诉讼，要求天津公司立即停止生产销售，并赔偿经济损失195万元。同时，无锡A公司还向法院申请进行了证据保全和财产保权，冻结了天津公司账户。

无锡A公司认为这场诉讼必定能赢，因为天津公司生产销售的产品，与自己的专利技术方案完全相同，没有任何改动。依照《专利法》规定，天津公司未经专利权人的许可，生产销售专利产品，应当承担侵犯专利权的法律责任，且已有充分的证据证明天津公司的侵权获得额至少有 200 万元，无锡 A 公司的诉讼请求肯定能得到法院的支持。

但该案的结果却大大出乎无锡 A 公司的意料。无锡 A 公司不仅没有赢得这场诉讼，同时其据以起诉的专利权也被宣告全部无效。

无锡 A 公司据以起诉的实用新型专利是在 1997 年 6 月 2 日申请的，国家知识产权局于 1998 年 6 月 24 日予以授权。在诉讼中，被告天津公司向法庭提交了两组证据：

第一组证据是本案原告无锡 A 公司在 1993 年 10 月 20 日与深圳某公司签订的与本案专利产品型号相同的产品的购销合同。结合原告产品说明书，以及原告在起诉状中的相关陈述，证明原告一致性地使用 SSJB-3 和 VSSJA-1 两种产品型号，原告的 SSJB-3 和 VSSJA-1 两种型号的伸缩接头产品即为专利产品。该组证据证明原告早在 1993 年即公开销售相关专利产品，原告自己在本案专利申请之前进行的公开销售行为，已经使本案专利技术方案处于公开状态，本案专利已成为自由公知技术。

第二组证据是江苏省锡山市（现为锡山区）B 水电设备附件厂在 1996 年 3 月至 1997 年 2 月期间涉及相关伸缩接头产品的 6 份购销合同及相应销售发票存根，在所销售的产品中包括了型号为 SSJB-3 和 VSSJA-1 的伸缩接头产品；B 水电设备附件厂的有关松套伸缩接头系列产品说明书，在该说明书中，详细披露了 SSJB-3 和 VSSJA-1 两种型号的伸缩接头产品的结构，所示的伸缩接头产品的结构特征，与原告产品说明书所示的 SSJB-3 和 VSSJA-1 两种型号的伸缩接头产品的结构完全相同，充分公开了本专利权利要求所述技术方案。该组证据也表明，体现本案专利权利要求技术方案的产品，早在本案专利申请日之前就已在国内处于商业销售的公开使用状态。因此，本案专利权利要求所述技术方案为自由公知技术，根本不能也不应得到专利权利的保护。

同时，被告天津公司在答辩期内依据以上证据，以原告无锡 A 公司据以起诉的专利不具备《专利法》所规定的新颖性为主要理由，向国家知识产权局专利复审委员会提出宣告专利权无效请求。经审查，专利复审委员会依据上述证据，做出宣告无锡 A 公司该专利权全部无效的审查决定。

无锡 A 公司在丧失了专利权之后，不得不撤回对天津公司的起诉。

律师评析

在本案中，原告针对被告生产销售涉案专利产品的行为，提供了极其充分和翔实的证据资料，尤其对于被告天津公司的涉案产品生产销售额有极其确定的证据资料。如果法院认定被告侵权行为成立，被告天津公司将承担巨额的经济赔偿。

被告代理律师在详细了解了涉案专利产品在国内的生产销售情况后，迅速指导当事人积极收集证据，并及时在答辩期内向国家知识产权局提出说理举证充分的专利无效宣告请求。尽管原告提交了实用新型专利检索报告，但法院在审查了无效宣告请求的理由和证据资料后，依然作出了中止本案审理的裁定。本案专利的无效宣告请求，经专利复审委员会审查，被支持和认定。本案专利权被宣告全部无效。原告撤回对被告的诉讼请求。

本案被告胜诉的关键在于，收集到充分的有足够证明力的证据资料，足以否定本案专利的新颖性。被告收集到的两组证据，形成完整的“在先公开使用”的证据链，充分证明了在本案专利申请日之前，本案专利所要求保护的技术方案以国内公开销售方式被予以充分披露和公开，已丧失专利新颖性，成为自由公知技术。无效宣告审理过程中，专利复审委认为：案外人乃水电设备附件厂所生产销售的伸缩接头产品，与本专利权利要求 1 ~7 所述的所有技术方案完全相同。因此，可以认定，在本案专利申请日前，已有同样的产品在国内公开使用，本案专利缺乏新颖性，依法应当被宣告无效。本案是少有的以使用公开事实确认否定专利新颖性的“无效”成功案例之一。

在司法实践中，在本案证据条件下，足以确认涉案专利存在申请前使用公开的情形，被告也可以其生产销售专利产品行为系合法使用现有技术为抗辩理由。

本案启示

根据《专利法》（2000 年修正本）（本案审理时适用 2000 年版）第二十二条的规定，发明或实用新型专利应当具备新颖性。专利的新颖性主要是指在申请日以前没有同样的发明或者实用新型在国内外出版物上公开发表过、在国内公开使用过或者以其他方式为公众所知，也没有同样的发明或者实用新型由他人向国务院专利行政部门提出过申请并且记载在申请日以后公布的专利申请文件中。即出版物公开、使用公开以及抵触申请的存在，会使一个专利申请不具备新颖性。

在实践中，常见的有以下三种情况会导致专利丧失新颖性，让专利权人自己“丢掉”专利。

一种就是本案所述的情况，多发生在专利申请人为生产企业的情形。专利权人在专利申请之前，自己或他人已公开生产销售了相关专利产品，导致专利申请所要求保护的技术方案以使用公开方式被公开，使专利申请丧失新颖性。

在本案中，原告无锡 A 公司的专利技术方案，因存在诸多在专利申请日前被公开的客观情形，明显缺乏专利所要求的新颖性，已属于法律所规定的自由公知技术范畴。因此，无论被告天津公司是否使用该专利技术方案，都不构成对本案专利权的侵犯。反过来，被告天津公司还可以依法要求原告承担因其不当财产保全所导致的经济损失。

这种专利申请前的公开生产销售行为，在实践中大量存在，很多生产企业甚至有这样的误解，认为如果没有相关的专利产品实际制造出来，就不能申请专利。事实上，专利申请人的这种申请前的制造销售行为，就是法律所规定的公开使用行为，极可能使其要求保护的专利技术方案成为现有技术，破坏其专利申请的新颖性。即使如本案无锡 A 公司那样，其专利仍然可能获得专利授权，因为专利审查中通常仅进行文献检索，无法获知专利申请是否有公开使用的情形，或者如实用新型申请，并不进行实质审查。但是在后续的维权诉讼中，一旦被告收集到此类证据，专利权会因无新颖性而被宣告无效，侵权诉赔更不能实现。

当然，也并不是所有的申请前销售行为都会导致专利申请丧失新颖性。当专利申请主题涉及一种制造工艺或新材料时，申请前的销售行为并不能使此类技术方案被披露和公知，因此一般不会破坏专利申请的新颖性。但是，为了避免丧失新颖性的风险，企业应当尽量在产品上市前完成相应的专利申请工作。

另一种情况是专利权人在申请专利之前，将相关的发明创造以论文或广告形式，在出版物上公开发表。例如，企业研发设计了一种新型产品，就在杂志或自己的产品宣传册上发布产品图片、技术说明甚至产品结构和操作程序。这种发布已经属于《专利法》所规定的“出版物公开”，与该公布内容相关的专利申请，都可能因此而不具备新颖性。再如，企业的技术开发人员为了评定职称或其他类似需要，在没有考虑企业专利申请需要的情形下，就将其负责的研发项目内容，以科技论文发表在学术期刊上。这也同样会产生一个副作用：破坏专利申请的“新颖性”，破坏技术秘密的“保密性”，进而葬送了企业本可以独享的科研成果权利。

还存在一种情况是企业很少意识到的，即“抵触申请”分享的问题。企业在专利申请之后，就认为可以不再对专利申请的技术内容进行保密了。为了加快新产品的市场推进，有的企业甚至主动将专利申请的新产品技术方案发给客户厂商。殊不知，这样做可能会产生一个专利取得风险。有些不良客户，在收到厂家的推销资料后，会将其略加修改之后，进行专利申请。虽然其专利申请在真正的权利人申请之后，在先“真”申请构成在后“假”申请的抵触申请，但由于在专利申请审查中，抵触申请仅用于新颖性比对和判断，而不能用来否定创造性，因此只要在后“假”申请与在先“真”申请技术方案有区别，存在新颖性，则在后“假”申请也可能获得专利权。如此，客户将轻易分享到本应由企业独享的专利利益。

（承办律师　陈静）

案例 4

绝地求生

——专利权如何于“在先公开”下幸存

在上一个案例——“谨防自己‘丢掉’专利”中提到，在先公开对专利权具有毁灭性的打击，一旦认定，则专利权会被宣告无效。那么面对这个可怕的杀手，专利权人就没有一点儿反抗的余地了吗？本文的案例较为特殊，或许能给予读者一些启示。

◇ 案情介绍

张先生做电动车生意多年，在常州有家规模不小的工厂。这几年国外市场很火，张先生公司的一款明星产品在美国销量很好，在中国也申请了外观设计专利。一天，张先生突然收到美国客户的邮件，客户称竞争对手最近推出了一款产品，和张先生的产品很像，故问询是否出自常州工厂。张先生仔细看了客户发来的照片，的确和自己的专利方案非常近似，但并非出自自己的工厂。并且，自己和客户签订了独家供货协议，也不可能同时向客户的竞争对手销售，一定是别家生产的。经调查发现，这款车果然是本地另一家同行在常州组装好外销出去的，于是张先生通过当地的合作伙伴，找到笔者，请教解决方案。

了解情况后，笔者建议张先生向当地知识产权局提起专利侵权行政处理。作为处理专利侵权纠纷的另一条途径，行政处理比起诉讼可以相对更快速地制止侵权。常州知识产权局也的确很有效率，立案后一周就启动了现场调查，在对方的工厂仓库查获了不少组装好的车。本以为程序可以顺利地走下去，很快就能够制止对方继续生产，不料半个月后，张先生收到了知识产权局的中止文件，原来对方也请了律师，收集了一系列证据，向专利复审委员会提出了此产品的外观设计专利无效宣告，并以此为由请求中止了行政程序。专利无效宣告程序是专利侵权纠纷中被告常常用来釜底抽薪的手段，在笔者处理过的专利侵权案件中，超过半数的被告都选择了这一手段。所谓无效宣告，简单来说，就是请求人向国家知识产权局专利复审委员会提交一系列证据，证明被请求的专利权不符合法定的授权情况，不具有可专利性，自始就不应被授权。如果无效成功，那么这件专利权就直接被消灭了，权利不存在，侵权失去了客体，自然也便不存在侵权行为。所以说无效宣告是一种釜底抽薪的手段。并且，根据法律规定，在答辩期内提起无效宣告，受理机关是可以中止侵权纠纷的处理的，等到尘埃落定再行恢复，这也是专利纠纷往往耗时很久的原因。

本案中，对方提供了一系列电动车的杂志作为证据，认为这些杂志的出版时间早于专利申请日，并且上面记载了和专利权相似的电动车图片，属于在先公开，因此专利权不具有新颖性，应当被无效。

不过分析下来，这些证据对专利权的威胁并不大——有些杂志没有期刊号，不符合公开出版物的要求，杂志记载的时间就不能作数；可用的几本又没能公开专利的全部设计特征，与专利图片无法完整对应上，不足以影响专利的新颖性。

本以为可以轻松碾压，不想离开庭时间没几日，笔者收到了一颗重磅炸弹。对方补充了数百页证据，其中有份中国香港地区的公证书，公证了Facebook网页，页面上有用户上传了这款车的大量照片，这些照片和张先生美国客户的产品几乎一模一样，就像专利权人亲自上传宣传的一般，图片的发布时间也在专利申请日前半年多。如果这份证据得以认定，专利的新颖性几乎肯定会丧失，而新颖性一旦丧失，专利必将被无效，这意味着张先生不仅将失去这件专利，还会输掉之前的侵权官司，并失去大量的市场份额。

时间紧迫，笔者即刻召集团队伙伴研究讨论。焦点自然集中在Facebook网页记载的证据是否符合法律规定的在先公开条件这一点上。因为图片的相似度极高，有同事建议从公证书的形式上入手攻击，直接推翻这份公证书的效力。但在研究了中国香港地区与大陆地区的公证法律规定后，发现这份公证并没有明显的形式缺陷，并且专利复审委员会之前也不乏使用域外公证的证据来判定案件的先例，此路不通，最终讨论并未得到满意的结果。

眼看开庭在即，笔者跟张先生交代好，便踏上了北去的高铁。出了车站，笔者特意找了家 Wi－Fi 信号不错的酒店，想在开庭前再挣扎一下。

我登上 Facebook 网站，顺手注册了个账号，准备研究一下它的操作逻辑。尝试中，笔者不经意扫到动态发布界面上的一个按钮，眼前一亮，有种绝处逢生的感觉。按钮上写着："选择发布日期"。

这说明 Facebook 的动态是可以随意选择发布时间的，不仅如此，甚至动态中的图片的时间也可以修改。这意味着 Facebook 图片动态载明的发布时间与图片真实的公开时间无法唯一对应，也就是说，公证书上记载的时间不能视为在先公开日期。

第二天开庭，笔者当场演示了自己的发现。

合议组对 Facebook 的时间问题格外在意，庭后给了双方完善证据的时间。张先生补充了一份中国香港地区的公证书，其中对 Facebook 可以自由修改动态、图片时间的特性进行了公证证明。合议组收到这份补充证据后，安排了第二次开庭口审。

庭上，双方分歧巨大。对方坚称这份补充公证无法证明其提交的图片已被修改过；而笔者主张该证据的目的并不是证明是否有修改，修改的记录保存在 Facebook 的数据库，常人几乎不可能调取。该证据证明了 Facebook 图片发布的时间存在较大的随意性与不确定性，不能以此确定在先公开的日期。

2018 年春节前，翘首以盼的张先生收到了无效决定。专利复审委员会最终认定，Facebook 网站属于交互性较强的商业网络信息平台，其发布动态、图片的时间均可以选择和修改，并且替换照片亦可使得发布时间不变，因此无法唯一确定图片和发布时间的对应性，故无法确定其上显示的发布时间为图片的公开时间，最终维持专利权有效。张先生安心地过了个年。

本案启示

专利无效程序中，一份确凿的在先公开证据是致命的。在先公开证据通常有两类：专利文件和其他形式的公开。这两类证据的取得难度和证明力度是不同的。专利文件证明力确定，难度在于能否在浩如烟海的世界专利库中检索到有用的那几篇；而其他形式则非常多样，可能是公开出版物、销售合同、展会照片、网络记录等，其证明力取决于载体本身，取得难度也在于这些载体是否得到了很好的固定。不同于专利文件，其他形式证据的效力很大程度上取决于其载体，因此，在遇到陌生载体时，如本案的 Facebook，了解清楚其特点，或许能给案件带来意想不到的转机。本案中，照片是否被修改过？这一点无人能够证明。对专利权人来说，本案的警示在于，申请专利之前，千万不要以任何形式将专利内容提前公开，如果必须展示给自己无法控制的对象，一定要做好保密措施。不会每个专利权人都会像张先生这样幸运，若不是这些证据恰好发布在 Facebook 平台，结果又会如何呢？毕竟网络这么发达，任何痕迹都会被留下，只在于对手是否愿意、有能力付出足够成本去检索。

（承办律师　李青尘）

案例5

做仿制研发，一定要避开专利“雷区”

案情介绍

常州某公司仿制了德国公司的一款口袋制袋机产品，被德国公司以两件专利作为权利基础，提起了专利诉讼。

接受常州公司委托后，技术研发人员向律师提供了充分的现有技术资料，包括原告历年来相关技术主题的所有在先专利文献，以及国外同业生产者的关联专利文献，这些文献均为常州公司在研制涉案产品过程中检索并仔细研读的现有文献，在此现有技术文献资料基础上，常州公司确定并修正了涉案产品设计方案，以尽可能避让原告障碍专利。常州公司代理律师以此为主要理由，启动无效宣告请求程序，并在相应的诉讼程序中主张涉案专利的权利要求不清楚，无法清晰界定其保护范围，请求驳回原告诉讼请求。并同时基于涉案专利权利的不稳定性，提出中止审理请求。在相应的无效宣告请求程序中，国家知识产权局专利复审委员会经审查，宣告其中一件专利部分无效，但维持了另一件专利有效。

因涉案专利均为发明专利，法院未中止审理，依正常诉讼程序开庭审理两案。经过庭审质证，以及详尽的技术比对，一审法院采纳了被告诉讼代理律师的不侵权抗辩意见，认为基于原告在相应的无效宣告请求审查程序中对涉案专利权利要求的解释和陈述，被告生产、销售的涉案产品未落入原告专利保护范围，因此判决驳回原告所有诉讼请求。

德国公司不服一审判决，向江苏省高级人民法院提起上诉。江苏省高级人民法院重新就涉案产品进行现场勘验，并再次进行侵权技术比对。因原、被告双方对于涉案专利的权利要求持不同解释意见，所以双方对于涉案专利的专利保护效力和保护范围争议激烈。

为确保最终胜诉，常州公司在对涉案专利无效审查决定均提起行政诉讼的同时，又针对被维持有效的专利，收集新的证据，提起第二次无效宣告请求。通过第二次无效宣告请求，常州公司顺利地将该专利部分无效。江苏省高级人民法院分别就两案判决驳回德国公司上诉请求，维持一审原判。

2015 年 1 月，北京市高级人民法院做出判决，支持了常州公司的所有无效宣告请求理由，其中包括独立权利要求缺少必要技术特征、权利要求不清楚的请求理由，认定涉案专利全部无效。

至此，常州公司在上述系列诉讼案件中，获得全面胜诉，在避开了专利权人侵权指控的同时，也使原告的专利权彻底消灭。

律师评析

国内企业在仿制国外设备时，如果在产品仿制研发过程中，未能通过专利文献检索等手段充分评估审核仿制产品上市后的专利法律风险，则极易踏入外国公司的专利“雷区”，引发专利侵权诉讼。一旦被拖入侵犯发明专利权诉讼，国内公司胜诉机会通常会比较小。原因有两个：一是国外专利权人据以起诉的专利权通常为享有外国同族专利申请优先权的发明专利，其专利权相对稳定；二是国外专利权人在启动专利侵权诉讼时，通常经过了仔细的诉前准备，包括选定合适的被告和诉讼管辖地。因此，此类诉讼一旦提起，被告通常很难逃脱侵权指控，正常的生产销售也将遭遇灭顶之灾。

上述系列案中，涉案专利为外国公司所持有的中国发明专利，相对于国内企业专利而言，该发明专利被宣告无效的难度很大。事实上，上述两案涉案专利也都经历了整个无效宣告请求行政程序及其后续行政诉讼程序，任何一个环节的失误，都有可能导致公司在专利侵权诉讼中败诉。更为困难的是，涉案专利申请日均在十几年前，且存在外文语言障碍，按照通常的无效宣告请求思路去寻找破坏涉案专利创造性的证据资料，将举步维艰。

该系列案从民事诉讼到无效宣告请求程序，再到行政诉讼一审、二审，时间持续近三年，其最终能够获得胜诉的结果，关键在于两点：一是针对涉案专利检索到足够有力的现有技术文献：二是以现有技术文献为基础，进行足够充分的专利权无效理由的主张和陈述。

在案件进程中，常州公司技术研发人员向诉讼代理律师提供了足够充分的现有技术资料，包括原告历年来相关技术主题的所有在先专利文献，以及国外同业生产者的关联专利文献，均为常州公司在研制涉案产品过程中检索并仔细研读，在此现有技术文献资料基础上，常州公司确定并修正了涉案产品设计方案，以尽可能避让原告障碍专利。

正是有了前述工作基础，常州公司代理律师才能够有提出不侵权抗辩和启动无效宣告程序的空间，并通过研究涉案专利文件和涉案产品技术方案，另辟蹊径，从涉案专利修改超范围、权利要求不清楚、权利要求缺少必要技术特征等多条理由入手，迫使原告为维持其专利有效，在无效宣告请求审查程序中，做出不利于侵权技术比对的技术解释，进而使被告在相关侵权诉讼程序不中止的不利局面下，首先获得了不侵权的一审判决，然后在二审程序进行中，从容地完成无效宣告请求程序目的，将原告据以起诉的专利权项全部无效，彻底消除了被控侵权的风险。

根据近年来外国公司起诉国内企业专利侵权案的发生状况，国内企业踏入外国公司专利“雷区”的情形主要包括以下几种。

（1）跟风仿制引发专利侵权纠纷。针对本行业国外畅销产品和新产品，企业贸然跟风，通过反向测绘国外产品来“研制”自己的新产品，从而陷入专利“雷区”。尤其是众多刚起步的小微企业，因其缺乏足够的研发能力和市场调查能力，跟风上产品是其市场经营的主要手段，但随之而来的专利侵权诉讼就可能让这类企业面临停止侵权产品生产和销售的灭顶之灾。

（2）自行研发缺乏必要专利检索引发专利侵权纠纷。部分高新技术企业的技术研发缺少必要的在先专利文献检索，其苦心研制的技术成果包含了外国公司的在先专利而不自知。企业白白浪费了人力、物力，不仅无法获得专利权应有的回报，而且在实施过程中就陷入专利侵权纠纷的泥沼。企业此时承担的不仅仅是技术研发风险，更严重的是企业失去生产经营的法律安全。

（3）受托加工陷入专利侵权诉讼。在受托加工经营合作过程中处于谈判劣势的加工方，往往为了接下大客户的大订单，忽视或不敢严格审查委托方是否拥有合法的专利权或专利权实施许可，因侵犯第三方专利而被拖入诉讼。若侵权指控成立，则受托加工方不仅不能继续生产相关产品，而且还可能因此承担相关的损害赔偿责任。其本身因受托加工产生的损失，只能基于合同追究委托方的违约责任，一旦相关的委托加工合同并未对委托方知识产权担保责任做出任何约定，则受托加工方因有关第三方知识产权侵权诉讼而导致的损失将难以得到弥补。

（4）采购使用侵犯他人专利权。企业在采购产品零部件或招标购买设备时，往往不重视对供应商及所采购产品的知识产权状况进行评价与确定，很少要求供应商提供涉及的知识产权权属证明，由此埋下专利侵权的炸弹。尽管作为采购使用方的企业能够在一定条件下免除侵权赔偿责任的承担，但停止使用侵权产品的禁令会严重干扰企业的正常经营秩序。

（5）遭遇“伪专利”的骚扰。虽然外国公司专利通常具有较稳定的权利状态，但不排除个别专利权人的专利滥用意识的膨胀，当其在中国的产品市场受到国内企业的挤占和分割时，以缺乏专利性的“伪专利”起诉同行业的中国企业侵犯专利权，并通过申请诉前禁令等手段，阻却或隔绝竞争对手的经营市场的增长，制造竞争对手的负面市场影响。尽管依据法律规定，可以事后追究滥用专利权以及诉前禁令和财产保全申请不当的法律责任，但是被骚扰的国内企业毕竟失去了市场竞争的宝贵时间，其经济损失将无法估量。

本案启示

目前，外国公司所持有的中国专利被宣告无效的比例极小，一方面是由于上述客观原因的存在，但另一方面也是当事人认为自己没有能力与外国公司抗衡，不如及早调解。但本案的结果证明，外国公司的专利并不是不可挑战的。

技术研发活动是企业推出新产品获取市场竞争优势的基础环节，企业避开外国公司专利“雷区”的最有效手段就是围绕企业研发活动进行充分的专利文献检索，以发现障碍专利，及早避让或消除。企业应当在研发项目的立项、研发路线的确定以及研究成果的保护各个关键环节引入专利文献检索。

（1）在研发立项论证时进行专利文献的充分检索，确定可以避开在先障碍专利的研发方向和研发路线。

（2）在研发完成时，及时对开发出的新技术或新产品进行有效专利保护。包括：结合企业的市场目标进行全方位的专利保护策划；进行规范有效的专利申请，把好专利申请质量关，精心设计专利保护范围，在保证专利申请符合专利性的同时，能切实获得强有力的最大化市场保护，从而有利于企业保障市场利益，有利于专利技术交易及专利权投资的顺利实现。

（3）针对研发过程中所检索到的障碍专利，及时修正研发路线，以避让专利“雷区”；针对无法避让的障碍专利和障碍专利申请，启动必要的无效宣告程序和异议程序，及早消除专利障碍。

（4）针对无法及时消除又无法避让的障碍专利，企业应当充分评估新产品专利侵权法律风险，并从技术上和法律上论证避让和消除障碍专利的可行性，充分收集相关联的现有技术资料，为未来可能进行的无效宣告请求抗辩和侵权诉讼抗辩论证做好充分准备。

针对企业核心业务和核心产品，企业应当建立专利跟踪检索制度，对于同行业中出现的“伪专利”，及时启动无效宣告程序，及早消除，争取主动，避免同业竞争者以此“伪专利”启动诉讼，干扰企业的正常经营秩序。仅进行产品销售代理和采购使用设备的企业，则应当建立“知识产权安全”采购制度，要求供应商提供涉及的知识产权权属证明，确定所采购产品的知识产权状况。

（承办律师　陈静　张苏沛）

案例6

专利权的保护范围如何确定

——一个智能电子黑板的专利侵权诉讼案

在创新驱动发展战略背景下，企业间的竞争更多地体现为科技创新的竞争，而企业在经营活动中被诉专利侵权已经不能算是新闻了，很多企业遇到过类似的情况，甚至在某些行业内，已经不是单纯的一两件专利孤立地起诉，更多的是互有攻守、诉讼无效多管齐下，俨然已是专利战的模式。在专利案件中，首先就要判断专利权的保护范围，正确地理解专利权所请求保护的技术方案，确定专利权的保护范围将至关重要。本案是一起非常典型的通过确认专利权的保护范围最终化解专利纠纷的诉讼案件。

◇ 案情介绍

这是一起典型的采用专利权诉讼作为手段打击商业竞争对手的案例。原告与被告双方都是智能电子黑板领域的厂商，在一次全国性的展会上，原告方针对被告方的产品进行公证保全并提起诉讼，诉讼的同时请求法院采取了证据保全、财产保全措施。作为案件被告，此时在程序中可以做的应对选择有很多，可以提出管辖权异议，可以针对保全裁定提出上诉，也可以针对专利权提出无效宣告请求并请求中止审理。但是无论程序上如何应对，实体性的问题不可回避，具体到本案而言，首要的问题就是，涉案产品是否侵犯原告方的专利权。

为此，首先我们对于原告方提交的专利法律状态进行查询，发现涉案专利已经经历过无效宣告程序。在无效宣告程序中，专利权人（即本案的原告方）对权利要求书进行了修改，其专利权的保护范围与授权公告文本相比，已经发生了很大变化，而上述的修改也直接对侵权产品的比对产生了重要影响。

在确定了涉案专利权的保护范围后，我们进行了详细的侵权比对，在此基础上，通过和被告方反复沟通确认应诉方案后，决定跳过程序性问题，选择进行不侵权抗辩，推动诉讼程序的进行。审理中，本案的原告与被告围绕涉案产品是否落入专利权的保护范围展开了激烈的辩论，而这一关键性的问题也贯穿了整个诉讼程序。一审中，法院认为涉案产品构成侵权，然而进入二审程序后，法院又认为涉案产品不落入专利权的保护范围，不侵犯原告方专利权。该案历时一年时间，最终二审做出终审判决，被告方不侵犯原告方的专利权，驳回了原告方所有的诉讼请求。

◇ 律师评析

为何对于同一件产品，同样的权利要求，一审法院、二审法院会作出完全相反的侵权认定，并最终导致完全相反的判决结果？在面对权利要求书时，该如何确定权利要求的保护范围？接下来就让我们逐一梳理一下，该案件中关于专利权保护范围认定中的几个关键问题。

1. 确认专利权的有效文本

既然是专利侵权诉讼，那么首先需要确认的就是专利的权利要求内容，而且是现行有效的权利要求。因为专利权需要经过审查授权程序，授权后还有无效程序，因此现行有效的权利要求，很可能既不是最初申请的版本，也不是授权公告的版本。例如，在本案中，经过查询发现，涉案专利在授权后经过了无效程序的审理，并且在无效程序中对权利要求进行了修改，现行有效的专利独立权利要求为：

1. 一种可触控显示黑板，其特征在于：包括至少一个玻璃黑板，至少一触控膜，以及至少一显示单元；所述触控膜粘贴在玻璃黑板用于写字面的背部，显示单元放置于触控膜的正背部，所述玻璃黑板是由三块组合而成，由中间固定黑板及左右两侧各一块可拼接黑板，三块黑板在一个平面上，所述玻璃黑板使用的是亚光玻璃板或者超白玻璃板或者纳米玻璃板有机高强度玻璃，所述玻璃黑板是一种拟态玻璃。

根据专利无效程序中的当事人处置原则，此处的修改视为专利权人对于其所删除权利要求的自始放弃，因此对于保护范围大于上述权利要求的部分也就不再予以考虑。

2. 确定专利权的保护范围

权利要求确定后，接下来就需要判断涉案产品是否落入专利权的保护范围，也即确定独立权利要求的保护范围。专利权的保护范围实质上就是本专利所请求保护的技术方案，而这个技术方案就是由权利要求中所记载的每一个技术特征组合形成的。本案中，经过比对权利要求记载的技术特征与产品特征，认为主要区别在于黑板玻璃的材质，也即权利要求中关于“所述玻璃黑板使用的是亚光玻璃板或者超白玻璃板或者纳米玻璃板有机高强度玻璃”的限定，因此上述技术特征的理解认定是本案的关键所在。

如果仅根据字面含义理解的话，“所述玻璃黑板使用的是亚光玻璃板或者超白玻璃板或者纳米玻璃板有机高强度玻璃”可以理解为两种完全不同的范围，既可以认为玻璃是亚光玻璃板、超白玻璃板和纳米玻璃板有机高强度玻璃三种不同的玻璃，也可以理解为亚光玻璃板、超白玻璃板和纳米玻璃板三种玻璃，并且这三种玻璃应当都属于有机高强度玻璃的范畴。而在一审判决中，法院正是采用了第一种理解方式，认为只要是亚光玻璃就属于专利权的保护范围，并且据此作出了侵权的判决。这种理解是否正确？或者说，专利权的保护范围应该依据什么去作出正确的理解呢？

（1）权利要求的保护范围应当结合说明书进行理解。

《专利法》（2008 年修正本）第五十九条规定，发明或者实用新型专利权的保护范围以其权利要求的内容为准，说明书及附图可以用于解释权利要求的内容。通过查阅专利说明书，可以看到，其中对于材料部分的记载为：“所述玻璃黑板使用的是亚光玻璃板或者超白玻璃板或者纳米玻璃板等有机高强度玻璃。”相较于修改后的权利要求，此处多出了一个“等”字。二审判决中对于此处进行了详细的阐释：

从中文一般语法理解，该句中“等”字在此有两个作用：一是表示对“等”字之前所列举玻璃板范围的开放性，即表示列举并未穷尽，除了亚光玻璃板、超白玻璃板、纳米玻璃板外可能还有其他玻璃板；二是对在“等”字之后玻璃板材料的性质进行统一概括，即无论是已列举的亚光玻璃板、超白玻璃板、纳米玻璃板，或者是其他未解的玻璃，均属“有机高强度玻璃”这一类别。

可见，权利要求书中记载的技术特征，应当结合说明书及附图的内容确定，仅从字面含义理解将可能导致重大的偏差。

（2）无效宣告程序中对于权利要求修改的影响。

本案中，之所以产生上述歧义，主要是由于无效宣告程序中，专利权人对权利要求书进行了修改。那么，无效宣告程序中的修改，是否存在限制呢？或者说，修改后的权利要求与授权公告时的权利要求存在何种关系呢？

这里需要结合无效宣告程序中对于权利要求修改的规定来理解。《中华人民共和国专利法实施细则》（以下简称《专利法实施细则》）（2010 年修正本）第六十九条规定，在无效宣告请求的审查过程中，发明或者实用新型专利的专利权人可以修改其权利要求书，但是不得扩大原专利的保护范围。例如，在本案中，在对于修改后权利要求的保护范围产生歧义的情况下，就需要根据原权利要求的保护范围来确定。

通过查询发现，在专利权的授权公告文本中，记载的权利要求如下：

1. 一种可触控显示黑板，其特征在于：包括至少一个玻璃黑板，至少一触控膜，以及至少一显示单元；所述触控膜粘贴在玻璃黑板用于写字面的背部，显示单元放置于触控膜的正背部。

2. 根据权利要求 1 所述的一种可触控显示黑板，其特征在于：所述玻璃黑板是由三块组合而成，由中间固定黑板及左右两侧各一块可拼接黑板，三块黑板在一个平面上。

3. 根据权利要求 1 所述的一种可触控显示黑板，其特征在于：所述触控膜粘贴在玻璃黑板的中心位置。

4. 根据权利要求 1 所述的一种可触控显示黑板，其特征在于：所述玻璃黑板使用的是亚光玻璃板或者超白玻璃板或者纳米玻璃板等有机高强度玻璃。

5. 根据权利要求1或4所述的一种可触控显示黑板，其特征在于：所述玻璃黑板是一种拟态玻璃。

……（省略其他无关联性的权利要求）

而对于上述修改，专利权人也进行了进一步的陈述（摘录相关内容如下）：

（1）修改后的权利要求书将原权利要求4、9中的等字删除，将权利要求1删除，并将权利要求2、4、5合并作为新的独立权利要求1，此外还相应地修改了权利要求的编号和引用关系，符合《专利法》第三十三条的规定。（2）……对于请求人认为的权利要求4、9不清楚，本专利权人将“等”字删除以克服这一问题。……（4）权利要求4中亚光玻璃板、超白玻璃板、纳米玻璃板为现有玻璃黑板的已知材料，权利要求5限定的技术特征“拟态玻璃”属于对玻璃黑板构造的限定，因此，权利要求4和5符合专利法第2条第3款的规定。

通过对比发现，虽然在修改后，关于玻璃材料部分的限定内容变为“所述玻璃黑板使用的是亚光玻璃板或者超白玻璃板或者纳米玻璃板有机高强度玻璃”，但是原权利要求中，明确记载了：“所述玻璃黑板使用的是亚光玻璃板或者超白玻璃板或者纳米玻璃板等有机高强度玻璃。”因此，在“等”字删除后，对于玻璃材质限定的解释应当不超出修改前专利权的保护范围，即涉案专利玻璃黑板的材质仍限定在上述三种有机高强度玻璃，而不应从字面上机械地解释成“所述玻璃黑板使用的是亚光玻璃板或者超白玻璃板或者纳米玻璃板有机高强度玻璃”。否则，实质上就是在修改后的权利要求中引入了新的技术内容，对权利要求的修改就扩大原权利要求书记载的范围，与《专利法》及《专利法实施细则》的相关规定不符。

（3）专利诉讼中禁止反悔原则的适用。

本案中，对于同一项专利权，由于存在多个审查审理程序，因此不同程序中专利权人进行的陈述、答辩，同样会在其他的程序中对专利权的保护范围产生影响。《最高人民法院关于审理侵犯专利权纠纷案件应用法律若干问题的解释》第六条规定，专利申请人、专利权人在专利授权或者无效宣告程序中，通过对权利要求、说明书的修改或者意见陈述而放弃的技术方案，权利人在侵犯专利权纠纷案件中又将其纳入专利权保护范围的，人民法院不予支持。

在涉案专利的无效宣告审查程序中，专利权人主张其权利要求中的亚光玻璃板、超白玻璃板、纳米玻璃板为现有玻璃黑板的已知材料，而无效证据中并没有公开“亚光玻璃板或者超白玻璃板或者纳米玻璃板有机高强度玻璃”这一技术特征。专利复审委员会合议组认同了专利权人的主张，并进一步认为，涉案专利所使用的这些材料的具体限制使得玻璃黑板的强度更高，触控性更好，不属于本领域惯用手段的直接替换。

基于上述表述可以看出：首先，涉案专利所使用的材料不是亚光玻璃板、超白玻璃板、纳米玻璃板，这进一步证明了无效程序中的修改需要符合不超出原申请记载范围的规定；其次，涉案专利对玻璃黑板强度更高、触控性更好的具体材料的限制，排除了使用已知的亚光玻璃板、超白玻璃板、纳米玻璃板等同替换的可能性，即如果使用玻璃黑板中亚光玻璃板、超白玻璃板、纳米玻璃板均不属于涉案专利的保护范围。基于上述内容，专利权人在侵权诉讼中希望将亚光玻璃这一材质重新纳入专利权的保护范围，明显违反了禁止反悔原则，自然也得不到二审法院的支持。

本案启示

面临专利侵权诉讼时，作为被告方，首先要判断涉案产品是否落入专利权的保护范围，而这项工作需要对于技术方案、法律规定都有充分的了解方可进行。本案中，主要的争议焦点在于专利权保护范围的认定。在依据权利要求书的记载，对于某一项技术特征存在多种解释的情况下，需要结合专利申请的原始文件、专利授权公告文本、专利无效程序中的修改及意见陈述等，共同确定专利权的保护范围。

本案中，二审法院结合上述资料，正确理解专利权利要求的保护范围，同时明确将无效宣告程序中修改权利要求而放弃的技术方案排除出专利权的保护范围，清晰界定了专利权人利益的边界。本案被告律师从法律理解和法律原则适用上进行了完整详尽的阐述，使得二审法院查明事实，准确适用法律，撤销一审法院判决，驳回一审原告的诉讼请求。本案对于准确界定专利权的保护范围和适用禁止反悔原则具有较好的引导和示范作用。

本案专利权所涉及的产品，是一种非常具有创新性、实用性的产品，具有非常好的市场前景，然而在采取专利权保护的过程中，由于未能很好地处理权利要求与保护范围的关系，对于材质特征进行了不恰当的限定，进而导致专利权未能得到充分行使，非常可惜。本案也对广大专利权人具有非常好的警示意义，提醒我们在专利申请的时候，就要充分考虑专利权保护范围等相关问题，并在专利审查、无效程序中对专利权进行恰当的处分。

（承办律师　蒋海军　王建）

案例 7

实用新型专利的法律保护力度究竟有多大

实用新型的专利性决定了实用新型专利取得后的法律保护效力。企业在实用新型专利的申请取得、维权保护及相关侵权诉讼过程中，正确地判断和确定实用新型专利法律保护效力是专利维权和专利诉讼工作的必要前提。

案情介绍

2004 年 8 月，专利权人陈某依据其持有的 00244954.4 号实用新型专利，针对姜堰市某工具厂生产销售该专利所涉及的“棘爪扳手”产品的行为，向南京市中级人民法院提起民事诉讼，诉姜堰市某工具厂侵犯其专利权，要求其立即停止生产销售相关专利产品，并赔偿专利权人经济损失 50 万元。

代理律师在进行了大量专利文献检索并仔细分析了涉案专利后，在应诉答辩期内，代理被告向国家知识产权局专利复审委员会提出宣告涉案专利权无效的请求，并同时向法院提出中止民事诉讼审理请求。

国家知识产权局专利复审委员会针对上述无效宣告请求进行了口头审理和审查，作出了维持涉案专利权部分有效的审查决定。姜堰市某工具厂不服该审查决定，依法向北京市第一中级人民法院提起行政诉讼。经审理，北京市第一中级人民法院判决撤销专利复审委员会审查决定，认定涉案专利权无效。涉案专利权人不服该一审判决，以第三人身份向北京市高级人民法院提出上诉，要求撤销一审判决，维持专利复审委员会审查决定。北京市高级人民法院经开庭审理，驳回其上诉请求，维持一审判决。

涉案专利权人陈某在其专利权被认定无效后，撤回对姜堰市某工具厂的专利侵权诉讼请求。

律师评析

本案是较为典型的专利侵权诉讼被告胜诉案。本案被告胜诉的关键在于，首先，及时检索到足以推翻涉案专利权有效性的现有技术证据，并及时提出无效宣告请求。其次，在本案所涉及的涉案专利权无效宣告请求程序及其后序行政诉讼程序中，要求请求人对其所提交的无效宣告证据有扎实的技术分析和充分的法律分析，才能够在专利复审委员会不完全支持自己的无效请求理由的情况下，通过行政诉讼程序来进行救济，并最终获得涉案专利权无效的有利结果。

本案涉及的一个核心法律问题是，如何客观地判断实用新型专利的创造性?

本案应当是一个极其典型的实例。针对涉案专利，请求人提供了两份现有技术文献。第一份对比文件是涉案专利权人自己在先公开的一份专利文献。该专利文献公开了涉案专利权利要求 1 的全部技术特征，即：该扳手包括手柄（1），勾状棘爪（2），弹簧（8），柄体头部（3）呈半圆状，其半圆部分有防滑齿（4），该半圆头部下方有一条状槽口（5）用于插入棘爪尾部（6），销钉（7）将棘爪尾部与柄体前部固定为一体，弹簧（8）以槽口壁和棘爪后部为支点（9）固定在条状槽口内。因此，权利要求 1 所示技术方案不具备《专利法》（2000 年修正本）第二十二条第二款规定的新颖性。对此，专利权人不予否认。

关键在于权利要求 2，其所限定的附加技术特征为：将弹簧的一端以固定销固定在条状槽口壁上，另一端穿入勾状扳口尾部；扳口背部和头部腹侧均有防滑齿。

请求人提供的第二份对比文件是机械工业出版社于 1997 年 8 月出版的《弹簧手册》。该手册第十章披露了扭转弹簧的八种安装示例，其中披露了扭转弹簧的一端足缠绕固定在销或其他柱形物上。

请求人主张：第二份对比文件已充分说明，涉案专利权利要求 2 所述技术方案的区别技术特征，即将弹簧一端足缠绕在固定销上，以防止弹簧脱落，是扭转弹簧端足的常用固定安装方式之一，是本领域一般技术人员所了解和掌握的惯用技术手段。因此，以第一份对比文件为最接近的现有技术，结合第二份对比文件所给予的技术启示，涉案专利权利要求 2 所述技术方案显而易见，不具备《专利法》（2000 年修正本）第二十二条第三款所要求的创造性。

具体到本案，本案专利权利要求 2 与该最接近现有技术的区别技术特征是“弹簧一端固定在扳手柄体条状槽口上的具体方式”，本案专利采用了弹簧端足缠绕在固定销上的固定方式。更准确地说，第一份对比文件，即专利权人的在先专利，披露了在扳手上使用扭转弹簧、该弹簧的两端固定点或固定位置，但并未明确说明弹簧端足的具体固定方式，而本案专利权利要求 2 仅针对这一点，将弹簧一端的固定方式明确为采用固定销的固定方式。而第二份对比文件，《弹簧手册》充分证明，将扭转弹簧一端以固定销来固定的方式，属于扭转弹簧常用固定安装方式之一，是机械基础领域的普通技术常识。本领域的技术人员在第一份对比文件所提供的现有技术方案的基础上，为了解决弹簧易脱落的问题，会依据《弹簧手册》所提供的技术常识或者说技术启示和教导，将扭转弹簧一端以固定销结构固定，改进在先专利所公开的现有技术方案并获得本案专利所要求保护的技术方案，而无须任何创造性劳动。

根据《专利审查指南》的相关规定，在与最接近现有技术进行比较而确定了相应的区别技术特征，以及根据该区别技术特征所能达到的技术效果确定其实际解决的技术问题之后，只需判断：对本领域技术人员而言，现有技术是否给出了将上述区别技术特征应用到该最接近现有技术以解决其存在的技术问题（即被比专利实际解决的技术问题）的启示。当所述的区别技术特征为公知常识时，通常认为现有技术存在上述技术启示。

基于以上法律事实，该实用新型专利权无效宣告请求案件的相关行政诉讼一、二审法院均支持了请求人的观点和主张，该实用新型专利权最终被宣告无效，相应的专利侵权诉讼也以专利权人撤诉结案。

本案启示

目前，多数企业和个人，出于专利申请费用及授权期间的考虑，通常在其相关的新产品新技术可以申请发明也可以申请实用新型专利时，选择进行实用新型专利申请。但是在以较少的费用和较短的时间内获得实用新型专利后，专利权人往往忽略了一个重要的问题，即对于所取得的实用新型专利权的法律效力，尤其是对实用新型专利的创造性缺乏足够的判断。

由于我国对实用新型专利申请实行初步审查制度，已经授权取得的实用新型是否具有专利性并不确定，其是否可以实质有效地获得专利法律保护，实际上也并不确定。在对实用新型专利权的法律效力不确定的前提下，贸然以此实用新型专利提起维权诉讼，诉讼风险是极其巨大的。许多专利权人，包括企业，在相关实用新型专利维权诉讼中败诉后，就认为实用新型专利没有多大保护作用了，这显然是对专利法律制度的误解。

在实务中，关于实用新型专利的法律效力的判断，通常要通过相关的专利检索及专利分析来完成，只要能够在实用新型专利取得后甚至在其申请前切实进行了这方面的工作，实用新型就可以和发明专利一样发挥专利法律保护作用。

（承办律师　陈静）

案例8

专利侵权诉讼中如何变被动为主动

案情介绍

2005年年初，法国某汽车座椅公司（以下简称“法国公司”）向南京市中级人民法院起诉常州某汽车附件有限公司（以下简称“常州公司”）侵犯其合法持有的中国发明专利，法院同时依其申请对常州公司下达了停止生产销售相关专利产品的禁令。经审理，一审判决被告常州公司停止生产销售相关专利产品并赔偿原告经济损失。

针对该诉讼，常州公司依法向国家知识产权局提出请求宣告法国公司发明专利权部分无效的请求；并针对一审判决向江苏省高级人民法院提起上诉。

2006年年初，国家知识产权局专利复审委员会做出审查决定，宣告法国公司的发明专利（申请号：97122696.2）权项1－5无效。江苏省高级人民法院依此裁定中止专利侵权诉讼审理。法国公司不服专利复审委员会的审查决定，向北京市第一中级人民法院提起行政诉讼。北京市第一中级人民法院经开庭审理，判决维持上述无效宣告请求审查决定。法国公司不服该行政诉讼一审判决，向北京市高级人民法院提起上诉。

2007年11月，北京市高级人民法院做出终审判决，驳回法国公司上诉请求，维持原判。江苏省高级人民法院随后裁定撤销一审判决，驳回法国公司的起诉。

下面介绍一下办案经过。

本次诉讼的准备和发动，法国公司做足了功课，包括进行侵权证据公证保全，提请法院现场证据保全，提请法院发出诉讼禁令，且拒绝任何和解与调解。常州公司被禁止生产销售涉案产品，其客户面临全线停产。对此，常州公司只能背水一战。

众所周知，外国专利权人持有的发明专利被无效的成功率很低。但是，常州公司只此一条生路。被告律师只能在此下功夫，仔细分析涉案专利。

涉案专利独立权利要求所示技术方案的实质是：一种用于车辆座椅的滑轨，包括一凹形部件和一凸形部件，该两部件以相互啮合的方式形成左右对称的两组滚珠滚道，滚珠滚道中分别装入滚珠，从而实现上述两部件之间的相对纵向滑动。涉案专利的说明书清晰载明，以上技术特征已由专利文件FR2717749公开。为了解决滑轨易产生阻塞的问题，涉案专利独立权利要求在以上技术方案基础上增加了以下两个区别技术特征：第一，各第一滚珠道的滚珠紧贴在凸形部件的相应折板的垂直端部上；第二，凹形部件的各凹腔的倾斜段直接扩展了该凹腔的水平段，所述倾斜段具有一形状为直线形的截面。涉案专利说明书进一步说明，利用以上结构，垂直作用在凹形部件和凸形部件之间的挤压负荷，会使凸形部件的折板和凹形部件的凹进部的倾斜段弹性弯曲，从而防止阻塞滚珠，也是由于凹形部件的凹进部的水平段与倾斜段之间没有垂直的中间段，因此涉案专利的滑轨的凹进部更容易弯曲，在承受负荷时，所述凹进部的倾斜段不再贴在滚珠上，避免滑轨阻塞。

被告律师经过大海捞针般的专利文献检索，终于检索到一份于1980年8月28日公开的专利文件。该文件公开了一种用于前后移动车辆座椅的滑动部件，其说明书的附图3公开了一种座椅滑轨，其第一滚珠道的滚珠紧贴在凸形部件的相应折板的垂直端部上，且凹形部件的各凹腔的倾斜段直接扩展了该凹腔的水平段，所述倾斜段具有一形状为直线形的截面，凹形部件的凹进部的水平段与倾斜段之间没有垂直的中间段。显然，这份专利文件充分公开了涉案专利上述两项区别技术特征，可以用来挑战涉案专利的专利性。

唯一问题在于上述技术信息的公开仅限于一幅说明书附图，而无更多的文字描述。如何将附图信息转化为相应的机械结构语言，是被告律师遇到的第一个障碍。为此，被告律师阅读了大量的同类专利文献，提取相关结构描述，排除了其他解释可能，将这份对比文件的附图信息解释限定为唯一解释，为技术比对打下良好基础。

在积极进行涉案专利无效宣告请求程序的同时，为减少因诉讼禁令所产生的经营损失，被告律师建议常州公司进行规避替代设计，尽快投产替代产品。在与律师共同讨论后，常州公司提出一种替代方案，不仅可实现涉案产品的基本功能，还可一定幅度地降低生产成本。欣喜之余，为避免替代方案落入与涉案专利等同侵权的可能性，被告律师再次建议常州公司以涉案专利为背景技术，就替代方案提出发明专利申请，由该发明专利申请的实质审查意见来排除等同侵权的可能性。

结局皆大欢喜。常州公司成功地将法国公司的发明专利部分无效，逃脱了专利侵权责任，同时还获得了替代方案的发明专利授权。

律师评析

本案相对于一般无效宣告请求案，具有两个特点。首先，所涉专利为外国公司所持有的发明专利。这类专利通常享有优先权，且其专利文件撰写及申请质量较高，因此，相对于国内已授权专利而言，被宣告无效的难度很大。其次，本案经历了整个无效宣告请求行政程序及其后续行政诉讼程序，任何一个环节的失误，都有可能导致败诉的可能性。

作为该无效宣告请求案请求人以及后续行政诉讼案第三人常州公司的代理律师，本案从民事诉讼到无效宣告请求程序，再到行政诉讼一审、二审，时间持续近三年，并最终获得胜诉的结果，笔者认为，关键在于两点：一是针对涉案专利检索到足够有力的现有技术文献；二是结合现有技术文献，进行足够充分的专利权无效理由的主张和陈述。

目前，外国公司所持有的中国专利被宣告无效的比例极小，一方面是由于上述客观原因的存在，但另一方面也是当事人认为自己没有能力与外国公司抗衡，不如及早调解。但本案的结果证明，外国公司的专利并不是不可置疑的。

本案之所以胜诉的起点，在于代理律师通过大范围的针对性专利文献检索，检索到了足以否定本案专利权专利性的现有技术文献，这也是大多数专利侵权诉讼转败为胜的起点。因此，归根结底，文献检索是专利诉讼律师面对专利侵权之诉时要做的基本功课。

本案启示

目前，更多的企业对于专利的了解仅仅停留在政府宣传引导和理论层面上，知道专利对于企业生存发展的重要性，也知道专利可以对企业市场经营起到决定性的作用，然而，将其付诸实践，将专利工作纳入企业发展计划的企业并不多。只有当企业遭遇专利问题，遭受切肤之痛后，才会去正视专利问题；只有在当了一两回被告之后，才想起要重视专利。这也许是众多企业在解决专利问题时，首先要解决的观念问题。

在贸易全球化的今天，我们的企业面临的不仅仅是国内竞争者，还有很多国外竞争者。这些外国企业将运用手中的知识产权，频繁与中国企业进行市场争夺。面对动辄拥有数百项专利并能熟练运用专利的外来竞争者，我们的企业没有一项专利在手，手无寸铁，能够赢得这场竞争的胜利吗？

拿起专利的武器，是企业的唯一出路。

（承办律师　陈静）

案例 9

恢复期内专利权利能否得到保护

众所周知，专利权存在保护期限，为维持专利有效，权利人每年都要缴纳年费，否则专利权会被提前终止。现实中不乏专利权人因为疏忽等原因延误缴纳年费，致使专利权丧失保护的情况。国家知识产权局为此设置了年费滞纳期和权利恢复制度，用以挽救这种情形。而从终止到权利恢复期间，有一个空白期，若在这个空白期内发生了专利侵权行为，应当如何认定呢?

◇ 案情介绍

多年前有一起较为少见的专利侵权案件，实体部分平平无奇，但程序上很是特殊。案情大致是委托人被专利权人起诉侵权，在侵权行为发生的期间，该专利因未缴纳年费，已被终止，但一息尚存，处于权利恢复期内。专利权人之后也确实补交了年费和恢复费，救活了这件专利，但对于发生在权利恢复期内的侵权行为应当如何认定，双方争议很大。

原告认为，没有法律规定专利权存在断档期，虽然权利有过临时终止，但最终得以恢复，恢复应当具有溯及力，即专利权的效力始终是确定的。而被告认为，专利权被终止，是原告自身的过错，且终止情况是向公众公示过的。在权利被终止的这段时间，侵权基础灭失，自然也谈不上“侵权”了。

要研究这个问题，首先需要了解一下我国的专利年费和权利恢复制度。

我国专利权终止有三种情形：期满终止、未缴年费终止和专利权人主动放弃。

视权利类型，专利权的保护期限有 20 年、10 年两种，但是据统计，在国内真正能够交满年费寿终正寝的专利不到总数的 1% 。原因大体有三。

第一，我国虽然是专利大国，每年新申请数约百万件，量非常大，但不可否认，有相当一部分是没有什么保护价值，为获得政府补助、申报高新技术企业等政策奖励而申请的，这些专利获得授权后即完成了它的使命，随即便被抛弃在历史的长河里。

第二，专利技术有其商业生命期，一些技术诞生时很新颖，但市场发展几年后渐渐落伍遭弃，失去继续保护的必要，比如照明领域传统的低压汞灯（荧光灯）、键盘手机，已几乎全部被更节能耐用的LED灯和功能强大的智能触屏手机代替。

第三，专利年费逐年递增，越往后保护成本越高。这是专利制度有意设计的，督促权利人权衡利弊，尽早将专利技术贡献出去，造福人类。那些商业价值不高的专利权，缺乏继续维持的必要，而被专利权人放弃。

因为上面提到的和没提到的种种原因，99%的专利权在期满前就终止了。这其中，除了很小一部分是权利人主动放弃捐献给社会，大多数是因为中途没缴年费终止。这些未缴费专利中，有些是因特殊情况、不可抗力或忘记而错过期限的。《专利法》为此设计了两层防护，来给权利人一个机会，挽救这些仍有价值的专利。

1. 滞纳期

专利权人未按时缴纳年费，或缴纳数额不足，可在年费期满日起6个月内补缴年费，同时缴纳一定的滞纳金。滞纳金数额视补缴的时间，从免费到全额年费的25%不等，越晚缴费用越高。在这年费期满后的6个月内，不论是否及时足额缴纳年费和滞纳金，专利权仍处于正常有效状态。

若在6个月滞纳期内仍未补缴，则专利权终止。滞纳期满2个月后国家知识产权局会发出专利权终止通知书（实务中并非严格适用），载明专利权自应缴年费期满之日起终止。权利人未启动恢复程序的，专利局会在终止通知书发出后4个月，在专利公报上公告专利权失效，至此，专利权彻底失效。

2. 权利恢复

权利人有正当理由或遭遇不可抗力，导致其权利丧失的，可以在一定期限内向国家知识产权局请求恢复权利，通常情况，这个期限是收到专利权终止通知书2个月内。在缴纳足够的费用（恢复请求费，以及拖欠的年费和滞纳金），并且手续审查合格后，国家知识产权局会准予恢复权利，并发出恢复权利请求审批通知书。对已公告过专利权终止的，还会在专利公报上公告恢复权利的决定。以上流程参见图1（权利恢复也可能在公告失效之前）。

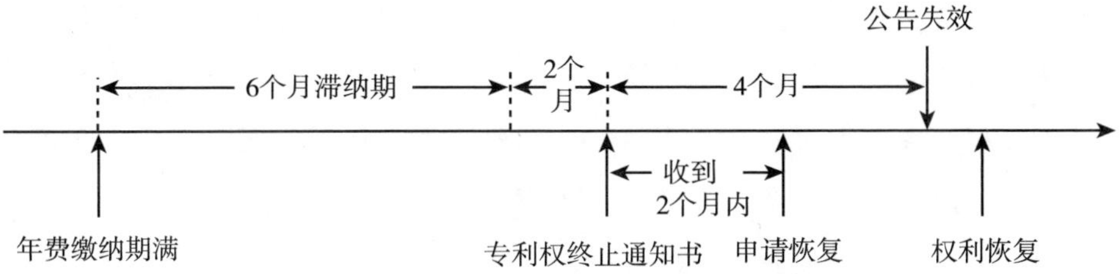

图1　未缴年费后专利权的终止与恢复时间及流程

可见，如果发生权利恢复，则从终止通知到正式恢复之间，有数个月的空白期。在这段空白期内，专利权究竟是“死”是“活”呢？实务中，专利权终止通知书会载明专利权终止的日期（年费缴纳期满日），但恢复权利通知书仅记载了发文日、国家知识产权局发出专利权终止通知书的日期和权利人提出恢复请求的日期，回避了专利权自哪一天恢复这个问题，让人对这个空白期如何处理有点不知所措。深究下去，问题来了，通知书所载的专利终止日，是否意味着专利权自该日起丧失保护？专利权恢复的日期是权利恢复通知书的发文日，还是溯及至专利权终止日？

这些问题是法律规定的空白，并没有官方标准答案可寻。因为情况罕见，能检索到的裁判文书数量并不多，其中主流观点倾向支持侵权成立，但对侵权发生时专利权的法律状态一笔带过，未给出评价，仅有个别判例对这种情形做了有意义的探索。有法院认为，公众可以通过查询专利登记簿的记载知道专利权虽因未缴年费终止，但尚处于恢复期内，因此只有权利人未成功启动恢复程序，专利权终止才属于“不可恢复的终止”，在国家知识产权局公告失效后，专利的终止才算正式生效。若权利人成功恢复，那么专利权的终止便不生效，专利保护也不存在空白期。也有个别相反案例认为，国家知识产权局发出专利权终止通知书，就意味着专利权就自年费缴纳期满日终止，这段时间权利基础已丧失，自然就谈不上侵权。

2003年，最高人民法院《关于审理专利侵权纠纷案件若干问题的规定》曾有过讨论稿，其中第四十九条对专利权丧失又恢复时他人是否有使用权表达了意见：

专利权在丧失后又恢复的，在权利丧失期间，他人实施该专利的，不构成对专利权的侵犯，但他人的行为系在专利权丧失前的侵权行为的继续的，人民法院仍应当认定其构成专利侵权。

在专利权丧失期间，他人开始制造相同产品、使用相同方法或者已经作好制造、使用的必要准备，并且在专利权恢复后仅在原有范围内继续制造、使用的，不视为侵犯专利权，但行为人有恶意的，人民法院仍应当认定其构成专利侵权。

依照前款规定具有使用权的人无权许可他人或者向他人转让其实施的技术或者外观设计，除非连同其企业整体转让或者被承继。

可见，最高人民法院曾经对这个问题详细考虑过，并一度倾向于支持空白期的存在，但最终司法解释中删去了该条，这意味着法院经过利益权衡后对这个问题还是采取了一个回避的态度。

律师评析

关于专利权终止日期的问题，《专利法》中规定了专利权的产生以登记公告为准，但并未规定专利权终止也是如此。三种终止中，期满终止，专利权的效力期间是固定的20年或10年；权利人主动放弃的终止，专利权自手续合格通知书的发文日起终止；未缴年费的终止，专利权自应当缴纳年费期满之日起终止。三者都会按公告程序公之于众。

国家知识产权局发出的正式文件，在法律对其生效没有特别规定的情况下，自发出日就应当具有确定的法律效力，这不仅对当事人，也是对公众的信赖保护（专利的程序性法律文件，多数都是可公开查询的）。随后的公告程序是将专利权法律状态对公众的宣示，是一个必经的后置程序，法律没有规定公告属于生效要件的情况下，公告并非决定已发出的正式文件效力的程序。在三种专利权终止情形中，《专利法》《专利法实施细则》《专利审查指南》均未规定终止的效力与公告相关，相反，其中明确规定欠费终止的日期是“应当缴纳年费期满之日”。因此，在国家知识产权局已正式发出载明了终止日期的专利权终止通知书的情况下，可以认为专利权的效力自该日终止。

权利恢复能否溯及至专利权终止日？这是个争议更大的问题，不仅法律和规章中没有规定，有过专利代理实务经验的朋友知道，那仅有寥寥数语的权利恢复通知书留给人的只有无尽的困惑。

原因是其背后存在权利人和社会公众利益的博弈，无论这个答案选择“是”或“否”，都各有利弊。

选择“是”的利弊：恢复期内的侵权将得到制裁，专利权受到无死角的保护，恶意侵权人失去投机空间；但“眼前的终止，不是终止”，专利权处于不稳定状态，随时可能复活；公众对专利程序文件及登记簿副本的信赖将遭到破坏；权利人有恃无恐，怠于及时缴费，权利恢复程序被滥用，增加了专利局程序工作上的负担，致使整体专利工作效率被拉低。

选择“否”的利弊：为避免陷入权利恢复的不利局面，真正有价值的专利会积极缴纳年费；垃圾专利和有价值专利更易区分；恶意侵权人会很开心；专利代理机构年费管理的风险及收费提高；会出现帮助他人“钻空挡”的灰色产业；国家知识产权局的专利法律状态查询页面会长期保持高访问量，增加维护成本和崩溃风险；专利登记簿副本事务更加繁忙；会产生更多关于侵权行为发生的时间段的争点，导致专利诉讼中司法审查的工作量增加，审判效率下降。

所以，权衡利弊，很难说二者谁更优秀，第一种更重视对专利权的保护，第二种竞争更活跃、更符合市场的特点。也许是当年讨论这事的时候中国还没能准备好全面大步迈向市场经济，这可能也是最高人民法院在正式解释中删去了这一讨论定稿结论的原因之一。

在个案中，根据代理立场不同，律师有不同的应对策略。若想让裁判者支持专利权人，可尝试从以下方面整理思路：①强调欠费终止的与众不同，公告程序的重要；②阐述专利登记簿副本中载明了专利权处于恢复期的法律状态，据此说明公众可以很容易地了解到专利权存在恢复的可能性，从而证明在此期间实施侵权行为具有投机性和主观恶意；③说服裁判者权利恢复程序可以溯及至专利权终止日，专利权的设立有严格的法律程序，若认可空白期的存在，则专利权终止后经过恢复的“重生”属于新设的专利，自然也应当符合相应的法律程序，像这样自顾自的复活显然不合规矩。以归谬法来证明空白期不应存在的观点；④描绘对社会效果的积极影响及相反判决对社会效果的不利影响。

若代理侵权人方，可以：①强调法律明确规定自年费期满日起专利权终止；②阐述权利人怠于履行法定缴费义务致使权利被终止，是咎由自取；③说服裁判者专利权自恢复通知书发文日恢复，《专利审查指南》中规定的通知、决定生效时间很多都是发文日，权利恢复通知书可参照类比，若恢复溯及至权利终止日，行为人基于对实施行为当时公开的专利权法律状态的信赖所实施的“侵权”行为得到不利认定，致使这种信赖受到破坏，从而动摇专利制度的根基；④描绘对社会效果的积极影响及相反判决对社会效果的不利影响。

本文并未给出读者确切的结论。在这些争议地带、法律盲区，恰恰会凸显律师的作用。无须迷信权威和判例，如何在个案中引导裁判者的价值倾向，极大地考验着律师的智慧和说服能力，但成功的回报也是丰厚的。本案代理律师成功说服了法官支持被告方的观点，最终和解结案。毕竟，做律师最愿意看到的不就是自己精心准备、据理力争、呕心沥血的观点被裁判支持的那一刻吗？

（承办律师　蒋海军）

（撰稿人　李青尘律师）

案例 10

等同侵权该如何认定

发明、实用新型专利侵权诉讼中，专利权人经常会援引“等同侵权”，主张专利侵权行为成立。如何认定等同侵权，是原告和被告都要做好的功课。

◇ 案情介绍

笔者早年投身知识产权事业的时候，机缘巧合，接了多起路灯领域的专利纠纷，处理的结果还不错，也因此在业内攒下了口碑，于是越来越多的路灯企业开始委托笔者处理他们的案件。几年间，笔者带领团队处理了大大小小几百件路灯案子，其中有一件案情很是特别，让笔者印象深刻。

2011 年，江苏一家光电公司找到笔者，说是自己的一款 LED 路灯被合肥一家竞争对手仿冒了。公司在 2009 年作为重点项目，研发出了这款产品，并分别申请了实用新型和外观设计专利，以求充分保护自己的市场。上市后该产品也不负众望，很受市场认可，是公司的明星产品之一。公司老板给笔者看了手下员工在街头拍摄的侵权路灯照片，对手在当地数个路段安装的路灯，与外观设计专利很是接近，笔者初步判断以外观设计专利来起诉不成问题，于是询问了一些细节后，接下这个案件，着手开始取证工作。路灯案件最大的好处之一就是侵权证据很好获取，毕竟灯都固定在街头，一目了然，而且移交给了政府相关部门管理，就算知道权利人要打击，侵权人从法律和成本上考虑也不太可能把灯拆下隐藏起来。笔者约好公证员，很顺利地拍到了侵权路灯的照片。

正在起草诉状时，笔者接到了公司老板的电话，表示要拿实用新型一并起诉，这样可以让对方多赔点儿。但问题来了，外观设计实发侵权可以从照片判断个八九不离十，但实用新型涉及技术比对，需要拆开产品才能看出技术特征，而笔者手上并没有侵权产品，连是否落入保护范围都不清楚，毕竟灯挂得那么高无法直接对比，政府的管理人也绝不可能允许笔者拆一只下来拿到法庭上的。而且，路灯基本都是工程上批量采购的，单买一只？不大可能。所以公证购买也难以操作，谁也不可能为了取证而购买一整个项目的灯，这个费用甚至超过侵权赔偿。

想来想去，可行的方法只有申请法院进行现场调查。但这么操作要与管理部门沟通，获得他们的允许，还要租借工程车和工程师到灯杆上拆下路灯，法院是否同意，笔者心里没底。最终，笔者决定将调取证据申请书和诉状一并提交法院，不管如何，试一试总没有损失。

庭审如期进行，外观设计的部分没有太多悬念，笔者提前调取了该路灯的招投标文件，对方也没有否认路灯系其安装的基本事实，法官根据公证书记载的照片，与专利权进行了比对。但实用新型这部分，很难进行下去。如笔者担心的那样，法官并没有直接去现场调取证据，我们也提交不出侵权产品，缺乏比对基础。此时，法官开了口："被告，既然灯是你们安装的，回去拿一盏过来我们当庭比对没有问题吧？"被告支吾几句，答应下来。

其实这个案件里，作为原告方，证明被控侵权行为存在是基本的举证责任，也就是说，如果被告坚持不提供侵权产品，法院完全可以判原告证据不足败诉。不过在之前的庭审中，法院已经查明了侵权的基本事实，为了一次性解决纠纷，便适当转移了举证责任，给对方施压让其配合。

庭审结束后不久，法官打来电话，对方已经将灯提交给了法院，需要再次开庭比对。

虽然解决了举证问题，但还有一个麻烦存在：对方的灯是否落入原告实用新型保护范围，我们并不确定。关于这点，笔者在案件准备阶段与当事人沟通了多次，他并不清楚被告路灯的具体内部结构，只是从外观上推测，内部部件不会有太大差异。笔者在网上做了检索，也没有获得有价值的信息。看来二次开庭只得随机应变了。

庭上，合议庭法官和双方代理人围成一圈，盯着被告带来的工程师，看他将螺丝一个个拧下、打开灯具外壳、拆解出每个部件，不肯放过一点细节。有一个部件比较难拆，工程师试了几次都没有成功，紧张得满脸汗水。拆解的同时，笔者拿着专利证书，对照着权利要求1记载的技术方案，提及一个技术特征，便在拆开的路灯中指出相应的部件给法官看，一切都很顺利，直到在“接线盒、电源、LED光源驱动器”这里卡住了。被告的灯里并没有这三个特征，只有一个黑盒子样的东西，没法再拆开。在法官询问下，被告解释说是“电源驱动模块”，作用是将电缆通上来的交流电转化成适合LED的直流电，并整合了驱动的功能。

比对进行到这里，被告理直气壮地顺势主张自己的产品里并没有“接线盒、电源、LED光源驱动器”这三个技术特征，因此没有全面覆盖原告的专利权，自然也不构成侵权。而笔者则主张从功能效果上看，被告的“电源驱动模块”整合了三者的功能，这种整合是因为技术发展而导致的较为普遍的改动，目的是节省成本，功能上与之前的三个特征没有本质区别，仍然构成等同侵权。两边似乎都挺有道理，法官犯了难。司法解释对等同特征的规定大而泛之，仅有“三个基本相同”，并没有细化到这种情况应该如何处理。况且，等同是技术特征之间的等同，当时实务中很多法院将权利要求记载的特征与侵权产品的特征一一比对，很少有这样将技术特征组合后一对多或多对一等同的操作。

遗憾的是，本案庭审结束后迟迟未判，主审法官做了多次工作，最终调解结案，没有对其中的是非对错做出评价。

律师评析

“等同侵权”是专利法中为弥补“字面侵权”的不足而设置的一项制度，指的是当被控侵权技术方案的某技术特征与专利权利要求记载的相应技术特征相比，是以基本相同的手段、实现基本相同的功能并达到基本相同的效果（三个基本相同），且对于本领域技术人员来说，属于在侵权行为发生时通过阅读该专利的说明书、附图和权利要求书，无须经过创造性劳动就能够联想到的技术特征，则认为这两个技术特征是等同特征，在此基础上认定的侵权即“等同侵权”。《最高人民法院关于审理侵犯专利权纠纷案件应用法律若干问题的解释（二）》中给出了上述判断等同技术特征的方法。

设计等同侵权的缘由在于，专利权的保护范围，是有局限性的，这种局限性体现在文字表达上。毕竟专利以记载在授权文本中的权利要求的描述来确定保护范围，而文字可能存在理解歧义，即使尽力避免歧义，文字本身的内涵与权利人的技术方案也可能存在一定程度的偏差——只要人类继续使用语言作为交流工具，思想和表达之间的这种偏差就将一直存在。此外，技术在不断进步，申请当时所界定的专利权范围很可能受到意料不到的冲击。如果局限于字面意思，则侵权人对权利要求中的某些特征做出非实质性的替换，将导致专利权被轻易架空，发明者的利益无从保护。因此，“等同侵权”作为专利侵权判定的重要补充应运而生。

从等同特征判定的方法可知，“三个基本相同”和“无须创造性劳动”是判断等同是否成立的基础，司法解释中的规定比较抽象，具体应当如何操作？

所谓“手段”，是指为实现某一功能及达到某种技术效果所采取的方式，判断技术手段是否基本相同，应当站在被控侵权行为发生时本领域技术人员的角度，结合其具备的普通技术知识和能力，判断被控侵权技术方案中的相应技术特征是否本领域常见的替代技术特征，本领域技术人员是否容易想到以及其对被控侵权技术方案是否有实质影响；“功能”和“效果”分别是指相应的技术手段在整个技术方案中所发挥的作用和取得的技术效果，应当结合专利说明书和附图记载的内容以及被控侵权技术方案的技术原理，判断相应技术手段在被控侵权技术方案与专利权利要求中所发挥的作用是什么，究竟实现哪种具体的功能，达到何种具体的效果。除了“三个基本相同”外，还需要进一步判断所述技术特征是否是本领域技术人员不经过创造性劳动就能够联想到的，重点在于本领域技术人员对技术特征进行替换的可能性以及难易程度。

◇ 本案启示

回到本案中，还有一个问题，就是等同特征的比对是如何进行的。是将权利要求记载的技术特征与被控侵权产品的特征一对一进行对比吗？能否采用一对多等同或者多对一等同？本案中，笔者主张的就是多对一等同：权利要求中的多个技术特征与被控侵权产品的一个技术特征等同。法院虽然没能给出判决，但显然受到了这个观点的影响，因而做了大量工作，最终调解结案。在当时，并没有法律法规文件来阐述这个问题，不过在2014年出台的国家知识产权局《专利侵权判定和假冒专利行为认定指南（试行）》以及2017年北京市高级人民法院《专利侵权判定指南》中，都支持了一对多或多对一等同的方式。其中原因，一定程度上在于避免技术进步对专利权人以申请当下的技术认知和撰写水平所能够预见的保护范围造成不可预料的冲击，防止技术进步造成那些并不是发明点的技术特征被大量整合、替换，造成对专利权人的不公。

本案中，被控侵权产品就是将接线盒、电源、LED光源驱动器三者整合成了电源驱动模块，用一个部件解决了三者的技术问题，这是电气技术进步带来的效果，使得电气部件在可以实现同样功能的情况下更加微小、轻量，从而具备了整合成模块的基础，并且整合之后，该模块覆盖了三者的功能。如果这种情况下不对专利进行保护，在如今技术更新加速的时代，可能现在申请的专利在未来的几年内大量丧失保护，这显然会挫伤发明人申请的积极性，不利于科技发展。

从另一个角度来看，等同的判定是以技术特征为基础的，如何准确理解技术特征，选择适当的技术特征作为等同的比对基础，也非常关键。很多人会把产品中最小的零部件理解成技术特征，但这种理解方式是否正确？会造成什么影响？笔者将在另外一个案例中进行深入地阐述。

（承办律师　蒋海军）

案例 11

从面条机的“密封圈”与“密封胶”谈专利的等同原则

提到“专利”一词，不少人觉得，这是种高大上的存在，代表着高科技，与日常生活没什么交集。其实不然，专利影响着生活的方方面面，可能在一个不经意的转角，你就会与其亲密接触，比如这个案例中牛肉面馆的“面条机”。

◇ 案情介绍

邱先生多年来花费巨资致力于煮制器（俗称“面条机”）及其相关技术的研发工作，先后申请并取得了多项专利授权。针对现有食品煮制设备中搅拌装置会造成上下层间温差增大，影响食品煮制效果，拆卸及内部清洗烦琐、困难等问题，邱先生发明了一种能够克服以上缺陷，容易拆卸、清洗，具有很好搅拌效果的装置，申请并获得了专利权。

该专利产品自投入市场后，由于性能优越，实用性强，产品畅销全国各地，给专利权人带来了可观的经济效益。也正因为如此，该专利很快成为被侵权的对象。专利权人邱先生经过调查发现，合肥火车站某牛肉面店中涉嫌安装使用了侵犯上述专利权的产品。于是邱先生启动了维权，向合肥市知识产权局提交了申请。经过调查，知识产权局固定了面店侵权的证据，专利权人随后将侵权人告上了法院。

庭审中，原告（专利权人）根据涉案实用新型专利的保护范围和被控侵权产品的技术特征，明确被告产品侵犯了权利要求 11，并与对方就被告产品是否落入专利保护范围进行了辩论。

权利要求11的全部技术特征为：一种循环搅拌装置，包括容器1、叶轮驱动装置2、喷流盒3，所述叶轮驱动装置2安装在所述容器1的右侧壁上；所述喷流盒3固定在所述容器1右侧内壁上。所述叶轮驱动装置2包括叶轮201、压紧螺母202、密封圈203、底座204、螺栓205、密封垫206以及电机207；所述电机207通过所述螺栓205安装在所述底座204上；所述底座204则固定在所述容器1的外侧壁上；所述密封圈203置于所述底座204与所述容器1的外侧壁之间；所述电机207的轴穿过所述底座204的中心孔，伸入所述容器1内；所述密封垫206置于所述底座204与所述电机207的轴之间；所述叶轮201安装在所述电机207的轴上；所述压紧螺母202安装在电机207左侧轴端。

被告的涉嫌侵权产品为面条机，与本实用新型的“循环搅拌装置”是同一类装置，基本覆盖了权利要求11的技术特征，不同之处在于容器与底座的密封方式。

被告主张其产品并未落入权利要求11的保护范围，抗辩理由为：被控侵权产品中没有“密封圈”这一结构，而是采用涂上密封胶的形式进行密封，这个密封胶是涂在底座上的，与所述容器的外侧壁之间形成密封。这样该产品就没有包含权利要求11中记载的全部技术特征，没有落入其保护范围，所以不侵权。

在这之前，经过庭审质证和产品对比，已明确被控侵权产品包含了权利要求11的大部分技术特征，因此争议焦点在于该产品是否包含了“密封圈”这一结构，以及在该产品不包含“密封圈”这一结构的情况下，是否构成侵权。

原告认为：被告的抗辩理由不能成立，虽然可以明确该产品中的密封手段为涂抹密封胶，并非采用“密封圈”这一结构，但密封胶涂覆后必然形成密封层，这种密封手段与本专利中的“密封圈”相比，属于基本相同的手段，都是为了实现封堵容器与底座之间的缝隙、避免容器的电机安装孔渗出的汤液经由该缝隙漏出的功能，并且均达到了上述效果。此外，对于本领域普通技术人员来说，其无须经过创造性劳动就能够联想到上述密封手段对本专利中“密封圈”的替换及所能取得的效果。因此，这种形成涂抹密封胶密封层的技术手段，构成对本专利中“密封圈”的等同替换，是等同特征。根据专利侵权判定中的等同原则，应认定被告产品落入了权利要求11的保护范围，构成侵权。

经过庭审和辩论，被告认识到继续进行不侵权抗辩可能使其面临败诉的不利后果，最终在法庭调解下，双方达成和解，被告停止侵权，赔偿原告损失，并且承诺今后不再制造销售相关产品。

律师评析

专利侵权判定中最重要和最常适用的方法和原则为全面覆盖原则和等同原则。全面覆盖原则是专利侵权判定中的一个最基本原则，适用全面覆盖原则时，需要侵权产品或方法的技术特征与专利必要技术特征完全相同。所谓完全相同，是指侵权物的技术特征与专利的技术特征相比，其专利权利要求书要求保护的全部必要技术特征均被侵权物的技术特征所覆盖，在侵权物中可以找到每一个专利的必要技术特征。

在某些情况下，被控侵权产品或方法在进行侵权判定时，需要适用等同原则。所谓等同原则，就是尽管被控产品或方法中部分技术特征与专利权利要求文字描述的技术特征不相同，但是，是以基本相同的手段、实现基本相同的功能、达到基本相同的效果，且对本领域的普通技术人员来讲是显而易见的，则依然可以认定被控产品或方法落入了权利要求的保护范围，构成对专利权的侵犯。根据《最高人民法院关于审理侵犯专利权纠纷案件应用法律若干问题的解释（二）》，适用等同原则有两个条件：一是被诉侵权技术方案的相关技术特征以基本相同的手段，实现相同的功能，达到相同的效果；二是等同特征及其功能、效果是本领域普通技术人员在被诉侵权行为发生时无需经过创造性劳动就能够联想到的。

本案中，仅以权利要求字义适用全面覆盖原则，很难认定被告侵权，无法有效保护专利权人的合法权益，而正是适用了等同原则，才有效认定了被告的侵权行为。

◇ 本案启示

创新不仅需要成本，更需要宝贵的创意。完全原创的，并且能被市场认可的技术、产品凤毛麟角，所以多数情况下，“改进”是创新的主调。人类的技术是站在前人的肩上，一小步一小步地前进的。但总有很多人耐不住研发创新的寂寞，动了仿冒的念头，简单粗暴地直接照抄，稍微有点意识的会做些不痛不痒的改动。等同原则的存在，给这些想走捷径的仿冒者套上了枷锁，不付出一定智力含量的改动，往往难逃等同的约束。

（承办律师　蒋海军　王瑋）

案例 12

发明专利侵权纠纷案中等同原则的适用

案情介绍

原告 M 公司诉被告 S 公司侵害其持有的发明专利权。原告专利权利要求 1 及权利要求 4 分别涉及一种智能物料配送的监控方法和相对应的监控系统，具体内容如下。

权利要求 1：一种智能物料配送的监控方法，其步骤包括：

（1）在轨道上运行的每个吊架上均设有一个无线电射频识别（RFID）标签，当一个吊架经过某个工作站进站口前的 RFID 读卡器时，此读卡器会读到吊架标签上的信息，经由工作站终端设备发送给上位机。

（2）上位机接收到吊架检测信号后，会判断此吊架是否应该进入这个工作站进行加工，如果不应进入这个工作站，则上位机不发送任何信号，吊架继续在主轨道上运行；如果应该进入这个工作站，则上位机向可编程逻辑控制器（PLC）发送一个支轨接通信号，可编程逻辑控制器在接收到这个信号后控制相应工作站点的进站开关合上，使吊架得以进入工作站。

（3）吊架上的衣料在某个工作站完成相应工序的加工后，工作站终端设备向上位机发送一个加工完成信号，同时通过电器开关将这个吊架送入出站缓冲区。

涉案专利权利要求 4 是与权利要求 1 相对应的一种智能物料配送的监控系统，包括：

（1）上位机，整个智能物料配送装置的控制中心。

（2）工作站终端设备，与上位机通信。

（3）RFID 标签，在每个吊架上均贴有一个 RFID 标签，用于唯一标识此吊架。

（4）RFID 读卡器，读取 RFID 标签上的电子信息，并通过终端设备传送给上位机。

（5）可编程逻辑控制器，接受上位机的通信信号，控制相应站点的进、出站开关的闭合，使吊架进入工作站或进入主轨道。

经现场技术比对，被告主张其涉案产品在形式上存在以下实质区别：涉案专利权利要求 1 和 4 均限定，需使用工作站终端设备与 PLC 这两个独立的部件来分别实现与上位机之间的上行通信和下行通信功能，涉案专利权利要求 1 和 4 系使用了两个独立部件（工作站终端设备与 PLC）来协同上位机实施进站控制。而被告产品在涉及进站控制时，仅使用了站点控制中心这一个部件实施控制，且该站点控制中心在物理上也无法分割成两个不同的部件，即该站点控制中心不是某两个不同的部件在物理上的简单拼合或组装。

同时，一审法院就本案技术问题专门委托了相应司法鉴定机构进行鉴定，鉴定机构出具的技术鉴定报告确定，被告产品中的站点控制中心不同于涉案专利权利要求 1 和 4 中的 PLC，系不相同的技术特征。

鉴定机构及法院现场勘察时，还进一步进行了计算机关闭实验，证明被告产品在其计算机关闭后，吊架上衣架依然能完成相关进站动作，即被告产品在进站控制时并不依赖于计算机，而是由站点控制中心独立完成进站时的吊架信息判断并进行进站控制。由此进一步印证：在进站控制时，被告产品中根本不存在涉案专利权利要求 1 和 4 所限定的，使用工作站终端设备向上位机上传吊架信息，使用 PLC 接受上位机的下行控制信息，两条独立的、分离的、单向的信息传送路径。

由此，被告主张其涉案产品与原告专利所要求保护的技术方案存在实质性的技术差别，未落入原告专利保护范围。

原告在取得鉴定报告结论之后，一方面主张该鉴定程序存在重大缺陷，另一方面补充主张被告产品中的站点控制中心与涉案专利中的“PLC”及“工作站终端”两项技术特征的组合等同；并认为本案涉及电气控制技术方案，不能简单仅以物理元件比对为限，应当通过鉴定还原被告产品的整个电气控制过程及系统，在此基础上，才能进行有效的技术比对。

一审法院经审理，采纳了被告的不侵权抗辩理由，认为依据鉴定报告及计算机关闭实验，至少可以确定被告涉案产品与原告专利技术方案存在两点实质区别：

第一，被告产品以站点控制中心进行分布式控制，缺少涉案专利所述的“上位机”控制中心，区别于涉案专利所限定的“集中式控制”结构和方式。

第二，被告产品中的站点控制中心区别于涉案专利所限定的“PLC”，也非“PLC”与“工作站终端”的简单组合，系实质不同的技术特征。

基于以上两点判断，一审法院认定被告产品未落入原告专利保护范围，判决驳回原告所有诉讼请求。

原告不服一审判决，提起上诉。二审经开庭审理，并组织双方专利证人质询后，做出发回重审的裁定。

在本案审理过程中，被告两次启动了涉案专利无效宣告请求程序。在无效宣告请求审查程序中，针对被告所提交的“分布式控制”或“分中心控制”现有技术方案，原告作为专利权人反复强调涉案专利所限定的“集中式控制”技术效果，专利复审委员会及行政诉讼法院均认为“自动化系统作为一个整体，包括部件、部件之间的架构、部件之间的交互以及采取何种控制方式，都会形成对自动化系统的改进，而且会为自动化系统带来完全不同的技术效果”，并依此理由维持原告专利有效。

本案经再次一审，再次二审，最终判决驳回原告诉请。

律师评析

1. 如何正确地进行技术比对

《最高人民法院关于审理侵犯专利权纠纷案件应用法律若干问题的解释》第七条第二款规定：“被诉侵权技术方案包含与权利要求记载的全部技术特征相同或者等同的技术特征的，人民法院应当认定其落入专利权的保护范围；被诉侵权技术方案的技术特征与权利要求记载的全部技术特征相比，缺少权利要求记载的一个以上的技术特征，或者有一个以上技术特征不相同也不等同的，人民法院应当认定其没有落入专利权的保护范围。”

其一，原告在一审、二审中主张要完全还原被告产品的控制系统和信息传递流程，才能进行有效的技术比对，这一主张显然荒谬无据。任何技术领域的技术方案，在进行技术比对的过程中，只要缺少原告权利要求记载的一个以上的技术特征，或者有一个以上技术特征不相同也不等同，即可以充分地判断未落入其专利保护范围。

其二，在具体进行技术比对时，应当将原告据以起诉的专利权利要求所要求保护的技术方案，分解为最小单元的技术特征，不能进行任何形式的合并或修改，并在此基础上，来判断涉嫌侵权产品是否与其“一一对应，全面覆盖”。然而，在本案中，原告在庭审中主张被告产品中的“站点控制中心”与原告专利权利要求 1 和 4 中的“PLC 和工作站终端”是相同或等同的技术特征，其实质上是将其权利要求中分别限定的“PLC”和“工作站终端”两项技术特征合并为一项技术特征后，进行比对，该技术比对已明显背离了依法比对的轨道。

2. 如何判断是否构成等同

根据《最高人民法院关于审理专利纠纷案件适用法律问题的若干规定》第十七条第二款的规定，“等同特征，是指与所记载的技术特征以基本相同的手段，实现基本相同的功能，达到基本相同的效果，并且本领域普通技术人员在被诉侵权行为发生时无需经过创造性劳动就能够联想到的特征。”

基于这一规定，首先要坚持的一个基本判断原则是，所谓等同是指技术特征之间的等同，而不是技术方案之间的等同。

而在本案中，原告所主张的被告产品中的“站点控制中心”与涉案专利中的“PLC 与工作站终端的组合”等同，其实质是在主张整个技术方案的等同。

原告主张被告产品中的“站点控制中心”与涉案专利权利要求 1 和 4 中的“PLC 和工作站终端设备的组合”构成等同，首先需要回答以下两个问题。

问题一：是否可以将其权利要求中分别限定信息传送路径和技术功能的

“PLC”与“工作站终端”进行组合后再进行等同判断？

一方面，基于对专利权利要求的解释原则，是否可以将部分技术特征进行组合后再进行等同判断，首先需要判断这些技术特征是否必须组合后才能够实现特定的技术功能和技术效果。本案专利中的“PLC”与“工作站终端”显然不符合这一组合判断的条件。根据涉案专利权利要求的描述，“PLC”与“工作站终端”是各行其是、各负其责，具有各自独立的技术功能和技术作用的独立的技术特征单元。如果将其进行组合，实质上是完全改写了专利权利要求，远远超出了权利要求的解释范围，演变成技术方案是否等同的判断。

另一方面，原告在涉案专利的无效宣告审查程序中，反复强调其集中式控制框架下由 PLC 和工作站终端分别进行上、下行通信的技术效果，强调其区别于现有技术的分布式控制框架中由一个元件完成上、下行通信的信息传递路径的技术优势。现在侵权诉讼比对程序中，原告又试图模糊这一区别，将其已剔除的现有技术手段纳入等同比对的范围，这明显违反了禁止反悔原则。因此，本案专利根本不具备这一等同范围判断的前提。

问题二：被告产品中的站点控制中心是否是涉案专利权利要求 1 和 4 中的 PLC 和工作站终端的简单组合，是否具备基本相同的技术功能和技术效果？

如前所述，被告产品中的站点控制中心显然不是涉案专利权利要求 1 和 4 中的 PLC 和工作站终端的简单组合，其技术作用、技术效果存在重大实质差别。

一方面，涉案专利权利要求 1 和 4 中的 PLC，系根据接收到的上位机发出的下行控制信息对工作站进站开关进行控制，从而实现了上位机对吊架进站进行集中控制的技术功能，并达到了集中式控制的技术效果。而被告产品中的站点控制中心，在进站控制时并不依赖于计算机，其独立完成进站时的吊架信息判断并进行控制，从而实现了非集中式控制的技术功能，并达到了非集中式控制的技术效果。

另一方面，就 PLC 本身而言，由其自身特性而自然具备的技术效果也与被告产品中的站点控制中心具有显著差异。如为了实现 PLC 方便、容易地与各种工业控制系统集成的设计目的，PLC 内部可分为操作系统、程序员和用户两层接口，并具有易于学习的指令集，便于通用于多种不同的系统，但是功能也受指令集的限制。而被告产品中的站点控制中心是专门设计用于服装加工设备的一种非标产品，是以微芯片为核心并集成外设接口的单片机设计而成，其微芯片上并没有 PLC 规范所必需的操作系统，也无法具备通用性。显然，涉案专利权利要求 1 和 4 中的 PLC 本身即具有通用性的技术效果，而被告产品中的站点控制中心只是一种非标专用设计，其只具有专用性的技术效果。

如上所述，原告主张被告产品中的站点控制中心与涉案专利权利要求 1 和 4 中的 PLC、工作站终端设备组合构成等同，实质上已经是技术方案是否等同的判断。即使如此，该等同判断也仍然不能成立。

本案启示

在专利侵权诉讼中，在经过技术比对不构成字面侵权时，原告往往转向主张等同侵权。在专利侵权诉讼审理过程中，等同侵权变成了一个大箩筐，有逐步泛滥成灾之势。

如何在专利侵权诉讼中，公平地适用等同原则进行侵权判断，是原、被告双方代理人都要做的功课，也是法庭应当重点关注的内容。

在一定程度上，等同侵权的认定将牺牲专利权的确定性和可预见性，其适用条件复杂，适用标准多变，从而使专利权的保护范围变得模糊不清，也可能会使公众无所适从。美国法院已经逐步将等同侵权作为例外性适用。

笔者建议，在具体案件的适用中，基于公平原则，至少应当严格遵循以下四个原则。

第一，坚持“技术特征的等同而非整体技术方案的等同”的比对原则。在审查原告的等同特征比对范围时，尤其应当从严审查技术特征组合的必要性和合理性，坚持最小技术单元分解比对原则，涉嫌侵权产品中除非存在显而易见的多个技术单元的简单组合，否则，在涉嫌侵权产品缺少专利所限定的技术特征时，应谨慎进行所谓技术特征组合的等同判断。

第二，坚持“专利保护范围以权利要求书为准”的原则。凡是记载在权利要求书中的技术特征均应进行比对；凡是未记载在权利要求中的技术方案，均不应纳入专利保护范围，即使该技术方案已记载在说明书中。

第三，坚持禁止反悔原则。专利权人明确放弃的技术方案，明确排除的技术手段，均应排除在等同范围之外。以本案为例，专利权人一开始强调“自动化系统作为一个整体，包括部件、部件之间的架构、部件之间的交互以及采取何种控制方式，都会形成对自动化系统的改进，而且会为自动化系统带来完全不同的技术效果”。其采用 PLC 进行工作站的开关控制是其涉案专利权利要求 1 和 4 区别于现有技术方案的关键点之一，其权利要求中所限定的“上位机向可编程逻辑控制器（PLC）发送一个支轨接通信号，可编程逻辑控制器在接收到这个信号后控制相应工作站点的进站开关合上，使吊架得以进入工作站”以及“可编程逻辑控制器，接受上位机的通信信号，控制相应站点的进、出站开关的闭合，使吊架进入工作站或进入主轨道”的技术特征，是涉案专利体现其创造性的贡献性技术特征。因此，在相应的侵权技术比对判断中，上述区别技术特征不应有任何的省略、修改或合并。原告企图模糊合并上述技术特征，实质是将采用其他类型的控制器进行工作站的开关控制的现有技术方案又纳入了其涉案专利权利要求 1 和 4 的保护范围内，其等同主张明显违反“禁止反悔”原则。

第四，坚持“本领域一般技术人员”的判断标准。所谓等同，是基于本领域一般技术人员的认知水平，其无须付出任何创造性劳动，即可以实现的“以基本相同的技术手段，实现基本相同的技术功能，获得基本相同的技术效果”，所谓等同技术手段的采用是显而易见的。任何高于这一标准的判断认定，都可能导致等同原则的滥用。

（承办律师　陈静　刘丰）

案例 13

你的成果未必是你的专利

案情介绍

某日，一位客户打来电话，称有个小案子，下周要开庭了，想请笔者简单处理一下。这位客户的专利业务一直由笔者律所代理，对这件诉讼笔者自然义不容辞。上门一谈，才发现对手也是笔者律所的专利客户。两家企业都是当地颇具规模的机械公司，因为数十件才申请不久的专利权的归属问题发生争议，闹上法庭。这些专利申请记载的发明人曾是原告公司的工程师王工，在原告处工作了多年，一年之前跳槽到被告处任技术总监。王工说自己已经和原公司谈得差不多了，这系列诉讼也就是走个程序，双方肯定能和解，公司的和解底线也都定过了，只要保留其中的发明专利项目就行，其他的实用新型等可以都给对方。考虑到双方都是笔者律所的客户，王工又信心满满地表示能和解，笔者干脆卖个人情，打算趁热打铁做些协调工作，尽快了结这个纠纷。

离开公司，笔者随即给原告老板打了个电话，不料对方态度并不友善，先是痛喷王工忘恩负义，接着又数落律师吃里爬外。半小时后，笔者才有机会询问和解事宜。对方把积蓄的怨气发泄得差不多了，情绪平复下来，表示：只需要发明专利申报项目就行，其他的可以都让给对方。

双方都要争夺发明专利，无法和解，笔者有苦难言，只得硬着头皮把案子做下去。

按照王工告诉笔者的事实，他曾是原单位的技术人员，确实是利用在原单位设计的图纸到新单位后申请了这些专利。专利应当如何归属，法律规定得很明确，不管是申请中也好，已授权也好，都属于发明创造的完成者，通俗来说，就是“谁做出来，就是谁的”。但发明创造都是由人所完成的，为什么是两个公司之间争专利权呢？这里有个叫“职务发明”的概念，很好理解：公司为员工提供平台、设备等各种物质和技术条件，并且支付薪水，等于是购买员工的智慧和时间，员工在工作中所创造出来的技术成果，自然应当归属于公司所有。除非有特别的约定，否则这些发明创造都属于职务发明，其权利人为公司，员工是不能私自申请的。当然，做出实质性贡献的员工，可以享受发明人的荣誉和物质奖励，如本案中新单位就把王工列为发明人。

法庭归根结底是证据的对抗，原告提供的证据，能够把这事实再现到什么程度呢？

原告提供的一系列证据包括：王工与其签订的劳动合同、保密协议、原告负责人与王工的通话录音、王工签名的技术图纸及被告的专利申请文件等，意在证明王工任职时的职责范围，以及王工做出了这些图纸，并且图纸与专利附图相似。

对律师而言，大部分专利诉讼案件中，被告比原告好做。对原告来说，提起诉讼，类似织一张绵密的网，能网住被告，官司就赢了。因此，诉请要明确，证据要链接上，逻辑要缜密；对被告而言，想胜诉就要攻击原告这张网上的薄弱之处，只要能击溃一处，就可以破网而出。所以在诉讼中，被告做的工作，往往是“找原告这张网上的碴儿”。

笔者开启找碴儿模式，把原告的证据过了一遍，找出了几个可以攻击的点，并据此拟定了诉讼策略（见表1）。

表1　本案可以攻击的要点

原告的证据	原告证明目的	被告的“找碴儿”
王工的劳动合同	王工曾属于技术人员	合同是真实有效的吗？合同所载职务与王工真实职务是否有不同？
王工签名的技术图纸	王工完成了涉案发明创造	签名是真实的吗？技术图纸能够等同于发明创造吗？
被告的专利申请文件	专利附图与技术图纸相似	专利附图和原告图纸有何差别？这些差别有什么作用？被告的专利申请来源为何？

历经两个半小时的激烈庭审与数周的等待，最终以法院判决原告败诉了结本案，理由是原告提供的图纸不足以证明其完成了涉案专利，证据不足，驳回诉请。

律师评析

笔者将本案代理中的核心观点整理如下。

（1）完成图纸不等于完成了完整的技术方案。专利权作为一项新技术方案的载体，意义在于向公众释明权利的范围，必须要明确专利权与现有技术的边界在哪里，相对于现有技术的改进点为何。如此，公众才能明白何种行为是落入了保护范围的侵权行为，何种行为是合法适度的。一项具备可专利性的新技术方案的诞生，必然是在现有技术的基础上，对其中的某些细节特征做出改进而来，原告要证明完成了完整的技术方案，仍要提供研发流程中的相关文件、会议纪要等来支持，仅凭单薄的图纸尚不足以将其与涉案专利的关系一一对应。举例来说，公众都知道的万艾可，曾经是治疗心脏病的药物，后被发现可以治疗 ED。同一种药物，不同的用途，可以产生多个彼此不相干的专利权，因此即便是同一张图纸，也完全可以往不同的方向，形成两个彼此独立的专利权。

（2）专利附图与原告图纸存在诸多区别，这些区别技术特征与原告图纸中所有零件都不同，有着完全不同的技术效果，且这些特征也在专利的权利要求中有所体现。

（3）笔者经过检索，在现有技术中得到了与原告图纸中关键部件相同的技术特征。这一特征与现有技术的结合足以得到本案专利申请的主要内容，故被告主张专利来源于现有技术的启示。

（4）根据被告提供的宣传资料、照片等证据，原告主张的产品已在专利申请日前公开展示、销售。机械产品的特点是容易反向工程，原告的公开行为已经将该技术方案置于公众可以无障碍地获取的情形下，故该方案已成为现有技术。即使认定被告有所利用，利用现有技术也并无不当。并且，原告的公开行为，也意味着对自身“申请专利的权利”的放弃。

本案启示

但数年之前发生的事实，回头再来起诉，能够留存下来的证据有多少？经历过法庭严苛质证之后，这些证据还能剩下多少可用呢？有些事实，经历法庭细致的审理，或许能够再现七七八八，做到所认定的法律事实与客观事实基本吻合；但更多案件，且不说法院能否付出高昂的司法成本去细致审查每一起个案，即便不计成本，由于关键证据的缺失或无可挽回的失误，最终也难免败诉。譬如本案，原告与大多数的企业一样，缺乏足够完善、可追溯的研发流程与制度，犯下了诸多错误；但最大的失误，是核心员工离职许久，都没有对其所掌握的技术及时去申请专利，在需要用到专利时，才临时抱佛脚，最终受制于人。“看他人吃堑，长自己的智”，原告在本案中的教训值得企业家们思考反省。

从相反角度，如果你想挖别家的技术人员，又担心遇到权属纠纷怎么办？其实很简单，如果本案申请文件中没有把王工列为发明人，那么原告连仅有的关联都无法找到，被告更可理直气壮地称自己系独立研发。不过需要注意的是，挖人这事儿得慎重，专利权属事小，万一员工使用了原公司的商业秘密，惹上纠纷就麻烦了。要知道，不比专利，商业秘密是可以够上刑事责任的，还可能把企业和员工作为共同犯罪处理。

（承办律师　李青尘）

案例 14

权属纠纷中的蹊径

——从发明人到专利权人

案情介绍

郑先生曾是某科研机构的研究员，退休后闲不住，仍然帮助合作企业设计、开发一些项目、产品，在业内广受好评。A 公司慕名而来，请求郑先生处理一个产品项目的设计、调试工作。双方协商后签订了一纸协议，约定该产品知识产权归郑先生所有，郑先生也爽快承诺该项技术只提供给 A 公司一家使用。协议签订后没几日，郑先生就完成了主要设计方案和设备清单草图，交付给了 A 公司，但未向其索取以上材料的签收文件。A 公司得到图纸和方案后背信弃义，不顾协议中知识产权归属约定，自行申请了专利，此时郑先生还蒙在鼓里。项目完成后 A 公司撕毁协议，拒绝支付郑先生应得的报酬，甚至明确警告郑先生：不得实施该技术成果，否则构成侵权。

凝结了无数脑细胞的技术成果就这么被抢走白用，还反过来扼住自己的咽喉，郑先生气到住院，出院的第一件事就是找律师，义愤填膺地表示要夺回应属于自己的专利。

依据《专利法》及《专利法实施细则》的规定，专利权类似不动产，登记在谁名下就是谁的。郑先生想要争这件登记在 A 公司名下的专利，必须要证明自己是这件专利所载技术方案的实际完成者才可以。梳理了一遍手里的证据，郑先生能拿出来足够有分量的只有与 A 公司签订的合作协议，其中约定了知识产权权属归自己所有；另外还有产品的设计草图。但缺陷在于，协议中双方并未对研发的产品详细内容作出描述，写得很笼统，无法确定协议所称的知识产权就是A公司申请的这件专利；郑先生也拿不出将图纸交付给对方的证据。依照这个思路进行诉讼，对方完全可以抗辩称二者缺乏关联，自己系自行研发，最终法院很可能判定原告举证不足从而使A公司轻易逃避制裁。郑先生咬牙："宁愿专利不要了，也不能给A公司。"想要申请无效，与对方同归于尽。

律师安抚住激动的郑先生："这样吧，你都想跟他同归于尽了，就别管这么多了，先告了再说。若败了，再去同归于尽也不迟。假如万一不小心赢了呢?"律师赶紧真诚地提议。郑先生沉吟一番，点头道："然。"

送走郑先生后，律师仔细研究了证据材料，分析了案件的各种可能性，苦思冥想数日，终于拟出了一条可行方案。案件如期开庭，果不其然，在用平淡的诉状麻痹过对手之后，A公司的律师直接就答辩称专利系自行研发，协议约定的内容与诉争专利没有任何关系。双方你来我往辩论了一番，律师见时机成熟，抛出了专利公告文本。

不知是懒得编造还是良心未泯，在这件很普通的专利授权公告文本中不起眼的角落，A公司将郑先生的大名赫然列在发明人一栏，也就是说A公司承认了郑先生的发明人地位。尽管其在庭审中一直想否认郑先生所做的贡献，但并未就该专利相对于现有技术有哪些改进，以及这些改进到底是由哪些发明人如何做出的进行明确的解释和举证，即A公司没有证据能够推翻郑先生的发明人地位，自然也无法否认郑先生对本专利的贡献。按照《专利法》的规定，有权申请并获得专利权的有以下几类主体：

（1）非职务发明创造中，申请人与发明人或设计人通常为同一人。

（2）职务发明创造中，申请权属于发明人或设计人的所在单位。

（3）合作或委托开发的发明创造中，没有约定，申请权应当共有或归受托者所有。

当该申请获得授权后，以上的专利申请人就自然成为专利权人。

本案中，郑先生已退休，与A公司并无劳动关系，亦不属于其雇用人员，故不可能构成职务发明。既然如此，则只能是非职务发明或合作、委托开发。依据《专利法》，专利权应当属于实际完成者所有，则无论哪种情况，郑先生都应在专利权中获得一席之地。

法庭认同了原告律师的观点，并进行了细致耐心的调解工作。最终 A 公司与郑先生达成了和解，赔偿了郑先生应得的费用；郑先生也退让一步，同意与 A 公司共有该专利，双方旋即办理了权利变更手续，本案就此尘埃落定。

本案启示

由于郑先生的善良和不设防，在 A 公司这样有预谋的不诚信行为下付出了惨重代价，好在其留下了破绽，将郑先生列为发明人，否则事情几乎不可能挽回。本案给出的重要启示是，在商言商，要有自保意识，仅凭表面信任的交易方式在面对陌生对象时无异于赌博，损失很可能是无法挽回的；反过来说，如果公司确实在技术成果完成时已经明确了专利申请权的归属，也得不留隐患，千万别犯“把对方列为发明人”这种错误，同时还未保存权属约定的书面证据。

（承办律师　蒋海军）

案例 15

发明人奖酬“秋后算账”争议多

发明人奖酬纠纷通常被认为是专利纠纷案件中的简易案件，然而一旦成诉，尤其是针对企业重大关键性项目实施，将会给企业正常生产经营以及企业上市进程带来极大困扰。

◇ 案情介绍

王某原为淮安 M 公司的技术人员，已离职退休。因离职补偿等问题与淮安 M 公司发生争议。

2010 年年初，王某一纸诉状将淮安 M 公司告到南京市中级人民法院，诉称淮安 M 公司已实施的某重大项目采用了王某在职期间所完成的发明专利技术方案。依据现行法律规定，要求淮安 M 公司按照该项目实施收益的 2% 支付发明人报酬。在法庭释明后，王某又增加了诉讼请求，要求淮安 M 公司另外支付发明人奖金。

经过原、被告双方的举证和质证，法庭查明，淮安 M 公司涉案项目并未涉及实施涉案专利，王某要求就涉案专利获得发明人报酬，缺少事实依据，王某该项诉讼请求被予以驳回。法庭仅支持了其获得发明人奖金的诉讼请求。

一审判决后，双方均未提起上诉。

本案初始证据对淮安 M 公司极其不利，淮安 M 公司在其相关项目报告上不仅明确列示该项目的实施包括了涉案专利，同时还列示了项目实施收益预计达数千万元，该自认一旦被法庭确认，淮安 M 公司将支付王某等发明人近百万元奖酬。

被告律师做的第一件工作是核实淮安 M 公司该项目实际实施的技术方

案，是否包含涉案专利技术方案。

经过相关证据资料分析，包括项目报告、项目技术图纸以及设计单位项目说明，被告律师确认：元明粉公司的专利技术和公司的项目都利用了加盐析硝的技术原理，都涉及对元明粉生产过程外排废水中的硝、盐含量进行分离的技术处理，但公司项目和采用的主要设备和工艺流程，与本案专利技术不相同。本案专利技术所说的设备只能完成实验，无法作为工业化生产应用，尤其是进行大流量废水的处理。以前公司所讲的专利应用项目，实际是使用了长沙轻工设计院的技术和专利，并没有使用公司自己的专利，公司在相关项目申报材料中有关专利使用的描述有误。

进一步来说，涉案专利仅限于“制盐废水处理”，涉案项目仅涉及“制硝废水处理”，工艺处理对象不同，也必然导致两者具体的工艺处理方法的不同。相对于制盐废水，制硝废水中的 Na_2SO_4 含量远大于 NaCl 含量，为了有效实现大流量制硝废水的循环处理，必须充分提高析硝效率，并实现高流速析硝循环，而涉案专利所提供的仅限于盐析析硝，利用悬浮床结构积累硝结晶体的技术方案，显然不能满足这一工业化实施要求。涉案项目与涉案专利的技术区别是显而易见的。

被告律师进一步向法庭提交了详细的技术比对清单，确认涉案专利涉及两个技术主题，即制盐废水处理工艺专用设备和制盐废水处理方法，其包括两项独立权利要求：一种制盐废水处理工艺专用设备；以及一种采用该项专用设备进行废水处理的制盐废水处理方法，其取得专利权保护的技术方案仅限于其授权确定的权利要求书所记载的两项内容。与涉案专利的权利要求书所记载的技术方案进行比对，淮安 M 公司涉案项目仅涉及制硝废水处理，涉及技术主题不同，工艺处理对象不同。涉案项目所采用的关键设备制硝罐，至少不具备以下三项技术特征：①罐体内设有加热装置；②罐体内设有悬浮床；③循环管一端连接在罐体的上部，另一端连接于罐体下部悬浮床的下方。涉案项目所采用的工艺方法，因未采用涉案专利所述的专用设备，所以其工艺流程也与涉案专利截然不同，其至少不具备以下技术特征：采用权利要求 1 所述的制盐废水处理工艺专用设备进行废水处理；利用加热装置使其温度保持在 60～100℃（罐体内加热）；持续将罐体上部的液体由循环管输送到罐体的下部、悬浮床的下方。

被告律师同时提出现有公知技术抗辩意见，主张根据原告所提供的现有技术论文资料，以及涉案专利的审查意见通知书等证据，涉案项目所采用的利用盐硝分离原理进行硝盐分离的处理工艺为现有技术。虽然涉案项目所涉及与涉案专利说明书所记载的技术方案相关，利用盐析理论进行“高温析硝”工艺处理，但该技术内容属于现有技术和公知常识，涉案专利的发明人不能就此部分要求淮安M公司履行给付报酬义务。

经过上述举证和质证，法庭确认淮安M公司涉案项目并未涉及涉案专利的实施，王某要求就涉案专利的实施获得发明人报酬，缺少事实依据，其该项诉讼请求无法获得法律支持。

律师评析

本案被告胜诉关键在于，充分向法庭举证证明了涉案项目所实施的技术方案与涉案专利不相同，包括：被告涉案项目所涉及技术主题不同，工艺处理对象不同，且被告涉案项目所采用的关键设备未包含涉案专利的所有技术特征。涉案专利所受专利保护的技术方案仅限于其权利要求书所记载的内容；而被告所实施涉案项目所涉及的，与涉案专利说明书所记载的技术方案相关的技术内容均属于现有技术和公知常识，涉案专利的发明人当然不能就此要求被告履行给付报酬义务。

因此，针对发明人奖酬纠纷，诉讼要点在于，除了仔细核查确认职务发明人身份之外，还需要重点确认企业是否实施了涉案专利，其判断标准与专利侵权诉讼中的比对判断并无实质差别，均要求以涉案专利的权利要求书为比对对象，采用全面覆盖原则。目前，很多企业的专利申请技术方案与实际实施方案并不一致，这将可能是发明人败诉的主要原因。

本案启示

《专利法》关于职务发明创造的法律规定是极其清晰和明确的。但实际上，因为诸多企业管理者对于职务发明创造规定不了解，所以仍然出现了大量的涉及职务发明创造的法律纠纷，严重影响了相关企业的正常经营秩序。

根据《专利法》和《专利法实施细则》的相关规定，当企业未与发明人约定，也未在依法制定的规章制度中规定发明人奖酬时，企业必须在专利权授权公告后依法支付发明人奖金，如果授权专利被实施，包括企业自我实施或许可他人实施，或将专利转让他人，企业还应向发明人支付报酬。也就是说，向发明人支付奖酬，除非企业另有约定或制度规定，将是企业的法定义务。发明人可以据此主张自己的合法权益。

许多企业在专利申请过程中，在企业的所有专利申请的发明人名单上均挂上企业主要经营管理者的姓名，而并不考虑其是否实质参与了该专利所涉及的职务发明创造活动；更有甚者，仅由企业的专利申请事务经办人员自行随意填报发明人名单。这种“随意”可能造成两个隐患：

（1）在企业就此进行国外专利申请时，将埋下申请著录项目缺乏真实性的隐患，并可能成为国外专利在授权后被宣告无效的理由，丧失国外专利权保护效力。

（2）在企业未就职务发明创造作出明确的奖酬规定或约定的前提下，企业经营管理者的变动或离职，可能致使离职或变动的企业经营管理者就其曾经挂名的职务发明创造授权专利要求奖励和实施报酬，尤其是针对涉及企业核心产品的授权专利要求实施报酬，将直接影响企业营业利润，对于上市公司的影响将更为严重。

因此，在企业专利申请过程中，相关专利申请的著录项目，包括发明人名单，由企业按照相关的申请审查程序进行认真核查确定，是非常必要的。

（承办律师　陈静）

案例 16

搬起石头砸了自己的脚

——“中止”在专利申请权纠纷中的乌龙

专利申请和专利诉讼中，都有设计“中止”制度，意在纠纷落地之前，冻结案件的审查审理状态，避免权利、侵权状态未知而造成的后续风险。那么这个制度该如何使用呢？本文案例较为特殊，提供了一个反面教材。

◇ 案情介绍

方先生在安徽有一家医疗器械公司，经营多年，与当地的各大医院建立了良好的合作关系，产品销售情况还算不错。最近公司在开发一款新产品，用于解决开腹手术中的废气过滤问题。鉴于目前国内医疗市场上还没有足够完善的解决方案，方先生对产品前景很有信心。一个偶然的机会，方先生通过朋友介绍，认识了山东的李医生。李医生恰好也在研究这方面的课题，遂提出与方先生合作，整合双方的经验、技术，共同开发，并愿意在开发成功之后在山东协助推广这款产品。双方谈得投机，当即拍板，二人作为股东在当地设立了一家新公司，共同开发这个项目。

可惜事与愿违，数次实验后发现，这款产品的效果远远达不到预期，想要投入临床使用，需要巨大的改进成本，性价比过低。方先生在遗憾中放弃了这个项目，新公司也就此搁浅。第二年，为了申报项目的需求，方先生以医疗器械公司的名义把这个半成品申请了专利——产品虽然不实用，申报专利还是没问题的。

李医生知道了此事，非常不满，认为产品虽然没能落地，但毕竟是二人共同开发的，方先生私自申请，不合规矩。方先生则认为，李医生的加入并没能有效推动这个方案，研发失败，双方的合作自然终止，况且这件申请是自己花钱找代理公司，从半成品中提炼出的专利，理应归属自己所有。更何况，申请中已经考虑到了李医生的贡献，把李医生列作了发明人，算是仁至义尽了。双方协商不成，李医生于是找了律师，以自己的名义在山东起诉了方先生的公司，要争夺这件正在申请中专利的权属。

收到济南市中级人民法院的诉状，方先生找到笔者，请教解决策略。

考虑到方先生申请这件专利的目的是为了报项目，争取在诉讼结束之前能获得授权，笔者建议方先生采用“拖”字解决，首先提起了管辖权异议。一般的专利侵权案件，法律规定是由被告所在地或者侵权所在地的法院管辖，侵权所在地包括侵权行为所在地和侵权结果发生地。如果按照侵权案件的管辖规则，李医生在山东起诉，其实并没有问题。但是，本案是一起权属纠纷，虽然可以把案情理解成“方先生侵犯了李医生申请专利的权利”，但这个案由与专利侵权的案由是完全不同的，法律并没有规定权属纠纷也可适用专利侵权的管辖规则。于是笔者在申请书中主张将本案移送至方先生的公司所在地安徽管辖。济南市中级人民法院觉得有道理，支持了方先生的申请。李医生不服上诉，山东省高级人民法院最终判定：将本案移送合肥市中级人民法院审理。

这么一来二去，时间过了大半年，案子还没进入实体审理，李医生坐不住了。本着“互相伤害”的想法，李医生向国家知识产权局申请了中止，“你拖我，我也拖你”。

我们通常在专利纠纷中遇到的中止，大多是侵权诉讼过程中，被告向国家知识产权局提起专利无效，法院可以根据无效受理通知书，中止侵权诉讼的处理，这是法院的中止；本案这种是另外一套程序，专利申请发生权属争议，国家知识产权局可以根据法院的受理通知书，中止这件专利的审查程序，这是专利局的中止。

申请专利中止，必须要在实体问题上决出高下，才能解冻这件专利申请。于是笔者研究案情，探寻破解之策。专利纠纷中，侵权纠纷与权属纠纷是最高发的两大类，对权属纠纷，原告需要证明的要点是被诉专利权或专利申请权记载的技术方案，是由自己做出来的。本案中，李医生整理了不少这方面的证据，有自己之前关于这方面研究成果的邮件记录、与方先生共同成立的新公司的工商登记情况、与新公司的合同、实验室的租赁协议、实验照片等。

这些证据基本能够互相印证，具有相当的证明力。并且，从本案客观情况来说，李医生对涉案专利技术方案的产生，的确做了贡献，双方也曾组建公司共同开发这个项目，主观意愿上曾经是想要分享这个研发成果的。如果研发顺利，按道理来说，应当是双方组建的新公司作为权利人来申报这件专利，再不济也是李医生与方先生二人共有，怎么也轮不到方先生的医疗器械公司来申请。如果李医生的陈述和证据能被法庭认可，使得法官内心相信这一客观事实的存在，到时候局面会对方先生非常不利。除非能找到致命的破绽，让法庭无法回避。

笔者感觉希望渺茫，但还是耐心地把原告的证据清单逐字逐句地又梳理了一遍。涉诉技术方案是如何做出证据的，原告提供的很充分，笔者拿着专利申请文件，跟原告的证据简单比对下来，发现二者大体上是吻合的。但是，原告的证据中似乎并没有这份申请文件。

除了保密申请外，专利的申请和授权文件在网上都是透明的，所以大部分专利案件中，被告也不太会对专利文件本身指手画脚，因为这样反而会给法官留下“不老实”的负面印象。笔者也想当然地忽略了这一点。笔者用于比对的权利要求书，是方先生提供的，而原告的证据中，并没有专利的权利要求书、说明书这些文件，只有一份记载了专利申请号的受理通知书。

可笔者在国家知识产权局的网站里并没有检索到这件申请。笔者这才反应过来，是原告自己提的中止，导致专利审查程序被冻结，这件专利还未来得及被公开，就被中止了，所以网上自然查询不到。而原告手里也没有这件专利的申请文件，也就是说，原告连自己要争的权利具体长什么样子，都没办法证明。这就好像两人争夺一座房子，可是连房子坐落在哪里、多大面积都不知道，标的物都不清楚，法院根本没法判，原告简直是搬起石头砸了自己的脚。笔者立刻向方先生了解情况，确定了对方手里确实没有掌握申请文件，而不是由于一时疏忽忘了提交。

庭审很快到来。李医生委托的两名律师风尘仆仆地从济南赶来，当庭又提交了一系列公证书和照片作为证据，但仍没有申请文件。笔者避其锋芒，强调原告无法证明诉争权利的内容，而专利权属之争中，这一点属于原告最基本的举证义务，法庭应以举证不能驳回其诉请。

双方协调不成，法院很难办，最终判决原告证据不足，未支持其诉请。

本案启示

过去发生的客观事实，在法庭上最终要以证据来呈现。这些证据经过挑战后，还能否再现原告所主张的事实呢？其实本案中，原告的举证不可谓不卖力，但忽视了专利审查中止带来的不利影响。这个案子值得企业家们反思的是，与他人合作时，对知识产权的归属约定不可忽视，此外，在使用程序性技巧时（如本案的中止），要通盘考虑，莫因小失大。

本案判决生效后，国家知识产权局可以恢复专利的审查，本专利的申请文件也最终会公开在网络上。对原告来说，想要达到目的，需要彼时再行提起诉讼，重新走一遍程序，耗时颇多。而被告或许在这诉讼的间隙中，已经达到了自己预期的目的。

（承办律师　李青尘）

·实务研讨·

编者按

企业进行专利维权的前提是拥有稳定有效的专利权。我们需要重新认识专利。

如何获得一个“好专利”

现在，只要做实体经营，就不会对专利感到陌生。大企业之间，小企业之间，大、小企业之间，专利战火不断。客观地说，并不是每个企业都需要专利，然而，在目前的市场环境下，如果你的对手有专利，你也得有专利，至少在对手挑起专利战争时，你有反制对手的武器，而不至于赤手空拳。

当然，拥有专利还有其他的诸多好处。专利是高新技术企业资格评定和维持的底子；专利是企业高新技术产品和营销宣传的面子；专利还是获得各种政策资助、补贴的梯子。这些年来，专利申请量的突飞猛进，表明我们的企业经营者对专利的关注度越来越高。

这其中，至少有30%的企业经营者已经关注到专利的实际利用价值。企业期望通过专利来保护自己的新产品市场，阻止竞争对手的跟进；通过专利来提高自己的市场议价能力，获得更大的利润空间；通过专利来获取投资，实现“空手套白狼”的经营神话……一句话，就是不仅要持有专利，还要使用专利。

然而，在使用专利的时候，却有为数不少的企业发现专利并不好用。比如，发现竞争者在生产销售自己的专利产品，但在发动专利诉讼后，却被判决不侵权，甚至自己的专利权还被对手给无效掉了。投入如此多的时间和人力去申请专利，到维权时却发现自己的专利不好用，只是一个“银样镴枪头”。于是，就有企业经营者说，早知如此，还不如不去申请专利，不申请，对手大概也没法跟进得这么快；申请了专利，专利一公开，对手就照着样做了，我还拿他没办法。

然而，诸多大大小小的案例告诉我们，专利当然有用，而且相当有用；有的时候，甚至是一剑封喉。你的专利不好用，最根本的原因应该是，你的专利不是一个“好专利”。

什么是好专利?

一是权利稳定，不会被他人轻松地宣告无效。有的人说，国家给了我专利证书，国家都说这专利是我的，怎么一到用的时候，又说这是无效专利?这个问题会放在别的文章中讨论，本文暂且不表。

二是专利保护范围恰当，可以有效打击侵权者。专利保护范围是由专利的权利要求来界定的，而如何界定专利的保护范围，是一个既简单又复杂的问题。

总之，一句话，好专利就是可以稳定实现其最大范围的独占性实施利益的专利。说白了，专利权的本质是你就自己的新技术成果画了一个圈，通过专利授权程序告诉大家，未经你的允许，不可以进入这个圈。好专利是让你的对手想破脑袋也破不了这个圈，绕不过这个圈；好专利是在对手进入你的专利产品市场的道路上垒起的防御墙。所以这个圈越大越好，这个墙越高越宽越好。

如何获得这样的好专利呢？以发明专利申请为例，一共分三步。

第一步：提供清晰完整的技术交底书。不要仅仅描述项目立项及研发过程；不要仅仅描述技术思路和技术效果；不要仅仅描述具体操作和使用过程；不要仅仅描述创新点，而没有完整的技术方案；更不要仅仅提供一个实施方式，其他都让你的专利申请代理人去自个儿悟。如果你对自己技术方案的表述“犹抱琵琶半遮面”——想对代理人有所保留，那还是先回去考虑一下这个技术方案是要进行专利申请，还是直接作为技术秘密保留。如果既想申请又想保密，那还是要和代理人交底，让代理人给你提供一个参考方案。毕竟，代理人在专利申请方面要比你专业，同时，他们都要遵守为客户申请保密的职业准则。

第二步：与专利申请代理人充分沟通。不要嫌你的代理人啰唆，愿意花时间和你讨论申请案的代理人才是尽职尽责的代理人，他所有的啰唆都是在为你能够获得一个好专利而努力。在沟通过程中，至少要完成三个任务：一是技术确认，包括技术问题、技术目的、技术方案的确认，这是确定申请案的基础；二是技术辨析，即找出相对于现有技术的创新点，这是确定申请案的关键；三是技术挖掘，即对可专利主题挖掘、技术深度挖掘，这是确定申请案的加分项。

第三步：斟酌与确定专利申请方案。这既包括核心技术特征（发明点）的确定，当存在多个核心发明点时，则需要考虑多个申请或采取分案申请策略；也包括技术方案的再拓展，如附加、辅助、延伸、变换、替代等。总之，要从专利申请的根本出发点考虑：将来谁是可能的侵权者？如何更容易地防止侵权者进入？如何才能更容易地捕捉到侵权者？在此基础上，再审查专利申请的权利要求搭建是否恰当。

在完成了以上三个步骤后，你获得好专利的概率会大大提高。但并不是说，有了这三步，就一定有好专利。毕竟专利是要拿来用的。

（撰稿人　陈静律师）

如何打出专利“组合拳”

相对于复杂的市场环境，企业仅仅拥有零星的好专利，是远远不够的。

我的同事，一位拥有博士学位的专利代理师说，一项专利只是一粒沙，有了专利组合和布局才能变成混凝土。我觉得这句话用来说明专利组合的重要性，再合适不过了。

所谓好专利，就是在对手进入你的专利产品市场的道路上垒起的防御墙。申请专利，一定要站在对手的角度上看看防御工事设置在哪里最合适，而不仅仅是从自己的技术成果出发。否则，专利申请就可能变成盲人摸象，不仅不能阻止竞争对手，反而让公开的专利申请成为送给竞争对手的大礼包。

当然，不排除有个别财大气粗的企业，也无须考虑什么专利布局和专利组合，只管砸钱，密集性地进行专利申请。当企业就一项产品拥有成百上千个专利时，它被挑战的可能性会大大降低，至少这道防御墙够密实——如果它设置的大致位置和方向没错误的话。

但对于更多的企业来说，尤其是处于初创期和发展期的企业，我们仍然希望少花钱，多办事，让每一件专利都发挥作用。

这时，我们有必要讨论一下专利组合。

专利组合，还有别的名字——专利包或专利池，大家可能更熟悉；发展到最高级别，还有专利权人之间的组合，如各种形式的专利联盟。无论这些名词多么高级，都基于一个最简单的组合原则：专利权保护范围的匹配和互补。

那么，一项专利的专利权保护范围是如何体现的？

对于发明和实用新型来说，就是该项专利的权利要求书。从理论上来说，一项专利的权利要求，是对包含有发明点的一类技术方案的概括描述。因此，一项专利申请的权利要求书只要有一项权利要求，即符合申请文件要求。但是，我们看到的专利文件中，仅仅只有一项权利要求的权利要求书寥若晨星。

为什么？

这涉及第一层级的专利组合：本项专利的权利要求的布局和组合。这一层级的专利组合是最基础、最省钱的招式。

我们通常看到的权利要求书分为两类：第一类是“一项独立权利要求+若干项从属权利要求”；第二类是“若干项独立权利要求+相应若干项从属权利要求”。

不论是哪一类，也不论是独立权利要求，还是从属权利要求，理论上，每一项权利要求都是对一类技术方案的概括，有多少项权利要求，就有多少个要求进行专利保护的技术方案的范围。

专利权的本质就是你就自己的新技术成果画了一个圈，通过专利授权程序告诉大家，未经你的允许，不可以进入这个圈。专利申请的权利要求书就是用来画圈的。每一项权利要求都是一个保护圈。因此，目前在专利侵权诉讼程序中，法官要求原告做的第一件事就是明确“据以起诉被诉侵权人侵犯其专利权的权利要求”，即你要求法院保护哪个或哪几个圈。一项专利可以包括多个专利权。这是一个重要概念。

对于第一类专利，我们需要考虑权项顺序及层次，按照新技术方案所包括的所有发明点的必要性等级，进行独立权项的确定及各从属权项的排布，尤其需要对独立权项中的非必要技术特征进行剔除，并同时保证至少有一个从属权项反映最优实施方案，以便于将来完成侵权比对，形成“倒三角”形稳固的权利体系。

对于第二类专利，在做上述功课的同时，我们还需要考虑技术主题的选择和增加。例如，在符合单一性的前提下，就产品、产品制备方法、产品用途等分别设置独立权项和相应的从属权项，就新方法、实现该方法的设备、使用该方法制备的产品等分别设置独立权项和相应的从属权项，就产品部件、产品整体、设备系统等分别设置独立权项和相应的从属权项……只要符合单一性，一项专利申请的权利要求项数就可以无上限。需要注意的是，超过10项时，需缴纳10项以外的权项的权利要求附加费。然而，这只是专利申请环节中的一次缴费。等被授权后，画了这么多圈的专利，则只需要每年缴纳一份专利年费。这该有多省钱！

第二层级的专利组合，需要我们跳出专利申请本身，去考虑专利保护效率问题。上面的专利布局做得再好，也得授权后才能发挥专利保护作用。“市场拓展，专利先行”并不是一句空话。

首先是专利申请的时机选择，一定要考虑市场拓展进度的时间差。最完善的时机是何时？就是你的产品上市，且相应专利已经授权的时候，这可以逼着你的对手绕道走。

但更多的时候，专利授权的进度并不受申请人的控制，尤其是发明专利申请。因此，目前更多的申请人选择双报模式，即发明与实用新型同步申请，在发明申请授权之前，先申请上实用新型专利。但不得不说，对于相对成熟的申请案这样做没有太大问题，但对于企业做预备专利、专利申请储备等，显然是不合适的。过早授权公告的实用新型可能会打乱企业的专利布置计划，也可能会对企业后续申请的优先权基础产生影响。

其次是专利申请类型的选择。除了上述双报模式，必要时，产品外观设计专利申请也是一项选择，尤其对于终端消费品，如手机等。

第三层级的专利组合，需要我们站在总体的经营战略和市场竞争策略的高度上去谋划。

例如，针对一个新项目，先锁定专利障碍点，确定专利空白区，然后形成专利规划。专利障碍点是避让还是消除，是以购买许可的方式消除，还是发动无效宣告程序来消除；专利空白区是否具有研发可行性，是否符合该产品的技术发展趋势，是否能够形成自有专利……研发有了初步进展后，是否可以从某一创新点出发，找到与该创新点的关联因素，然后形成扩展后新技术方案；然后就是上面已经说过的工作，相关联技术主题（设备、部件、方法等）、相配套技术主题（辅机、辅料等）等，把企业市场竞争食物链的上下游都考虑到，把企业现在和将来的市场发展区域都考虑到……

我相信，通过这些工作，企业的专利组合已经成形，进行专利保护时，专利“组合拳”将拳拳打在要害处。

（撰稿人　陈静律师）

专利究竟怎么玩

专利究竟怎么玩?

我们来看一个简单的产品研发案例。如图1所示，假设A是市场上已有的产品，一种用于吸取饮料的吸管。X1公司根据客户意见反馈，设计了一种新的吸管D，其在现有吸管产品上做了两点改进：一是在吸管的上段设置波纹节，可灵活改变吸管吸口位置；二是在吸管下端口设置一个斜切口，使吸管可以更好地刺破饮料瓶瓶口的封膜。

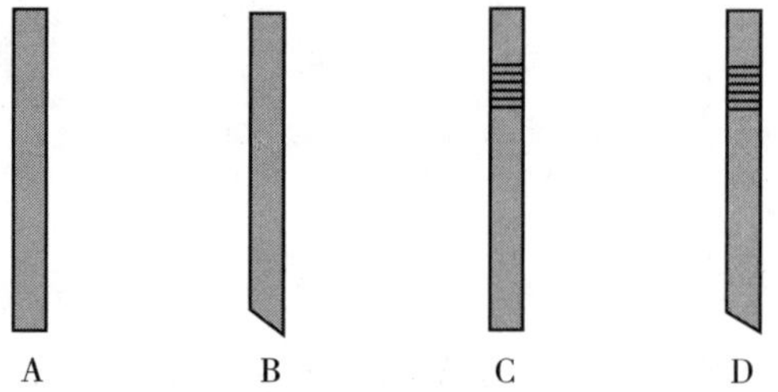

图1　简单的假想案例

X1公司根据该新设计，申请并获得一项专利，该专利权利要求为："一种吸管，其特征在于：吸管的上段设置有波纹节，吸管下端口设置一个斜切口。"在上述前提下，我们来讨论X1公司关于D产品的专利保护状况。

情形1：X2公司在X1公司的吸管产品的启发下，仿制并销售如图1所示的B和C两种吸管产品，即一种是吸管的上段设置有波纹节，另一种是吸管下端口设置一个斜切口。

那么，X2公司是否侵犯了X1公司的吸管产品专利权？X1公司可以拿上述专利来禁止X2公司的制造销售行为吗?

答案是否定的。

判断专利侵权的一个最重要原则是“全面覆盖原则”。什么是“全面覆盖原则”？在本例中，根据X1公司的专利权利要求，其所要求专利保护的吸管产品应同时包括两项技术特征：一是吸管的上段设置有波纹节；二是吸管下端口设置一个斜切口。而X2公司的两种仿制产品，都仅具有其中一项技术特征，并不同时包括上述两项技术特征，未“全面覆盖”专利权利要求所限定的所有技术特征，未落入专利保护范围内。因此，X2公司并未侵犯X1公司的吸管产品专利权，X1公司无法以此专利来禁止X2公司的制造销售行为。

虽然新吸管产品所具有的“吸管的上段设置有波纹节”和“吸管下端口设置一个斜切口”技术点，都是X1公司首先开发设计的，然而X1公司并未享有完整的技术红利和市场利益，其专利保护范围仅限于同时包括“吸管的上段设置有波纹节”和“吸管下端口设置一个斜切口”的吸管产品。

如何解决？答案很明显。X1公司只要在专利申请策划时提出两个专利申请即可。一是“一种吸管，其特征在于：吸管的上段设置有波纹节”；二是“一种吸管，其特征在于：吸管下端口设置一个斜切口”。

由此可知：①即使不考虑多主题申请，一项新的技术方案，也可能会形成多项专利。②专利要保护我们的新产品，更要阻断竞争对手的侵入之路。③在保证技术方案完整性和创造性的前提下，专利权利要求的限定特征越少，专利保护或专利禁止范围越大。

所以，越重要的技术成果，越需要进行专利申请策略讨论。否则，专利申请就是在给对手送出大礼包。

情形2：X3公司在X1公司专利申请之前，就C吸管产品方案，即一种在吸管上段设置有波纹节的吸管技术方案，进行了专利申请并获得授权，其专利权利要求为：“一种吸管，其特征在于：吸管的上段设置有波纹节。”

那么，X1公司制造销售自己的吸管专利产品，是否侵犯了X3公司的上述专利权？

答案是肯定的。

我们已经了解了专利侵权的“全面覆盖原则”。根据全面覆盖原则，X1

公司所制造销售的吸管专利产品，因为包含并覆盖了X3公司专利所限定的“吸管”及“吸管的上段设置有波纹节”所有技术特征，落入了X3公司专利保护范围，侵犯了X3公司的专利权。

由此可知：①即使实施自己的专利，也可能侵犯他人专利；②各项专利权的权利范围可能存在包含关系，如改进专利和原创专利的关系；③专利权的权利实质是：未经许可，不得实施。对于专利权人，专利权是一项排除性的消极权，而非“有权利就可实施”的积极权。

如何解决？

首先，X1公司在产品立项前，排查相关障碍专利。排查的主要手段就是专利文献检索。

其次，锁定X3公司的在先专利后，需要讨论恰当的解决策略。是无效掉X3的专利，为自己的新产品上市扫清障碍，还是与X3公司协商，互相进行专利实施许可，形成专利联盟，以阻止更大范围的竞争，抑或干脆买断X3公司的专利，将其纳入自己的专利包？做上述任何一种考虑，都比自己的产品刚上市，就被别人起诉专利侵权要强。

同理：如果X3公司想生产X1公司的专利产品，也需要获得X1公司的专利许可。如此，就是我们通常听到的专利交叉许可。

同理：如果X4公司想生产X1公司的专利产品，需要同时获得X1和X3两个专利权人的专利许可，仅有一项许可，还会产生专利侵权问题。这是许多企业在进行技术合作或引进技术时经常出现的错误，专利检索排查不彻底，导致专利权利许可不完整，项目推进即后患无穷。

最后，我们把这个假想案例放大到一个行业，如手机终端行业。成千上万的专利，其布局变化错综复杂，但究其根本，就是从自己的市场出发，研究对手，保护自己。专利布局中，你中有我，我中有你。你有断魂枪，我有屠龙刀。因为专利的布局地形，你我可能是对抗的敌手，也可能是结成同盟的朋友……

专利就这样玩起来。

（撰稿人　陈静律师）

企业专利工作常见七大错误操作

企业的专利工作并不仅仅是获得零星的专利，还要紧密结合企业经营需要，全面布局，下好整盘棋。在恰当的时间恰当地布置专利棋子，掌控或影响市场布局，是企业专利工作的根本。然而，一些常识性错误可能让企业专利布局失效，因此，有必要专门讨论一下这些常见的错误操作。

错误操作一：专利申请滞后，导致专利申请新颖性丧失

在实践中，企业为了尽快抢占市场，经常在专利申请之前就开始进行新产品的广告宣传，参加展览推广活动，甚至公开销售相关专利产品，导致专利申请所要求保护的技术方案以使用公开的方式被公开，使专利申请丧失新颖性，继而使应得的专利权处于不稳定状态甚至丧失专利权，在后续的维权诉讼中，一旦被告收集到此类证据，专利权会因无新颖性而被宣告无效，侵权诉赔更不能实现。路虎的外观设计专利在2016年被宣告无效即此种情形。

更恶劣的状况是，同行竞争者就企业所公开的技术内容抢先申请专利，使企业彻底丧失本应取得的专利权，继而陷入市场竞争的被动局面。

此外，企业的技术开发人员为了评定职称或其他类似需要，擅自将其负责的研发项目内容，以科技论文发表在学术期刊上，也可能葬送企业本可以独享的科研成果权利。

错误操作二：忽略专利申请过程中的保密工作，导致“抵触申请”分享

企业通常认为在专利申请之后，就可以不再对专利申请的技术内容进行保密了。为了加快新产品的市场推进，有的企业甚至主动将专利申请的新产品技术方案发给客户厂商，却不知这其中隐患重重。

有些不良客户，在收到厂家的推销资料后，将其略加修改之后，就去进行专利申请。虽然在真正的权利人申请之后，在先“真”申请构成在后“假”申请的抵触申请，但由于在专利申请审查中，抵触申请仅用于新颖性比对和判断，并不能用来否定创造性，因此只要在后“假”申请与在先“真”申请技术方案有区别，存在新颖性，则在后“假”申请也可能获得专利权。如此，客户将轻易分享到本应由企业独享的专利利益。

错误操作三：专利申请区域缺乏总体规划，导致优先权利益丧失

部分企业的专利申请只是应政策之需，应一时之急，并未主动将专利申请与企业的市场运营联合在一起，进行总体性规划和考虑，也缺少对专利权保护的地域性特点的理解，因此常常在企业要进入境外市场或进行境外技术合作，需要进行外国专利申请时，才发现已经超出了优先权期限，企业永远地失去了获得外国专利保护的可能性。

这种情形也发生在个别对专利工作已经极为重视的企业之中。虽然企业高层很重视，然而由于企业未建立顺畅有效的专利申请程序和对应的职务发明奖励制度，所以基层技术人员缺乏进行专利申请的积极性和主动性。企业在年初制订的专利申请计划，往往会推迟至年末突击完成，甚至不了了之，被动突击式申请让专利申请质量无法得到保证，更不要说专利布局了。

错误操作四：专利申请类型选择错误，导致核心类技术的专利保护过早丧失

部分企业出于专利申请费用及授权期间的考虑，通常在其新产品、新技术可以申请发明也可以申请实用新型专利时，选择进行实用新型专利申请，对于自己的核心类技术成果也只是申请实用新型甚至于仅仅是申请外观设计专利。这导致在包含有核心类技术的产品市场盈利期还未结束时，其专利保护却提前结束。

错误操作五：专利申请个案撰写失误，导致专利权保护范围过窄甚至成为“废品专利”

这个问题，我们在“如何获得一个‘好专利’”中详细谈过，但有必要一谈再谈。依据《专利法》规定，专利权的保护范围以其权利要求的内容为准。部分企业，尤其是以技术研发人员为主体成员的高新技术企业，容易轻视专利申请文件的撰写工作，将其视为单纯的技术工作而忽略其法律性。在其自行完成的专利申请中，经常将权利要求中的技术特征写得过量，或遗漏或错误选择可保护技术主题，导致所申请专利的保护范围过窄甚至形成无效保护，使侵权者极易规避，专利保护成为一纸空文，严重影响企业将来可能进行的技术交易和市场利益。

错误操作六：专利权保护缺少防御层次，导致专利权被无效的风险增大，或可能被迫产生“交叉许可”

同样是基于对专利申请文件的误解，一些企业在进行专利申请时，极其轻视权利要求书的从属权项的设计和构建，也缺少对所申请专利技术方案的拓展性考虑。企业的这种轻视将可能导致两个后果：一是增加专利申请被驳回的风险；二是增加专利申请授权后被宣告无效的风险。缺少从属权项的建立及进一步优化的技术方案的拓展，将企业的专利技术推向市场后，同业竞争者还可能以该专利技术的优化技术方案去申请而取得从属专利权，使企业不得不基于该从属专利，被迫进行交叉许可，从而影响企业市场的独占地位。

错误操作七：专利维持管理混乱，轻易放弃专利权

目前大多数中小企业都未设置专人进行专利管理，通常由相应的研发技术人员配合完成专利申请工作，之后专利的维持和管理便再也无人顾及了。等企业老板想起自己还有专利可以用时，才发现专利早已因未缴年费而提前终止了。

若企业财大气粗，就干脆都交，免得出乱了。但看着一年比一年多的专利年费单，却还没享受到专利的一丝红利，老板的心好苦。

企业的专利年费，交还是不交，不是企业的一个行政管理人员就能决定的。几乎没有企业高管能够坐下来，好好盘点一下企业的专利资产有哪些该留，有哪些该卖，有哪些许可，有哪些已经是废品该早早放弃……

很多企业把专利权的取得和维护看得太简单，并未意识到从技术研发、专利申请授权到专利实施的各个过程中的陷阱重重，风险重重。一方面，企业极其轻视专利取得过程中专利代理人的作用，进而排斥专利代理人的代理服务；另一方面，部分专利代理人急功近利，专利代理服务质量低下，则进一步导致企业对于专利法律服务的轻视。更多的企业把专利战略、专利运营、专利策划等均视作纸上谈兵。而很多专利律师所提供的专利策划也确实就是纸上谈兵，于企业的运营并没有更多的帮助。

如果企业专利的最大用处只是满足高新技术企业的认定和复核需要，只是拿专利证书烘托一下企业产品宣传，丰富一下企业网站信息，只是向政府申请项目资金、要求优惠政策时多些砝码，那无异于买椟还珠。

（撰稿人　陈静律师）

企业老总的三大专利“盲区”

企业专利工作误区的产生，更多的是源于企业管理者对于专利制度的误解，正是企业老总的这些专利“盲区”导致企业专利布局失效。

盲区一：专利申请就是为了保护自己的技术成果，因此，就自己的技术成果内容进行专利申请就可以达到保护的目的

在知识产权宣传时，我们经常说，要通过专利保护你的技术成果。专利申请就是为了保护自己的技术成果，这句话没有错。然而，深究一下，专利是如何保护你的技术成果的？它的保护机制是什么？你向公众公开你的技术成果，国家授予你一项“专制权”，即：未经你的许可，任何人不可以实施你的技术成果；如果要实施，必须获得你的“通行证”（实施许可）并且留下“买路钱”（实施许可费）。因此，专利保护的本质是设置市场壁垒。

就“设置市场壁垒”的终极保护目的而言，仅仅就自己的技术成果内容进行专利申请布局，显然是远远不够的。

举一个例子：A公司就现有复印机复印成件上经常出现复印墨点的问题，研发了一种新型墨粉，经反复试验，该墨粉中添入$X1\%\sim X2\%$重量比的化合物Y后，可以消除复印墨点问题。A公司就此技术成果进行了专利申请并获得授权。然而，很快地，大量的同业生产者开始销售类似新型墨粉。但拥有新型墨粉产品专利的A公司却无可奈何。为什么？说好的专利保护呢？

同业仿制的新型墨粉添入了化合物Y，但是其重量比含量不在$X1\%\sim X2\%$范围内。根据我们前面已经介绍过的全面覆盖原则，同业仿制销售新型墨粉并未侵犯A公司的专利权。

问题出在哪里？专利申请。

立项时，确定要“消除复印墨点”，研发也围绕着要“消除复印墨点”，专利申请时，顺理成章地以“消除复印墨点”为要解决的技术问题，因此专利申请的技术方案必须是“一种墨粉，其中添入 $X1\%\sim X2\%$ 重量比的化合物Y”。这是目前大多数企业在专利申请中的通病。

然而，如果跳出技术成果本身，站在同业者的角度，企业会很容易地发现，本次研发成果的根本性贡献在于，发现在墨粉中添入化合物Y，可以减少复印墨点的出现；“添入 $X1\sim X2\%$ 重量比的化合物Y”以完全消除复印墨点，只是其中优化的技术方案。因此，如果将要解决的技术问题由“消除复印墨点”转换为“减少复印墨点”，就可以得到仅限定“添加有化合物Y的墨粉”的专利保护方案，该方案显然能够更有效地阻止同业者仿制侵入。

如何设置市场壁垒？简要来说，有三点。

第一，考虑企业市场经营循环全过程，首尾相顾。如成套业务与零部件供应、采购（零部件专利），生产设备制造商与使用厂商（相关工艺专利）等，上下左右都关照到。

第二，考虑市场，而不是仅仅考虑技术成果本身。假想自己是竞争对手，在面对自己的专利产品时，可以做哪些改变，避开或越过你的专利壁垒，尤其是那些省略化或替代性的技术方案。

第三，考虑专利申请的全局性、连续性、完整性和有效性。越是核心技术，越要不断研发，申请周边专利，以保障新事业的发展不受他人干扰。这包括：对自己所用的技术设置参与壁垒，也对自己的市场设置参与壁垒（针对自己不使用的技术），避免市场份额被切割。

专利布局的最高境界就是：走自己的路，让别人无路可走。

盲区二：专利申请越快授权越好

国家知识产权局实行的加急审查程序能够很好地满足诸多企业关于“专利申请快快授权”的诉求，因此，许多企业老总很喜欢发明专利申请加急审查程序。一件发明申请，四五个月就能授权，想想就美。

然而，对于专利申请正常化的企业来说，加急审查程序只是非常状态下的一个应急手段，不到万不得已，不宜采用。

为什么？加急授权的“副作用”有三个。

第一，费用提高。基于时限要求，相应的专利代理费用会有所增加。

第二，必须提前公开。公开申请文本是实质审查启动的前提，要加快审查，必须选择提前公开，这可能会影响企业专利申请的时间筹划。

第三，保护范围缩水。加急审查要求申请人必须放弃主动修改期，这不仅要求专利申请初稿的高质量，还要求申请人对于专利保护市场的准确预期，但这往往很难做到。同时，专利授权也意味着分案机会和国内优先权的消失。这些都可能造成目标专利的保护范围缩水。

一句话，正是因为授权进程太快，才可能导致申请人没有足够的时间来玩一些“花样”申请。例如，以延迟公开为策略的“潜水艇申请”，有利于系列申请延续性的优先权和分案“福利”利用，以干扰竞争对手的规避策略为目的的后续申请……

专利申请后，不需要太着急地要授权。申请人大可以气定神闲地下好自己的一盘专利棋，耐心地与审查员就专利权利保护范围讨价还价，耐心地监控市场和竞争对手的变化，适时调整专利申请布局……让专利申请成为一柄悬在对手头上的剑。

当然，专利申请授权的进程也不能太长，否则，产品生命周期都终结了，还要专利做什么？

盲区三：实施自己的专利不会产生专利侵权风险

在进行企业知识产权管理状况调查时，经常有企业老总说，我们用的都是自己的专利，不存在专利侵权的问题。

实施自己的专利还会有专利侵权风险吗？这专利不是我自己的权利吗？自己不能用，还叫自己的权利吗？……

仔细看看《专利法》，我们会看到，专利权的权利实质内容是“除本法另有规定的以外，任何单位或者个人未经专利权人许可，都不得实施其专利”。即专利权并非实施权，而是排他权。

比如笔者在“专利究竟怎么玩”中提到的那个吸管的例子。就是说，作为D专利的权利人，你有权利禁止他人生产D专利产品，但不能想当然地认为，你有权生产D专利。因为D专利产品可能还涉及他人的A专利、B专利或C专利。

专利权的“排他”范围和效力决定了一项专利的价值。其中，专利价值最根本的决定因素之一，是该专利是否受到其他专利排他权的限制。

以下情形均可能导致专利受到其他专利排他权的限制：

申请滞后，让对手抢了先机，自己的专利反而成了对手专利的从属专利；

针对关键技术仅申请一项或太少量专利，让对手从容地“捡漏”，形成外围专利或补充专利；

专利申请质量低劣，专利保护方案与实际营销产品方案南辕北辙，实销产品反而踏入他人专利保护范围；

专利申请策略不当……

只有在完成下列所有工作的情况下，企业实施自己的专利，才不会产生专利侵权风险：①在研发立项时全面进行了专利检索；②在专利检索基础上，避开或解决了所有障碍专利；③专利申请前再次检索确认；④高质量完成专利申请；⑤实际生产时的任何改进、变化均进行检索确认，并改善或提交后续申请；⑥产品销售前再次检索确认。

当然，万一检索结果不全不准，侵权的风险还会存在。

专利只是保护技术成果的一个工具。如果使用不当，不仅无法起到保护作用，反而使技术遭到更便利的窃用，成为大家共享的免费午餐。

对于企业老总，以下三点已无须细说：

第一，专利可以成为增加合同谈判力和约束力的砝码。

第二，在任何交易中，知识产权权利归属都是最重要的。

第三，扫清他人“专利障碍”是市场战略制定的基本前提。

（撰稿人　陈静律师）

编者按

要想充分理解并有效规避专利侵权风险，我们需要真正了解一些最基本的法律概念。

专利侵权，那些易被忽视的基本概念

近年来，知识产权的热度扶摇直上，尤其在中兴遭遇美国狙击后，人们更深切地认识到，核心技术、自主知识产权，关系着国家发展命脉，是中华民族复兴无法绕开的关键因素。专利，作为知识产权体系中的重头，也是科技含量最高的一种，自然备受瞩目，从申请到维权，各地政策扶持力度也极大。但在律师执业中发现，对专利侵权中的一些基本概念，很多人一眼带过，并未深入研究，自然谈不上充分理解，真正遇到事情时，在这些细节概念上往往出现偏差。本文将专利侵权中那些容易模糊的基本概念进行梳理，供有兴趣的读者巩固。

一、何为专利侵权

《专利法》（2020 年修正本）第十一条规定了专利侵权的几种情形：

第十一条　发明和实用新型专利权被授予后，除本法另有规定的以外，任何单位或者个人未经专利权人许可，都不得实施其专利，即不得为生产经营目的制造、使用、许诺销售、销售、进口其专利产品，或者使用其专利方法以及使用、许诺销售、销售、进口依照该专利方法直接获得的产品。

外观设计专利权被授予后，任何单位或者个人未经专利权人许可，都不得实施其专利，即不得为生产经营目的制造、许诺销售、销售、进口其外观设计专利产品。

法条寥寥数句，似乎没有什么理解难度，我们从中梳理出专利侵权的几个要件。

（1）存在授权专利。以类型分，中国专利有发明、实用新型、外观设计三类，其中发明还可分为产品和方法两类。

（2）行为人客观上实施了法定侵权行为。对发明、实用新型，实施行为是制造、使用、许诺销售、销售、进口；对外观设计，实施行为则少了一个“使用”。

对发明专利中的方法专利，实施行为有两种：一是使用了专利方法；二是使用、许诺销售、销售、进口依照该专利方法直接获得的产品。

（3）行为人主观上未经权利人许可，且是以生产经营为目的。

（4）隐含条件：被控侵权产品或方法落入专利权保护范围。

二、概念详解

将法条拆解后，我们获得了一系列概念，对这些概念准确地理解，是正确判断并适用法律的必要前提。而实务中情况复杂多变，纸上看似简单的概念，放到具体环境下，可能会产生一些意想不到的问题。

1. 授权专利

（1）授权的时间点为何时？

以国家知识产权局官方记载的授权公告日为准，具体时间在公开专利文件中有明确记载，实务中基本没有争议。

（2）对已经公开，还未正式授权这段时间内被侵权的发明专利，如何处理？

有一种俗称“临时保护”的制度，见《专利法》（2020年修正本）第十三条：“发明专利申请公布后，申请人可以要求实施其发明的单位或者个人支付适当的费用。”这段时间内专利权还不存在，自然也就没有被侵权的基础，但是，行为人可能抢在授权之前实施他人已公布的专利技术方案，由此获得不当利益。为约束这种行为，制度设计了对这种“准专利权”的有限度的保护措施，不过，专利最终要获得授权才可主张。

（3）对已被专利复审委员会宣告无效的专利权，权利人在法定期限内提起行政诉讼，该无效决定的效力如何？专利权的效力又如何？

第一个问题，虽无明文规定，但已被最高人民法院多个判例明确：无效决定作出后，当事人在三个月的法定期限内提出行政诉讼的，该无效决定不发生法律效力。那是否意味着此时该专利还是处于有效状态，可以继续拿去起诉别人的侵权行为呢？曾经是的。但在2012年之后，法院的态度发生了反转，时任最高人民法院领导就这个问题做出了讲话：“民事裁判作出前，专利复审委员会作出宣告涉案专利无效的决定的，可以根据案件具体情况裁定驳回专利权人的起诉。宣告专利权无效的决定在随后的行政诉讼程序中被判决撤销的，专利权人可以在判决生效后重新起诉。”自此之后，法院对待基于已被决定无效的专利权提出的侵权之诉，无论是否提起行政诉讼，态度就是裁定驳回起诉，待专利权效力尘埃落定后，若得以维持，权利人可重新起诉，这实际上认可了无效决定是“即时生效”的。这么操作，是为了避免冗长的确权诉讼对侵权之诉的拖累，裁驳可以尽快结束这种不确定状态，对法院而言，更是提高了结案效率。不过近年来这种“一刀切”的态度似有所松动，最高法院提出，在专利侵权纠纷的审理中，如果涉案专利权被宣告全部无效或部分无效的无效宣告审查决定一经作出，即令侵权法院必须中止民事诉讼以等待无效宣告审查决定的司法审查结果，无助于提高专利侵权诉讼的审理效率。为尽可能缓解审理周期较长的负面影响，权利人在专利侵权诉讼中主张的权利要求被专利复审委员会宣告无效的，审理侵犯专利权纠纷案件的人民法院是可以裁定驳回权利人基于该无效权利要求的起诉。但是否裁定驳回起诉，应当根据具体案情决定。虽然该案仍是维持了裁驳，但法院的态度似乎开了个口子，“是否裁驳，根据具体案情决定”，虽不是乐观态度，至少给了专利权人说服法院的一个可能性。

(4) 专利权终止后的恢复期内，专利权效力如何?

专利权因未及时缴纳年费被终止，在办理权利恢复流程中，其效力如何?司法主流观点是权利持续有效，但存在说服空间。

2. 行为人实施了法定侵权行为

何为制造、销售、许诺销售、使用、进口？对不同类型的专利权，这些行为有何区别？

这些基本概念，法律与司法解释未明确定义，但北京市高级人民法院2017年出台的《专利侵权判定指南》中解释得很清楚，大可作为参考。在此对实务中“出镜率”较高的一些细节阐述如下。

（1）自己不生产，外购零部件进行组装，再行销售，属于制造还是销售？

若成品拥有专利权，则绝大多数情况下构成制造行为；若零部件拥有专利权，则构成销售行为。

（2）采购成品后仅出口销售，是否侵犯了中国专利权？

虽然司法实务中难逃侵权，但这个问题存在一定的辩驳空间。专利权是有地域性的，在国外实施中国专利，并不构成侵权。《专利法》所说的“销售”，自然应当是在中国境内的销售，若行为人跳出中国市场，只做出口销售，能否理解成在中国境内有销售行为？是否侵犯中国专利权呢？

北京市高级人民法院2017年出台的《专利侵权判定指南》对销售行为的定义是：“侵犯专利权的产品买卖合同依法成立的，即可认定构成销售侵犯专利权的产品，该产品所有权是否实际发生转移一般不影响销售是否成立的认定。搭售或以其他方式转让侵犯专利权产品的所有权，变相获取商业利益的，也属于销售该产品。以生产经营目的赠送侵犯他人专利权的产品的，亦同。”

可见，法院对销售行为管得非常宽，只要你是在中国境内注册的公司，经中国海关出口，就有很多种原因可能被认定成侵权：是不是经过货运代理出口，是否在中国境内签订的合同，合同是否依照中国合同法签订，货物的交付方式是FOB（离岸价）还是CIF（到岸价）、是否存在以“其他方式变相获取商业利益”等。

3. 未经许可及生产经营目的

对未经许可的理解难度不大，权利人说未许可，就是未许可，除非行为人拿出授权书或者备案登记来。“生产经营”似乎也是再常见不过的行为，其中有何特别之处吗？

(1) 行为人实施自己享有的专利权同时侵犯他人在先专利，算不算合法使用，是否需要许可？

关于这一点直接看司法解释就好，《最高人民法院关于审理侵犯专利权纠纷案件应用法律若干问题的解释（二）》第二十三条规定：“被诉侵权技术方案或者外观设计落入在先的涉案专利权的保护范围，被诉侵权人以其技术方案或者外观设计被授予专利权为由抗辩不侵犯涉案专利权的，人民法院不予支持。”

为帮助非专业人士理解法律背后的东西，在此多分析几句。说到专利，普罗大众的第一理解通常是“只有我能做，别人不能做”。那么，如果行为人自己也享有专利权，且实施的是自己的专利权，是否有可能侵犯他人专利呢？答案为“是”。这似乎违背了公众认知，原因在于，专利权实际上是一种排他权利，其本质在于“禁止他人实施”，但不代表自己可以无条件实施——实施中要避免侵犯他人的各种合法权利，其中就包括他人的在先专利权。有读者可能会觉得奇怪，专利权可以重复吗？难道一件产品可以同时侵犯多个专利权？

专利权是不能重复的，一件技术方案只能有一个专利权，这点毋庸置疑。虽然现实中因为审查失误或者其他原因可能出现重复授权，但可以通过无效程序纠正。但一件产品是可以落入多个专利权保护范围的。举例来说，张三的专利权是一个凳子，一个面四条腿，李四的专利权是一把椅子，一个面四条腿加一个靠背。而王五申请了一件扶手椅专利并做同样的产品，除了有腿有面有靠背，还加上了两个扶手。此时王五虽然有专利，但因为在先有两件专利存在，他的扶手椅同时侵犯了张三和李四的两件专利，需要两份许可才能生产，可以说是很凄凉了。

(2) 如何界定“生产经营目的”？

实务中，某些被告会以“非生产经营目的”来抗辩，如认为自己并非以营利为目的，实施的是公益行为，或主体身份是事业单位、机关法人，不是经营性质等。

“生产经营目的”的设计是为了将个人消费性使用与工农业生产或者商业经营等区分开来，区分二者的是行为而非特定主体。比如，小明心灵手巧，虽然喜欢市面上的电动平衡车许久，但因其价格昂贵，于是自己收集材料造了一台，乘着它上下班。虽然该车有专利，但小明造车是为个人使用，所以不构成侵权。同事小熊见了煞是羡慕，于是请求小明帮自己也造一台，并支付了小明材料费、手工费。小明欣然允诺。此时，哪怕小明只友情销售了一台，其行为已经转化成经营，符合生产经营目的，所以构成侵权。

同理，对事业单位、机关法人等主体，即便其并非经营性主体身份，也要考察具体行为的性质，来做判断。虽是公共服务、公益事业、慈善事业等，也不能一概而论，要结合具体情况分析。如笔者代理的一起外观设计侵权案中，某地住建委以招标方式采购了一批路灯，安装在当地一条主干道上。专利权人将住建委和路灯公司作为共同被告起诉，住建委以自己是公益性使用，并非生产经营目的，并且是购买者，未实施法定侵权行为来抗辩。但法院审理认为，住建委与路灯公司的合同中，明确标示了路灯的图纸，与专利权非常接近，故住建委的行为并非单纯的采购，而是一种定制行为，属于共同制造。且路灯虽然是用作公益用途，但招投标采购本身是商业性质的生产经营行为，因此判决其与路灯公司共同承担侵权责任。

云南省高级人民法院（2014）云高民三终字第 94 号案中，以类似的理由判决弥勒市审计局采购并使用未经许可的玻璃墙窗的行为构成专利侵权。法院认为，专利法的立法目的之一就是保护专利权人的合法权益，鼓励发明创造。如果一种行为因具有公共服务、公益事业、慈善事业性质就可以随意实施他人专利的话，则将严重损害专利权人的合理权益，降低专利制度的作用。从法院的态度可以看出，如果政府机关、非营利性单位、社会团体的制造、使用、进口等行为不单纯是为了公共服务、公益事业或慈善事业的目的，也可能构成生产经营行为。

此外，还容易被错误理解的一点是，“生产经营目的”并不等于“营利”目的。曾有案例中，单位给员工发放节日礼物作为福利，因为公司规模较大，员工数量众多，所以为了节省成本，单位自行仿制了他人享有专利权的产品作为礼物。虽然单位发放福利的行为不是营利活动，但法院认为，单位发放福利，直接效果是激励员工，根本目的是使员工更有效率、更忠诚地为公司工作，从而达到提升公司商业竞争力的效果，属于生产经营目的，所以其仿制行为构成专利侵权。

同理，有些企业会利用公益活动，以提供物资的方式宣传、造势，其目的是提高公司的影响力，从而获得相应的商业优势，本质上仍是一种生产经营行为，所以无法免除在此期间发生的侵权责任。

4. 落入保护范围

对发明和实用新型专利而言，落入保护范围是指被控侵权产品全面覆盖了专利权利要求的全部技术特征，或方法专利中技术方案所记载的每一个步骤均被实现，即全面覆盖原则。全面覆盖是专利侵权判定重要的基本原则，其下还有等同、禁止反悔、捐献原则等一系列补充或例外，囿于篇幅，将在别的文章中阐述。

对外观设计专利而言，落入保护范围是在与外观设计专利产品相同或者相近种类产品上，采用与授权外观设计相同或者相近似外观设计。不同于发明和实用新型，外观设计相似与否，自有一套判定规则。

三、结语

专利侵权领域概念繁多，远非一文能够厘清。本文仅就实务中多发、笔者亲身经历过的部分给出自己的分析与思考，望能给读者一些启发。

（撰稿人　李青尘律师）

编者按

职务技术成果权属界定和职务发明人权益是职务发明制度的两个基础问题。因此，我们有必要梳理一下现有知识产权法律制度对职务发明权属界定及职务发明人权益的相关规定，依此对科技人员如何避开法律雷区，合法进行创新创业，并合理主张自身合法权益等，提出初步建议。

职务发明制度中的职务科技成果权属界定及职务发明人权益

《国务院关于新形势下加快知识产权强国建设的若干意见》（国发〔2015〕71号）指出：当前，全球新一轮科技革命和产业变革蓄势待发，我国经济发展方式加快转变，创新引领发展的趋势更加明显，知识产权制度激励创新的基本保障作用更加突出。为促进知识产权创造及运用，完善职务发明制度是一项重要工作，具体包括：鼓励和引导企事业单位依法建立健全发明报告、权属划分、奖励报酬、纠纷解决等职务发明管理制度；探索完善创新成果收益分配制度，提高骨干团队、主要发明人收益比重，保障职务发明人的合法权益。

《国务院办公厅关于深化高等学校创新创业教育改革的实施意见》（国办发〔2015〕36号）也明确：为了进一步推动大众创业、万众创新，加强教师创新创业教育教学能力建设，建立相关专业教师、创新创业教育专职教师到行业企业挂职锻炼制度；加快完善高校科技成果处置和收益分配机制，支持教师以对外转让、合作转化、作价入股、自主创业等形式将科技成果产业化，并鼓励带领学生创新创业。

然而，上述一系列激励创新创业政策的实施，必须在现行法律框架下进行。无论企业、科研院所、高校，还是各类科技人员，都应当在不侵害他人技术权益的前提下，进行科技创新，进行科技成果转化，进行科技企业的创设和发展。而确保不侵害他人技术权益的一个重要方面，就在于职务技术成果权属的清晰界定。另外，要实现科技创新及科技成果转化的有效激励，还必须保障职务发明人权益的依法兑现。

一、关于职务科技成果的权利归属界定

（一）如何界定“职务科技成果”与非职务科技成果

所谓“科技成果”，包括所有通过科学研究与技术开发所产生的具有实用价值的成果，其最终的权利表现包括专利权、著作权以及技术秘密等。科技成果实现顺利转化的前提之一，是将科技成果权利化，否则将无法构建法律意义上的转化框架，包括科技成果转让、许可、投资等，都将因无权利基础而无法进行。

在科技成果权利化的过程中，首先要确定科技成果的权利人，这就与职务科技成果的界定密切相关。如果是职务科技成果，该科技成果的权利人是单位；如果是非职务科技成果，该科技成果的权利人就是完成该科技成果的科技人员。

如何界定一项科技成果是否为职务科技成果呢？2015 年修正的《中华人民共和国促进科技成果转化法》（以下简称《促进科技成果转化法》）及《专利法》《合同法》均有明确规定。

《促进科技成果转化法》（2015 年修正本）第二条规定：“职务科技成果，是指执行研究开发机构、高等院校和企业等单位的工作任务，或者主要是利用上述单位的物质技术条件所完成的科技成果。”

上述规定与《专利法》（2020 年修正本）第六条第一款规定基本一致。《专利法》（2020 年修正本）第六条第一款规定：“执行本单位的任务或者主要是利用本单位的物质技术条件所完成的发明创造为职务发明创造。职务发明创造申请专利的权利属于该单位，申请被批准后，该单位为专利权人。”

然而，因《专利法》（2020 年修正本）第六条第三款同时规定：“利用

本单位的物质技术条件所完成的发明创造，单位与发明人或者设计人订有合同，对申请专利的权利和专利权的归属作出约定的，从其约定。”该条款中的“利用本单位的物质技术条件所完成的发明创造”与第六条第一款中的“主要是利用本单位的物质技术条件所完成的发明创造”，存在概念外延的包含，对于“利用”是否包含“主要利用”情形存在的不同理解和界定，在司法实践中存在一些混乱。

（二）如何确定职务科技成果权利归属

在现有法律框架下，职务科技成果的权利归属界定极其复杂。笔者简要地归纳了以下几点。

1. 在职员工所完成的科技成果

对于在职员工，《专利法实施细则》（2010 年修正本）第十二条规定，执行本单位的任务所完成的职务发明创造包括：在本职工作中作出的发明创造；履行本单位交付的本职工作之外的任务所做出的发明创造。因此，对于在职员工所完成的科技成果是否应当界定为单位的职务科技成果，重点在于确定相关科技成果的完成是否与其“本职工作”或“本单位交付的任务”相关联。具体有以下两点：

其一，关于“本职工作”，应当是指发明人的职务范围或岗位职能，即其具体的工作责任、工作职责的范围，而不是单位的业务范围，也不是个人所学专业的业务范围。这里的本职工作，也应当仅指研究、设计、开发的工作，其他的工作不应包括在内，因为并非所有本职工作执行的结果都会产生发明创造。

其二，关于“本单位交付的任务”，也应当仅指研究、设计、开发的工作任务，其他的工作不应包括在内。

2. 兼职员工所完成的科技成果

《促进科技成果转化法》（2015 年修正本）第二十七条规定：“国家鼓励研究开发机构、高等院校与企业及其他组织开展科技人员交流，根据专业特点、行业领域技术发展需要，聘请企业及其他组织的科技人员兼职从事教学和科研工作，支持本单位的科技人员到企业及其他组织从事科技成果转化活动。”

《南京市促进技术转移条例》第三十条也有相类似的规定：“支持高等院校、科研机构和企业实行技术转移人才双向流动和双向挂职。……企业经过高等院校、科研机构同意，可以选聘教学、科研人员到企业兼职，从事技术创新和技术转移服务工作。”

根据上述法律法规条款，研究开发机构、高等院校等单位的科技人员，可以在单位的同意下，到企业兼职从事技术创新和科技成果转化工作。这些兼职科技人员可能同时存在与主职单位和兼职单位的双重劳动关系，其在兼职期间所作出的职务科技成果的归属，需要在主职单位与兼职单位之间，通过兼职协议及兼职人员所执行的工作任务范围来界定，其界定基本原则类同于在职员工。

如果兼职科技人员在执行兼职单位工作任务时，需要使用主职单位的已有职务科技成果，则需要主职单位与兼职单位之间就利用该已有职务科技成果的权益分配及后续成果权利归属事项进行明确约定，以避免职务科技成果权属争议纠纷。

3. 离职员工所完成的科技成果

根据《专利法实施细则》（2010 年修正本）第十二条第一款第三项的规定，退休、调离原单位后或者劳动、人事关系终止后 1 年内作出的，与其在原单位承担的本职工作或者原单位分配的任务有关的发明创造，是执行本单位的任务所完成的职务发明创造。

根据上述规定，单位离职员工在其离职后 1 年内所完成的，与其在原单位承担的本职工作或者原单位分配的任务有关的发明创造也属于原单位职务发明创造。在目前鼓励科技人员携带科技成果进行创业的政策环境下，科技人员携带原单位职务科技成果离职创业的情形不在少数。针对此情形，除了要确定离职员工的原“本职工作”范围外，还需要谨慎审查以下两点：

其一，关于“与其在原单位承担的本职工作或者原单位分配的任务有关的发明创造”，应理解为，该发明创造在原单位具体承担的本职工作或者在原单位分配的任务范围之内，也就是说，该发明创造就是发明人在原单位工作时的职务范围，而不仅仅是同发明人在原单位从事的专业工作或业务有某种联系，更不是指发明创造在单位的业务范围内或个人所学专业的范围内，而应当是原单位可以合理预见和期待的职务发明。

其二，关于“退休、调离原单位后或者劳动、人事关系终止后1年内”，应当从员工办理退休、离职手续，正式与原单位解除劳动关系之日开始算起；而相关职务发明创造“作出”的日期应当是职务发明创造实际完成日，而并非职务发明创造进行专利申请的专利申请日。也就是说，如果在1年内申请专利的，可以推定该专利申请日为作出职务发明创造的最迟日期，而在1年后申请专利的，并不能绝对证明该专利申请所涉及的职务发明创造是在1年后作出的。更进一步来说，如果离职员工或离职员工新入职单位就争议职务发明创造进行了专利申请，那么原单位在主张该职务发明创造权益时，应当充分关注专利申请日，尽早地启动职务发明创造权属解决程序；如果未进行专利申请，仅涉及专有技术，原单位需要提供更为充分的证据来主张离职员工新入职单位所经营的新产品涉及原单位的职务发明创造。如果离职员工是将原单位已成形的技术秘密带入新入职单位，并进行了专利申请，则应追究其侵犯原单位商业秘密的法律责任，原单位可根据需要同时主张该专利申请的权利归属。

当然，离职员工隐藏职务发明创造成果并在离职后就此获利的行为，包括自营、转让或许可他人实施等，明显属于违法行为。但是，单位如果期望通过法律手段来杜绝该问题，那就可能需要付出很大的管理成本。由于发明创造活动实质上是员工的主观活动，所以在员工未向单位透露其研发进程，未留下书面研发记录的前提下，单位想通过诉讼主张职务发明创造权益，困难重重。

更为复杂的还有如下情形：某技术人员从甲单位离职到乙单位工作，入职的一年内，作出了与其在甲、乙两单位的本职工作范围均有关联的发明创造，其发明创造的权利归属于甲单位还是乙单位？按照《专利法实施细则》（2010年修正本）第十二条的规定，该职务发明创造应当属于甲单位；但是这项发明创造又是在乙单位完成的，利用了乙单位的物质条件，按照《专利法》（2020年修正本）第六条的规定，该项职务发明创造也可能属于乙单位。

总的来说，认定职务科技成果，包括职务发明创造，要求单位与科技人员之间必须存在双重法律关系，即劳动法律关系和职务发明创造法律关系。劳动法律关系是职务发明创造法律关系的基础和前提，如果当事人之间不存在劳动法律关系，则不涉及认定职务科技成果的问题，而是其他技术成果权属的争议。

4. 职务科技成果转化过程中形成的新的科技成果

科技成果转化，包括对科技成果所进行的后续试验、开发、应用、推广直至形成新技术、新工艺、新材料、新产品，发展新产业等活动。在这些活动过程中，由科技成果所衍生的新技术、新工艺、新材料、新产品等，都可能形成新的可权利化的科技成果。对于这些科技成果的权利归属，《促进科技成果转化法》《专利法》及《中华人民共和国民法典》（以下简称《民法典》）亦均有明确规定。

职务科技成果转化形式有多种，可以是成果持有单位自行转化，也可以是与其他单位合作进行。当科技成果完成单位与其他单位合作进行科技成果转化时，根据《促进科技成果转化法》（2015 年修正本）第四十条规定，“应当依法由合同约定该科技成果有关权益的归属。合同未作约定的，按照下列原则办理：（一）在合作转化中无新的发明创造的，该科技成果的权益，归该科技成果完成单位；（二）在合作转化中产生新的发明创造的，该新发明创造的权益归合作各方共有；（三）对合作转化中产生的科技成果，各方都有实施该项科技成果的权利，转让该科技成果应经合作各方同意。”

上述规定也应适用于科技人员在不变更职务科技成果权属的前提下，根据与本单位的协议进行该项职务科技成果转化的情形。

职务科技成果的界定及权利归属是职务发明制度的基础。即使在目前大力鼓励“大众创业，万众创新”的政策环境下，作为职务科技成果完成人的科技人员，也不得将依法归属于单位的职务科技成果擅自转让或者变相转让，更不能将职务科技成果及其技术资料和数据占为己有，侵犯单位的合法权益，这是科技人员不能碰触的法律高压线。

那么，科技人员在作出职务科技成果，参与职务科技成果转化时，其激励性的合法权益体现在哪里？这是笔者要论述的第二个基本问题，即职务发明人权益。

二、关于职务发明人权益的依法兑现

（一）获得奖励报酬权

职务发明人权益首先体现为职务发明人的奖励报酬权益。职务发明奖酬制度在《专利法》以及《促进科技成果转化法》等法律中有明确规定，在《民法典》和《中华人民共和国劳动合同法》中也有不同程度的体现。

《促进科技成果转化法》（2015 年修正本）第四十四条规定："职务科技成果转化后，由科技成果完成单位对完成、转化该项科技成果做出重要贡献的人员给予奖励和报酬。科技成果完成单位可以规定或者与科技人员约定奖励和报酬的方式、数额和时限。"

《促进科技成果转化法》（2015 年修正本）第四十五条进一步规定："科技成果完成单位未规定、也未与科技人员约定奖励和报酬的方式和数额的，按照下列标准对完成、转化职务科技成果做出重要贡献的人员给予奖励和报酬：（一）将该项职务科技成果转让、许可给他人实施的，从该项科技成果转让净收入或者许可净收入中提取不低于百分之五十的比例；（二）利用该项职务科技成果作价投资的，从该项科技成果形成的股份或者出资比例中提取不低于百分之五十的比例；（三）将该项职务科技成果自行实施或者与他人合作实施的，应当在实施转化成功投产后连续三至五年，每年从实施该项科技成果的营业利润中提取不低于百分之五的比例。"

此外，《职务发明条例（草案）》也在送审过程中。该草案对于职务发明制度的具体施行，尤其是职务发明人奖酬制度的兑现程序，进行了更为详细的规定，以防止单位变相剥夺或者限制职务发明人的权利。然而，基于单位相对于职务发明人的地位优势，实践中，职务发明人的奖励报酬权被合法合理兑现的，少之又少。基于同样原因，相对应的职务发明人奖酬纠纷付诸诉讼的也不多。业内有些专家由此得出结论，无须就职务发明制度单独立法，"职务发明条例"的发布不具有实践性和操作性。

笔者并不想去讨论出台“职务发明条例”的必要性。一方面，不可否认的是，对于任何科研院所、企业来说，充分兑现职务发明人权益，包括兑现职务发明人奖励报酬，是激励科技创新的最有效手段。另一方面，忽视职务发明人权益的单位，将可能出现更多的技术资产流失风险，包括骨干科技人员跳槽、科技人员“暗兼职”成风、技术秘密流失等。即使只是出现离职人员就发明人奖酬纠纷提起诉讼，也会给企业的正常生产经营带来极大干扰。当企业未与发明人约定，也未在依法制定的规章制度中规定发明人奖酬时，企业必须依照法律标准兑现职务发明人奖金及报酬。

（二）继受实施转化权及其他权益

根据《促进科技成果转化法》（2015 年修正本）第十九条的规定，“国家设立的研究开发机构、高等院校所取得的职务科技成果，完成人和参加人在不变更职务科技成果权属的前提下，可以根据与本单位的协议进行该项科技成果的转化，并享有协议规定的权益。”也就是说，科技人员就其完成和参与研发的职务科技成果，可以通过与单位协议约定方式，进行成果转化活动，这包括以职务科技成果作为投资，创办或者加盟科技型企业，从而获得成果转化收益。

《南京市促进技术转移条例》第十六条还明确：“高等院校、科研机构以及其他单位使用财政性资金设立的科技项目依法拥有技术成果全部知识产权的……逾期未实施转化的，完成该技术成果的科研人员可以要求有偿受让该技术成果并自行转化，或者由提供研发经费的政府部门实施转移。”这进一步明确了职务发明人可主动继受并实施职务科技成果转化的权利。

另外，《促进科技成果转化法》（2015 年修正本）第十八条规定：“国家设立的研究开发机构、高等院校对其持有的科技成果，可以自主决定转让、许可或者作价投资，但应当通过协议定价、在技术交易市场挂牌交易、拍卖等方式确定价格。通过协议定价的，应当在本单位公示科技成果名称和拟交易价格。”之所以规定协议定价在本单位的公示程序，有两个目的：一是进一步提供职务发明人主动选择继受职务科技成果的机会；二是保障职务发明人就职务科技成果转化收益的知情权，为依法兑现职务发明人奖酬提供数据基础。

三、结语

目前，创新创业正在如火如荼地开展，从国家到地方，激励“双创”的各项政策层出不穷，激励力度之深广，前所未有。然而，正如本文所述，无论科技单位，还是科技人员，都需要在创新创业过程中充分厘清所利用的科技成果权利归属，充分权衡职务发明人的权益，才可能避开法律雷区，避免初创企业的“技术权属”原罪，减少知识产权法律纠纷的产生，让创新创业走向更广阔的天地。

（撰稿人　陈静律师）

企业在加工承揽业务中的专利侵权法律风险防范

制造业企业在开展加工承揽业务时，极可能遭遇专利侵权法律风险，企业该如何规避和减少此类法律风险?

案例一：上海某大型产品销售商A公司，与江苏某生产制造商B公司签订长期委托加工合同，约定B公司按照A公司提供的产品图纸及相关技术要求进行产品加工，B公司不得再向其他企业提供同样产品，所加工产品由A公司贴牌销售。C公司在市场发现A公司上述产品与其专利产品相同，遂以A、B公司侵犯其专利权为由起诉。

案例二：A公司中标取得某工程项目承建权，为加快工程进度，A公司委托B公司加工该工程所需的部分建筑构件。专利权人陆某以该建筑构件落入其所持有的专利权保护范围为由，起诉A、B两公司侵犯其专利权，要求两公司停止侵权行为并赔偿经济损失。

案例三：专利权人甲与乙签订加工承揽合同，约定由乙为甲生产专利产品，乙不得自行销售。后来因甲违反加工承揽合同的约定，未向乙支付加工费及取回定作的专利产品，乙遂将产品销售以充抵加工费（合理期限后）。甲以侵犯专利权为由起诉乙。

根据《专利法》的有关规定，发明专利权被授予后任何单位或者个人未经专利权人许可，都不得实施其专利，不得为生产经营目的制造、使用、销售其专利产品，或者使用其专利方法以及使用、销售依据该专利方法直接获得的产品。

根据《关于审理专利侵权纠纷案件若干问题的规定》（2003年讨论稿）

第三十四条和第三十五条的规定，承揽合同的承揽人由于接受定作人的委托而实施侵犯他人专利权的行为的，承揽人知道或者应当知道定作人无相应的专利实施许可的，应当停止侵权，并与定作人承担连带赔偿责任；承揽人不知道也不应当知道许可人无权实施的，应当停止侵权，有关赔偿等其他民事责任依照《中华人民共和国合同法》①（以下简称《合同法》）第三百五十三条的规定处理，即由定作人承担。

案例一是目前比较常见的OEM（贴牌加工）生产经营模式，在现在的制造行业中普遍存在。这里涉及委托方A公司和受托方B公司的共同侵权问题。

A公司委托B公司制造专利产品，并以制造人的身份向社会销售。A公司和B公司是一种加工承揽的关系。在当前社会分工日趋精细的环境下，很多产品都是由多家制造人制造，最后由一家制造人进行组装；或者A公司根本不开设制造车间，其所有产品均委托B公司制造加工，然后贴上A公司自己的标识，如商标、厂名等，对外销售。因此，无论产品的制造者涉及多少，B公司是谁，在产品上标识自己为制造人的主体，通常被认定为法律所规定的“制造人”或者“生产者”，A公司应对其产品承担相应的法律责任，其委托加工的行为应当认定为《专利法》第十一条规定的“制造”行为。

但同时，实际制造人因为是产品制造行为的参与者，依法也应当承担侵权责任。在司法实践中，一般认定两者构成共同侵权，承担连带责任。通常认为：正是名义制造人的行为和实际制造人的行为紧密相连，导致了侵权后果的发生。通过加工承揽的合同，两者形成了紧密的意思联络。但是，当专利权人只起诉名义制造人时，法院无须再追加实际制造人为共同被告。

司法实践中，对于“来料加工”的委托人和加工人在专利侵权中是否承担连带责任多持慎重态度。加工人只是根据委托人对产品的要求和其提供的材料进行加工，而且与委托人相比，其过错程度和与侵权后果的因果关系没有委托人直接，要求其与委托人承担连带责任，有失公平。因此，一般判决委托人和加工人各自承担相应的责任。

---

① 《合同法》现已废止，相关规定可参照《民法典》。

但是，无论A公司还是B公司，都应当依法承担专利侵权责任。A公司不可以其未直接制造专利产品且具有合法来源为抗辩理由不承担赔偿责任；B公司也无法以其相应的加工承揽合同中有免责条款为由不承担侵权责任。

案例二与案例一类似，不同之处在于承包商A公司的侵权行为是否应当认定为“制造”行为，在实践中有很大争议。一种观点认为，A公司与一般的委托加工商没有任何实质不同，其区别仅在于其委托加工的产品是用于自用，而不是对外销售，实质上仍应认定为制造和销售了专利产品；另一种观点认为，A公司的侵权行为主要表现在未经专利权人许可使用了专利产品，在B公司实施的制造及销售行为中，其起到了教唆和帮助作用，因此A公司应当与B公司一起承担共同侵权责任。但无论哪一种认定，都不排除受托加工方B公司承担相应专利侵权责任。

对于案例三，通常认为依据甲和乙订立的加工承揽合同，双方约定乙不得自行销售，是承揽合同的条款，也是专利实施的许可范围的确定。甲违约不付款在前，乙对加工物留置抵加工费，符合《合同法》的规定。但乙销售留置的产品是甲的专利产品，销售行为是实施专利权的一种行为，乙未经专利权人甲的许可销售所留置的专利产品，违反了《专利法》的规定，就要承担相应的专利侵权责任。

我国制造业不断发展，其中涉及民商事法律关系越来越多，也越来越复杂。这些法律关系相互重叠和交叉，企业稍有不慎，就可能陷入司法诉讼。其中，制造业企业在进行加工承揽业务时，尤其应当注意规避知识产权侵权法律风险。企业经营中的外加工业务或贴牌生产业务都属于加工承揽合同范围。

加工承揽业务中，定作人或委托人会提供样品或图纸，承揽人或加工人按定作人的要求完成产品，承揽人或加工人交付成品，定作人或委托人支付报酬。如果定作人的委托加工事项存在法律上的瑕疵，如委托加工的产品具有专利，但定作人或委托人不是专利权人，也没有获得专利实施许可权，则承揽人或加工人很容易掉进侵权的法律陷阱，陷入侵权诉讼而遭受损失。

那么，加工企业如何降低这些法律风险，避免损失呢？笔者认为除了提高知识产权法律风险意识外，还应当注意以下两点。

（1）签订书面的加工承揽合同。这是防范侵权风险的基础，企业可针对经常性的同类业务制定专门的加工承揽合同或委托加工合同。承揽人或加工人可以利用设置知识产权保证条款来排除自己的侵权责任，减轻可能发生的侵权赔偿责任，即使在将来的诉讼中被判决承担赔偿责任，也可以在诉后依据合同条款向定作人追偿，将侵权风险转移给定作人。

（2）设置必要的基本的审查程序。在加工承揽业务中，承揽人是依定作人的要求去工作的，所以侵权责任和风险一般应当由定作人承担，但承揽人应当有基本的注意义务，即应当对委托事项进行基本的知识产权审查。如果承揽人尽到了基本审查的义务，则即使委托事项发生了侵权纠纷，承揽人也有了免责的抗辩事由。当然，通过基本审查程序及时发现可能的法律风险并予以避免，对于加工企业会更安全。

（撰稿人　陈静律师）

外观设计专利篇

·实战案例·

案例 1

外观设计中的“一般消费者”是如何“消费”的

2015 年前后，笔者代理了很多路灯外观设计侵权案件，因为专利产品的设计兼具了美观性和实用性，市场认可度高，销售范围极其广泛，所以仿冒者众多，几乎半个中国的街头都能看到大同小异的各式侵权路灯。为此，笔者律师团队天南地北地跑过许多城市调查取证，也和多地法院、律师打过交道，积累了不少外观设计侵权诉讼的经验。

笔者发现，外观设计侵权判定中的某些细节问题，各家观点不一，争议颇大，在个案中往往存在多种理解，值得思考完善。比如侵权判定的主体“一般消费者”，就是其中典型的例子。

那么，“一般消费者”究竟是如何“消费”的呢？本文用一个笔者亲身经历的案例来阐述这个概念。

案情介绍

吴先生经营着一家路灯公司，对公司的几款主打路灯产品都申请了外观设计专利。由于其中一款灯型市场认可度特别高，所以招致大量侵权仿冒，吴先生近几年把很大一部分精力都放在处理这些侵权纠纷上。因为今年来被追究责任多了，仿冒企业的知识产权意识也有所提高，不再像以前那样一模一样地仿冒，而是加上了一些自己的改动。仿吴先生这款专利的产品，在市场上能找到数十种款型，虽然整体造型看着挺像，但都有各自的区别，其中有些企业还把改动之后的款型申请为了自己的专利。

这次吴先生把其中一家路灯公司告上了法庭。但被告认为，这款被控侵权的路灯是自己独立设计的，与吴先生的外观设计专利存在多处区别，所以不构成侵权。而吴先生则认为，从侵权产品的整体外观上来看，与自己的专利权大同小异，虽然二者细节之处存在一些差异，但这些差异非常细微，对整体视觉效果影响不大，产品与专利权还是近似的，所以构成侵权，应当承担责任。

被控侵权产品是否落入专利权保护范围，自然成了法庭的争议焦点。了解我国专利制度的人明白，外观设计专利侵权判定，采取“整体观察，综合判断”的原则，局部的设计特征，要放在整体环境下去考虑，即局部特征对整体视觉效果影响程度有多大。进行判定的主体，不是法官，也不是原被告双方，而是“一般消费者”。

所谓一般消费者，是一类虚拟的人群，其认知能力和知识水平有着特殊的界定。设计“一般消费者”这个概念的意图很好理解，因为外观设计侵权判定的“判定”这个动作本身，是由人实施的，所以结果是不是近似，怎么个近似法，不可避免地会受到判定者主观因素的影响。具体到个案中，会产生怎样的影响呢？通常来说，判定者对产品越了解，那些储存于他的知识库中的现有设计特征就越多，因此这些特征再出现的时候，就较难抓住他的眼球，他会对其他部分更为仔细地观察，也就越能找出细微的差别，最终导致局部细微差别对整体视觉效果的影响被放大，从而使得“落入保护范围”更难被认定。相对地，如果让一个对产品不甚了解的门外汉来做判定者，他对产品的现有设计一无所知，自然也就无从分辨所观察产品哪些设计特征是新颖的，哪些是现有设计中出现过的。因此，产品的所有设计特征对整体视觉效果的影响会被他不分权重等级地一股脑考虑，最终对侵权认定造成偏差。

为了使这种影响最小化，尽可能公平公正地进行判定，防止同类侵权出现截然不同的判定结果，必须对判定主体的身份加以明确和限制。《专利审查指南》对一般消费者的概念做了较为详细的定义，司法判决中也经常引用。一般消费者具有以下几个特点。

（1）对涉案专利申请日之前相同种类或者相近种类产品的外观设计及其常用设计手法具有常识性的了解。例如，对于汽车，其一般消费者应当对市场上销售的汽车以及诸如大众媒体中常见的汽车广告中所披露的信息等有所了解。

常用设计手法包括设计的转用、拼合、替换等类型。

（2）对外观设计产品之间在形状、图案以及色彩上的区别具有一定的分辨力，但不会注意到产品的形状、图案以及色彩的微小变化。

可见，界定一般消费者，首先要确定对应的产品类别。回到上面的案件中，路灯的一般消费者是什么人呢？

路灯的销售有其独特之处，一般个人是不会购买的，大多都是政府单位作为业主招标采购，用在新建设的道路上，或对旧路灯进行替换。因为涉及工程项目，所以业主单位往往只是确定一下路灯的款型，具体的采购事务，含在总包合同中，由该标段的建设方采购，采购回来后甚至由建设方自行安装。这导致了政府单位虽是名义上的业主、采购者，但实际上产品不过他们的手，他们并不是直接消费者。灯具从销售到使用环节中会经手多个身份不同的主体，如业主方对着图册挑选路灯款型的人员、建设方的采购人员、路灯销售公司或建设方的安装人员、政府的路灯管理维护人员，甚至路过的被灯具美感所折服的行人等。这些人员，似乎都是潜在的“一般消费者”，显然，他们的观察视角存在较大的差异。

专门从事路灯的制造、销售、购买、安装及维修的人员和路上的行人相比，前者可以近距离地接触产品，对其全方位观察；而后者是观察悬挂于数米高半空中的路灯，不仅更难分辨细节，对产品的俯视图也根本无法观察。究竟将谁认定为一般消费者，对整体案件的结果会造成实质性的影响。

有判例［（2014）苏知民终字第00271号民事判决］认为，在界定路灯类产品的一般消费者时，应当包括不特定的过往行人，而并不仅仅是指专门从事路灯的制造、销售、购买、安装及维修的人员。从涉案外观设计专利的图片与被控侵权路灯的外形整体观察，两者不相同的设计特征，一是因为路灯安装后悬挂于十米左右高空，表现于灯头背面的设计无法看到，二是靠近发光区域的设计属于局部、细微差别，通常不会给一般消费者产生明显的视角差异。

支持这种观点的法院不在少数。(2016) 甘民终142号民事判决书认为，由于路灯的功能性特点，决定了一般消费者（即行人）对其外观的认识与把握大多来源于实际安装使用状态下其所呈现的外观特征。而在安装使用状态下，行人对路灯外观的感知主要是来源于在仰视及带有一定角度的主视状态下的视觉效果，因此仰视图及主视图是本案外观设计专利侵权判断的比对重点。

而最高人民法院在我们代理过的一起典型案例［(2015) 民申字第633号］中的观点则相反：作为外观设计侵权判断主体的一般消费者，应当对该类产品的外观设计及其常用设计手法具有常识性的了解，对于外观设计产品之间在形状、图案以及色彩上除微小变化之外的区别具有一定的分辨力。据此，作为LED路灯产品的一般消费者，不仅能够注意到该类产品的整体造型和轮廓、下灯盖上的透明灯罩，也能够注意到产品背部的格栅、灯槽以及内部反光板的形状等，并在整体观察的基础上，对两者是否相同或者近似作出综合判断。因此，关于LED路灯的一般消费者是行人，行人施以"一般注意力"，不会注意到LED路灯内部设计以及散热格栅等设计的申请再审理由不能成立。

◇ 律师评析

其实，"一般消费者"的定义中，并没有涉及"消费"。这个词对于不熟悉概念的人来说很容易产生误导，认为是要从相应产品的购买、消费群体中去找寻"一般消费者"。而实际上，一般消费者的定义更接近于"一般知情者"，即对所判定产品及其设计有着普通水准的了解和知识水平的人，而非购买者、消费者。

2017年北京市高级人民法院出台的《专利侵权判定指南》对如何定义一般消费者提出了新的观点，认为一般消费者的知识水平和认知能力取决于现有设计的状况，当事人应当依据现有设计的状况主张一般消费者的知识水平和认知能力。

因此，个案中如何界定"一般消费者"，要综合考虑判定产品的具体类别、发展历史、公知和证据所体现的现有设计特征等因素，在领域专家与“白丁”之间找寻一个合适的平衡点，以容纳他的“一般”身份，如此，判定结论不会“不及”，也不至于“过火”。

本案启示

吴先生的案件，法院最终认为，从路灯正常使用时的状态以行人视角观察，局部的差异非常细微，对整体视觉效果影响很小，二者仍然构成近似外观设计，判决支持了原告的诉讼请求。

从上面的分析可知，法院的观点值得商榷。但对当事人来说，能够支持自己立场的观点，才是“正义”。既然现状是大多数裁判者对这些细节概念存在较大的理解差异，那为何不在个案中，根据自身的立场，灵活运用，给自己带来优势呢？当然，灵活运用的前提，是透彻地了解它。

（承办律师　李青尘）

案例 2

设计空间，90% 的人都不清楚这三个问题

外观设计，似乎是三种专利中门槛最低的一类。外观设计侵权纠纷，在专利侵权中最为高发，因产品的设计要素都在外表，一目了然，容易被仿效。案件虽多，但其技术含量仍不容小觑，外观设计中有些概念非常具有深度，许多业内人士都无法拿捏准确，比如颇具争议的"一般消费者"，以及下面这个案件中出现的"设计空间"。

设计空间是对一般消费者概念的延伸和补充，本文建议结合上一个案例"外观设计中的'一般消费者'是如何'消费'的"阅读。

◇ 案情介绍

纸巾是家庭必备之物，"清风"纸巾作为知名品牌，相信很多人都用过。可能少有人注意到，"清风"的权利人是金红叶纸业集团有限公司（以下简称"金红叶公司"）。多年经营，深知品牌建设的不易，金红叶公司对知识产权保护格外重视，不仅注册了富有特色的"清风"字体商标，还陆续申请了一系列专利，从纸品的生产加工方法到包装图案，共一千多件。其申请的外观设计专利权中，不仅有纸手帕、卷纸、抽纸等各种常用纸品的多款外包装设计，为保万无一失，甚至连单包和整捆纸品的包装都分别申请了专利。金红叶公司的知识产权意识之强，值得很多公司学习。

2016 年，金红叶公司的一名员工出差时发现，芜湖某超市出售的一款纸手帕仿冒了清风的包装设计，于是把这个情况反映给了公司。公司调查发现，这款纸手帕是当地一家纸品公司生产的。其外包装使用黄色为主色调，在商标周围有一圈花朵装饰图案，与自己旗下一款"清风"手帕纸的外观设计专

利非常相似。不仅如此，其使用的商标字体与自己的注册商标“清风”的字体也很接近，其傍名牌的意图非常明显。这家公司还算有点儿基本的法律常识，没有直接使用“清风”两字。金红叶公司以其侵犯自己的外观设计专利权为由，将生产商告上了法庭。

被告答辩认为，因为清风纸巾的知名度较高，自己特意做了规避设计，生产的纸巾包装与金红叶公司的外观设计存在诸多差异。比如，周围使用的花朵种类与“清风”不同，并且花朵与绿叶、花枝的搭配组合也明显不同，消费者能够轻易识别并区分开来，不会混淆。此外，纸手帕领域存在许多现有设计，类似涉案外观设计一样用花朵簇拥点缀商标的设计元素已在现有设计中出现过，因此，可供后人自由发挥的设计空间很小，自己做的这些规避设计，已经足以使得二者具备明显区别，不构成侵权。另外，自己与涉案专利相似的仅有居中的字体设计，但金红叶公司起诉的是外观设计，并非商标，如果金红叶公司认为被告存在商标侵权，应当另行起诉。

而金红叶公司则认为，纸巾包装领域的设计空间非常广阔，虽然二者存在一些细节差异，但这些细节差异放在较大的设计空间下，对一般消费者的视觉影响非常小，可以忽略。我国外观设计采用“整体观察，综合判断”的比对原则，侵权产品与专利权整体设计布局相似，色调相同，因此，二者整体看来仍属于相近似的外观设计，构成侵权。

庭审中，原被告双方都提到了“设计空间”，并且争议很大，观点截然相反。可见，设计空间对侵权判定相当重要，如何理解适用，关系着案件的成败。那么，究竟什么是设计空间？它对侵权判定有着怎样的影响呢？

在外观设计的比对中，常常见到设计空间的身影。它并不是一个新颖的概念，早在2010年的一件指导案例中，最高人民法院就详细地评析过设计空间对外观设计专利权效力判定的影响［（2010）行提字第5号］；国家知识产权局和北京市高级人民法院也曾专门出台过专利侵权判定指南，其中进行了细致的阐述；但在规范性文件的层面，仅有2016年出台的《最高人民法院关于审理侵犯专利权纠纷案件应用法律若干问题的解释（二）》给了个官方定义：“人民法院在认定一般消费者对于外观设计所具有的知识水平和认知能力时，一般应当考虑被诉侵权行为发生时授权外观设计所属相同或者相近种类产品的设计空间。设计空间较大的，人民法院可以认定一般消费者通常不容易注意到不同设计之间的较小区别；设计空间较小的，人民法院可以认定一般消费者通常更容易注意到不同设计之间的较小区别。”

2010 年最高人民法院的指导案例中认为，设计空间是指设计者在创作特定产品外观设计时的自由度，受到现有设计、技术、法律以及观念等多种因素的制约和影响，设计空间对于确定相关设计产品的一般消费者的知识水平和认知能力具有重要意义。在设计空间受到很大限制的领域，由于创作自由度较小，该产品领域内的外观设计必然存在较多的相同或者相似之处，该外观设计产品的一般消费者通常会注意到不同设计之间的较小区别。反之，设计空间大，则一般消费者更不容易注意到细小的设计差别。

北京市高级人民法院 2017 年出台的《专利侵权判定指南》中，也对设计空间的概念提出了自己的观点：界定一般消费者的知识水平和认知能力时，应当考虑外观设计专利申请日时授权外观设计所属相同或者相近种类产品的设计空间。设计空间是指设计者在创作特定产品外观设计时的自由度，受如下条件的限制：①产品或其中零部件的技术功能；②采用该类产品常见特征的必要性；③现有设计的拥挤程度；④其他可能对设计空间产生影响的因素，如经济因素（降低成本）等。某一设计特征对应的现有设计越多，对该特征设计空间挤占越显著，其设计空间越小，替代性设计方案越少，细微差异会对整体视觉效果产生较大的影响；反之，现有设计越少，对该特征设计空间挤占越轻微，其设计空间越大，替代性设计方案越多，细微差异不会对整体视觉效果产生明显的影响。

从上述观点的共通部分可见设计空间的基本概念：

（1）设计空间是界定“一般消费者”认知能力和知识水平的重要因素，而一般消费者是侵权与否的直接判定主体。

（2）设计空间越大，不同外观设计之间的较小的区别就越容易被忽略，即越容易被判定为相似，反之亦然。

虽然设计空间的大体概念是一致的，但是各家仍存在细节方面的冲突。以《最高人民法院关于审理侵犯专利权纠纷案件应用法律若干问题的解释（二）》和北京市高级人民法院的《专利侵权判定指南》来对比，解释中，设计空间的判定时间点是被诉侵权行为发生时授权外观设计所属相同或者相近种类产品的设计空间；而指南中，则是外观设计专利申请日时授权外观设计所属相同或者相近种类产品的设计空间。最高人民法院2010年的指导案例中也提及，在考虑设计空间这一因素时，应该认识到，设计空间的大小是一个相对的概念。在设计空间极大的产品领域和设计空间受到极大限制的产品领域这两个极端之间，存在着设计空间由大到小的过渡状态。同时，对于同一产品的设计空间而言，设计空间的大小也是可以变化的。随着现有设计增多、技术进步、法律变迁以及观念变化等，设计空间既可能由大变小，也可能由小变大。

最高人民法院和北京市高级人民法院在判定时间上存在冲突，作为地方法院的观点，北京市高级人民法院的指南自然拧不过最高人民法院解释，但值得思考的是，北京市高级人民法院的指南出台在最高人民法院的解释之后，正常操作是对司法解释未尽之处予以补全，但此处为何敢公然对抗，给出冲突的观点呢？难道在解释出台后的一年里，局势发生显著变化，北京市高级人民法院经过深思熟虑，认为解释已经跟不上时代的发展？这两个时间点，到底哪个更合适呢？

此外，北京市高级人民法院的指南中，阐述了“现有设计的拥挤程度”对设计空间的影响，即某一设计特征对应的现有设计越多，对该特征设计空间挤占越显著，其设计空间越小，替代性设计方案越少，细微差异会对整体视觉效果产生较大的影响；而最高法（2017）民申5056号民事裁定中认为，人民法院在认定一般消费者对于外观设计所具有的知识水平和认知能力时，确应考虑被诉侵权行为发生时授权外观设计所属相同或者相近种类产品的设计空间，但这里所称的“设计空间”，是指该类产品的设计空间，而不是具有某些特定设计特征的产品的设计空间。两家存在设计空间的宏微观之争。那么，设计空间究竟是对某一设计特征的理解，还是对某类产品整体的限定呢？二者对侵权判定的结果又有怎样的影响？

再有，现有设计的多寡如何影响设计空间，国家知识产权局也出过一个《专利侵权判定和假冒专利行为认定指南（试行）》，与北京市高级人民法院意见截然相反，认为大量存在的现有设计本身就能够说明设计空间是非常丰富的，如图 1 所示的车轮案例，现有设计存在大量造型各异的车轮辐条设计，因而车轮辐条的设计可供发挥的自由度很高，设计空间较大。而北京市高级人民法院则认为，现有设计特征越多，则替代性方案越少，从而设计空间就越小。二者究竟谁更准确？

图 1　涉案专利视图（车轮）

◇ 律师评析

以上细节，实务中争议颇多。笔者在此给出自己的思考，供读者参考。

问题 1：关于设计空间判定的时间点，侵权行为发生时和专利申请日时哪个更恰当？

申请日在前，侵权行为发生在后，而外观设计专利保护期最多 10 年，这两个日子相隔的时间可能会很长。在这期间内，产品是不断变化发展的，10 年的时间，足够产品更迭数代，设计空间当然也在变化。虽然这一点在司法适用中不存在障碍——最高人民法院的解释有规范力，北京市高级人民法院的意见没有，但值得思考的是，时间点的不同，对个案会产生怎样的影响？

同一件专利权，同样的侵权产品，在设计空间大小不同的情况下，判定结果可能是相反的。以手机为例，过去的按键式手机，翻盖、直板、滑盖、有无天线、键位样式和布局等，存在许多花样，设计空间较为丰富。但现在按键式手机已全部被智能触屏手机替代，二者的设计迥异。如今的智能手机，设计理念一致趋于更高的屏占比、更轻薄的机身，这使得各家造型大同小异，可供发挥的设计余地已经很有限，仅在边角、开孔、实体按键、摄像头和指纹识别器位置布局方面存在一些细微差异，这些差异占整体面积的比例很小。若此时仍按照过去按键式手机时代较大的设计空间来评价，这些细微之处的差异一旦被忽略，则几乎各家的手机都会构成相似，这显然是不合适的。

再如路灯，过去的路灯，更多考虑其功能性，设计想象力有限，基本都是统一的玻璃灯罩中安装光源的设计，而现在路灯专利就已经有数万件之多。路灯的美感造型已经成为消费者是否选择的重要因素，厂家在设计方面的想象力与投入今非昔比，设计自由度非常高。此时若仍以过去很小的设计空间理念来强调细节方面差异的影响，则会促使厂家更多地以“山寨”方式减少成本，而不愿花费精力进行较大的设计改进，不仅对专利权人不公，也不利于行业良性发展。

再以设计空间制度的立法目的分析，设计空间本身是为了更加全面、客观地界定一般消费者的知识水平与认知能力，以此为背景，准确评估设计者在设计当下可供发挥的自由度大小，从而判断被控侵权产品与专利权相区别的设计特征存在的理由、必要性与智力含量程度：究竟是山寨性质的搭便车，还是无从发挥的无奈之选？

因此，综上分析，在专利侵权判定中，评价设计空间的时间点以专利侵权行为发生时更为准确、公平。不过，在专利权效力的评价即专利无效程序中，专利权与现有设计的比对，设计空间的时间点当然是以专利申请日为准。

问题 2：设计空间是对具体设计特征的限定，还是对某类产品整体创作自由度的把握？

北京市高级人民法院 2017 年出台的《专利侵权判定指南》指出：“设计特征是指具有相对独立的视觉效果，具有完整性和可识别性的产品的形状、图案及其结合，以及色彩与形状、图案的结合，即产品的某一部分的设计。”

《专利审查指南》与司法解释，并未对设计特征这个基本概念进行定义，虽然有北京市高级人民法院的指南作为参考，但实操中，如何准确理解，仍存在一定的分歧。例如：

（1）设计特征需要分割到什么程度。以茶杯为例，通常包括杯身、杯盖、把手这些部分；进一步细分，杯盖可以由提手、盖体组成，杯身可以分数个面，也可以分上中下几部分，把手同上；再进一步，盖体等还可以分内外面的设计。哪些才是设计特征？应当细化到什么程度？各特征之间，是否要在同一层级上？可想而知，缺乏明确的判定标准，不同裁判者有着不同的理解，实务中必然会造成混乱。

（2）同类产品所具有的设计特征种类可以存在较大区别，难以互相参照。以路灯为例，有的包括灯壳、灯罩、灯泡，有的可能只是一块平板，上面点缀着 LED 发光芯片，根本不需要灯罩、灯泡。二者同为路灯，但设计特征完全不同，根本无法互相对比参照。

（3）不同产品如何准确地用一套标准适用。以本文案例中的纸巾包装来说，其作为包装膜，没有明显的产品部分之分，若简单地以包装成型后的正面、背面、侧面来区分其设计特征，则可能存在设计特征被人为割裂的情况，因为其上的图案可能贯穿数个表面，共同组成完整的图案。而且，包装膜展开时为平面，图案是其最重要的因素，是否应以图案整体来作为其设计特征？如何将整幅图案有机地分割成数个设计特征？如何在现有设计中找寻有参考价值的设计特征？这些问题实际存在，但难以统一解决。同种产品中不同的设计特征如何划分，就已经存在相当的混乱，要为各类产品统一出一套共通的适用标准，可想而知，其难度会有多大了。

故而，以某一类产品整体来考虑其设计空间的可能性，是更为简便可行的做法，如何考虑，需要结合现有设计的具体状况，见下述分析。

问题 3：现有设计很多的情况下，设计空间究竟是大还是小？

北京市高级人民法院认为，现有设计特征越多，对该特征设计空间挤占越显著，其设计空间越小，替代性设计方案越少，细微差异会对整体视觉效果产生较大的影响。

此观点似乎有一定道理，对设计者而言，若可能的设计特征在现有设计中都已出现，可供其发挥的空间被挤占得微乎其微，此时设计者再创造出截然不同的新设计的成本巨大，也就只能选择对现有设计的细节进行改动了。因此，这种“无奈之下”的改动，即使与专利权差异不大，但因为设计空间很小，所以不能认为其构成相似。

不过仔细分析，此观点存在一个隐含的漏洞或前提：设计特征可能的数量类似比特币那样，是有限、可知的。若某一设计特征只有 100 种设计，其中 90 种都已经被现有设计公开，那么设计者只剩下 10 件发挥的余地，设计空间自然很小。

问题在于，这个前提并不成立。无人能判断某类产品中的某一设计特征存在多少种设计。并不否认，现有设计（通常是专利数据库中公开的内容）确实是有限的，但无论设计发展到何时，任何人都无法断言："这类产品上某一特征所有可能的设计都已经被证明，共计 2100 万种，不会再出现新的设计。"也就是说，现有设计有限，但设计潜力未知，二者并不存在必然的因果联系，仅以现有设计数量的多寡，是无法推断某一具体特征设计潜力大小的。任何时候，在不被产品功能所局限的特征（比如车轮必须是圆形）上，都可能出现新的设计，这也正是人类不断进步、超越前人、"更高、更快、更强"的表现之一。设计空间所评价的，正是出现新设计的难度大小。

因此，最高人民法院和国家知识产权局的观点更为恰当：当有证据证明现有设计形式多样、风格迥异、异彩纷呈时，恰恰说明该领域产品创造自由度较高，设计空间很大，此时细微的区别对整体视觉效果的影响较小。

经历了上面的分析，再回到案件中，相信读者已经有了自己的判断。

作为金红叶公司的代理人，笔者在庭审中主张：考虑到被控侵权产品的性质，属于包装类产品，形状要素对整体视觉效果的影响较弱，图案与色彩则是对一般消费者视觉造成冲击的重要因素。而图案设计本身，存在非常大的自由度，在透明的包装膜上设计图案，类似在白纸上作画，对创作者没有任何的限制，存在无数的可能性，其设计空间极大。现实也是如此，市面上的纸巾包装，风格多样，异彩纷呈。在这种情况下，一般消费者关注的是图案整体的大的设计，不会注意到花朵种类不同、绿叶数量有别这些细微差别。被告刻意使用与原告专利权整体布局、色调相似的设计，足以构成侵权。

最终，被告在压力之下选择了和解。

本案启示

知识产权领域存在许多看似微小但非常具有技术含量的概念。如设计特征、设计空间，可能10个裁判者会有11种不同的理解，这种混乱或许会持续到其概念被法律所明确。在个案中，如何准确地理解、运用这些概念，并恰如其分地引导裁判者，对代理人提出了极高的要求。复杂、重大的案情里，最终决定胜败的，可能恰恰是这些看似细微的概念。

（撰稿人　李青尘律师）

案例3

涉及设计特征组合的外观设计专利相似性比对

◇ 案情介绍

某法国公司是一个经营了几十年的老牌玻璃器皿制造商，其产品销售遍布全球市场，众多厂商跟进仿制，低价销售，对其产品市场造成很大冲击。为此，法国公司启动了维权行动，利用其获得的中国专利发起诉讼。随着这些专利侵权诉讼的进行，法国公司的专利也陆续被提起无效宣告请求。

其中，涉及该法国公司所持有的专利号为ZL200930264639.0的外观设计专利被提出无效宣告请求。其无效请求理由主要以证据1、3、4、5所公开的现有设计为基础设计，结合现有设计证据2进行设计特征组合比对，涉案专利不具有明显区别，不符合《专利法》（2008年修正本）第二十三条第二款之规定。

针对上述无效理由，专利权人的无效程序代理人提出：请求人所提供的上述现有设计的组合，均无法支持其无效请求理由。其中，证据1所公开的化妆品容器所配容器盖为旋合式盖子，该类盖子的设计思路与卡扣式盖子完全不同，以证据1作为基础设计，根本无法获得涉案专利所具有的设计特征的设计启示，且证据2所公开的卡扣式盖子，其整体外观与涉案专利存在明显区别。对于一般消费者来说，根本不会将证据1所公开的旋合式盖子与证据2所公开的卡扣式盖子的外观进行组合，在证据1所公开的旋合式盖子的外观设计基础上，也无法通过简单地替换或拼合即获得涉案专利所要求保护的外观设计。因此，涉案专利与证据1、2所公开的现有设计的所谓“组合”，具有明显区别。请求人所提供的证据 3、4 及 5 所公开的容器盖亦均与涉案专利属于不同种类盖型，缺乏与证据 2 所公开的盖形设计特征相组合的启示。

专利复审委员会支持了专利权人的答辩意见，作出维持涉案专利有效的无效宣告请求审查决定书。随后的专利侵权诉讼程序也得以顺利进行。

作为专利权人在本无效宣告请求程序中的代理人，需要就请求人所提出的每一项无效理由进行仔细评析，评析的过程不仅涉及法律问题，也会涉及一些事实问题。

在本案中，请求人提出了五种现有设计比对方式，包括：与证据 1 单独比对；以证据 1 为基础设计，结合证据 2 进行设计特征组合比对；以证据 3 为基础设计，结合证据 2 进行设计特征组合比对；以证据 4 为基础设计，结合证据 2 进行设计特征组合比对；以证据 5 为基础设计，结合证据 2 进行设计特征组合比对。

在进行设计比对之前，我们先对涉案专利所涉及的产品载体及设计特征进行了充分说明，如图 1 和图 2 所示，涉案专利涉及一种卡扣式盖子，其盖子的侧面沿高度方向两个扣耳，扣耳内侧面设置卡扣，以实现与容器本体的卡扣盖合。结合涉案专利的外观设计照片及简要说明，可以确定涉案专利所示的卡扣式盖子具有以下几个设计特征：

（1）整体呈正圆形；

（2）盖子的对称侧面沿高度方向设置有两个圆弧形扣耳；

（3）圆弧形扣耳的底边缘与相邻侧面底边缘呈连续过渡弧线，即盖子侧周面的底边缘为轴对称的连续弧线，对应于两圆弧形扣耳的部分弧线凸出，其余部分弧线凹入；

（4）盖子上表面沿边缘处设置封闭的圆形凸缘，即盖子上表面除边缘处外为略为凹陷的平面；

（5）盖子中心部分透明；

（6）圆弧形扣耳内侧面设置有两个卡扣。

图1　涉案专利立体图片（1）

图2　涉案专利立体图片（2）

然后，我们针对请求人所提供的现有设计及现有设计的组合，逐一陈述答辩，包括：

（1）如图3和图4所示，证据1涉及一种化妆品容器，其中的旋拧式容器盖与涉案专利所示的卡扣式盖子属于不同种类的盖，因此，证据1中所公开的容器盖根本不具备“扣耳”等部件，更无基础去比对其对应设计特征。请求人将证据1中的盖子上具有由亮面装饰件形成的弧线设计提取出来，作为涉案专利的比对对象，严重背离了《专利审查指南》所确定的比对原则。证据1未就涉案专利任何一项设计特征提供设计启示，与涉案专利是截然不同的外观设计。

图3　证据1正面图

图4　证据1斜视图

（2）如上所述，证据1所公开的化妆品容器所配容器盖为旋合式盖子，该类盖子的设计思路与卡扣式盖子完全不同，以证据1作为基础设计，根本无法获得涉案专利所具有的设计特征的设计启示。如图5和图6所示，证据2公开了一种卡扣式盖子，整体呈椭圆形；盖子上表面的长轴两端边缘处分别设置有凸缘；盖子侧面对称设置有弧形扣耳，扣耳内侧面设置有卡扣；盖子侧面底边缘除扣耳处略呈弧形外，其余部分均平直；且未见盖子中心部为透明。即证据 2 至少未公开涉案专利的第（3）~（5）项设计特征，其整体外观与涉案专利存在明显区别。显然，对于一般消费者来说，根本不会将证据 1 所公开的旋合式盖子与证据 2 所公开的卡扣式盖子的外观进行组合，在证据 1 所公开的旋合式盖子的外观设计基础上，也无法通过简单地替换或拼合即获得涉案专利所要求保护的外观设计。

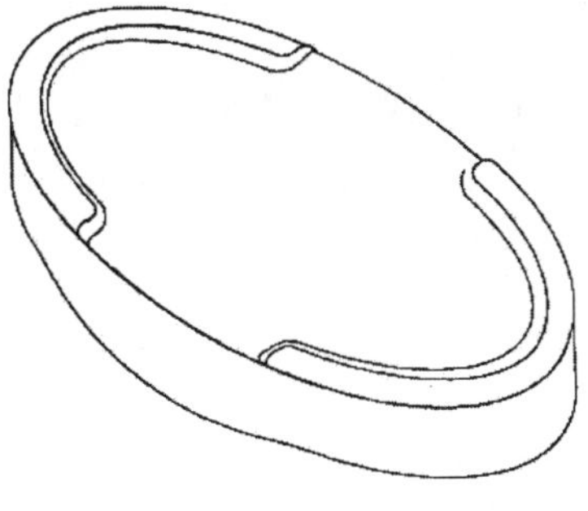

图 5　证据 2 立体图（1）

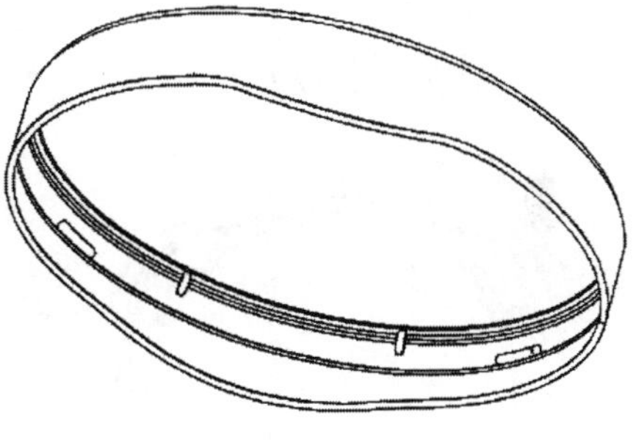

图 6　证据 2 立体图（2）

（3）如图 7 至图 10 所示，证据 3 所公开的是一种配合方形容器使用的复合盖，该盖子包括不透明的中心圆柱形旋合盖和罩设在圆柱形旋合盖上的透明方形外罩。因此，基于此盖类型，证据 3 盖子并未设置扣耳，当然也无对应于扣耳部件的设计。虽然证据 3 所示盖子的方形外罩侧面底边缘呈弧线设计，且其上表面除边缘处外为略为凹陷的平面，方形外罩除侧面下部装饰条之外的部分均为透明，但是，对于一般消费者，基于对证据 3 所属盖子类型的认识，并不会将上述方形外罩的设计特征移植到卡扣式盖子上，尤其是不会将方形外罩的底边缘的弧线设计特征联想为卡扣式盖子的扣耳的设计特征。退一步来说，即使将证据 3 视为整体盖，因其整体呈方形，其相对的底边缘弧线设计，也与涉案专利呈现出完全不同的视觉效果，证据 3 无法提供包括涉案专利第（3）项设计特征在内的各项设计特征的设计启示。基于前述同样理由，证据 2 至少未公开涉案专利的第（3）~（5）项设计特征，其整体外观与涉案专利存在明显区别。对于一般消费者来说，不会将证据 3 所公开的旋合式复合盖与证据 2 所公开的卡扣式盖子的外观进行组合，也无法在证据3所公开的旋合式复合盖的外观设计基础上，通过简单地替换或拼合即获得涉案专利所要求保护的外观设计。因此，涉案专利与证据2和3所公开的现有设计的“组合”，具有明显区别。

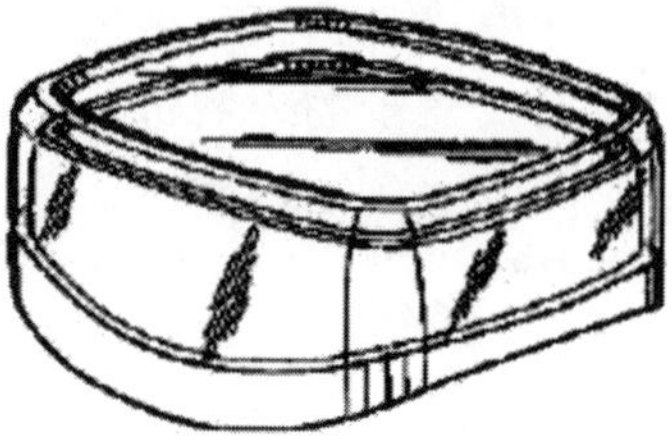

图7 证据3斜视图

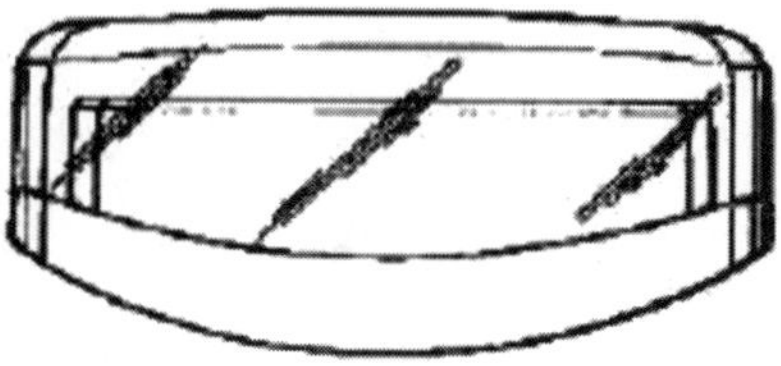

图8 证据3正面图

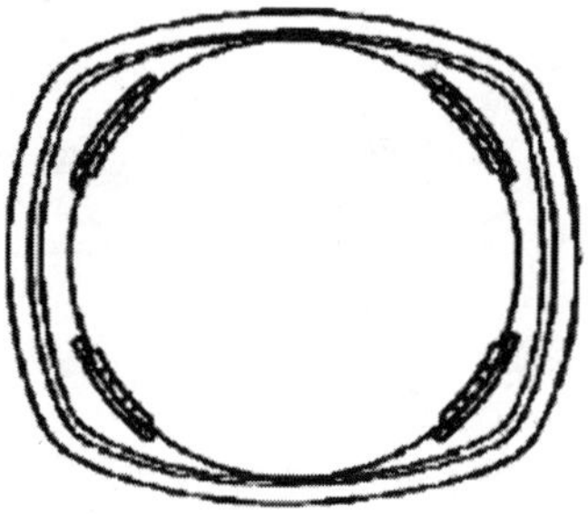

图9 证据3底面图

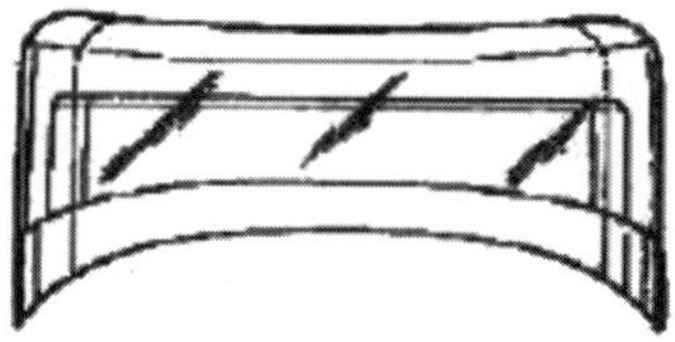

图10 证据3右侧面图

（4）如图11所示，证据4公开的仍然是一种非卡扣式的化妆品盒盖，其无须设置扣耳，盖子侧面上的弧形线条仅为设置在盖侧面的装饰线条，盖子的底边缘平直以便于与化妆品容器旋合密封。因此，与证据1类似，证据4未公开涉案专利所有设计特征。对于一般消费者来说，不会将证据4所公开的旋合式复合盖与证据2所公开的卡扣式盖子的外观进行组合，也无法在证据4所公开的旋合盖的外观设计基础上，通过简单地替换或拼合证据2所公开的设计特征，即获得涉案专利所要求保护的外观设计。

（5）如图12所示，首先，证据5所公开的外观设计产品种类与涉案专利并非相同或相近似类别，不具备比对前提。其次，证据5所公开的纸巾容器中包含的上盖部分，整体呈圆台形，中心开孔以便于纸巾抽出，上盖底边缘为大曲率弧线，与设置纸巾容器体表面的曲线形状配合成一体，其整体视觉效果与涉案专利存在极其明显的区别。很显然，对于一般消费者来说，无法将证据 5 所公开的纸巾容器中包含的上盖部分的设计特征抽离出来与证据 2 所公开的卡扣式盖子的外观特征进行组合，也无法在证据 5 所公开的外观设计基础上，通过简单地替换或拼合证据 2 所公开的设计特征，即获得涉案专利所要求保护的外观设计。因此，涉案专利与证据 2 和 5 所公开的现有设计的“组合”，具有明显区别。

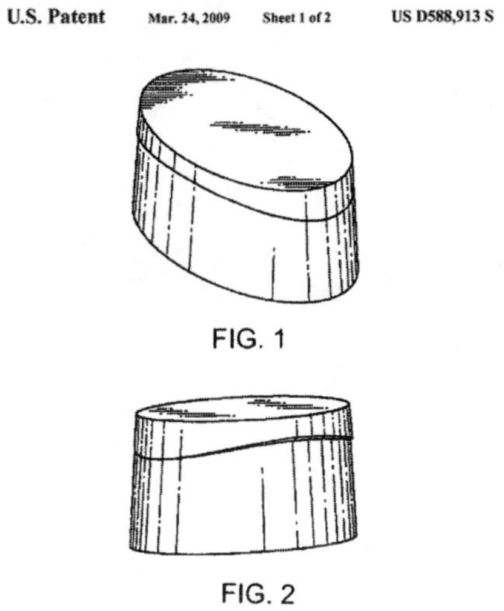

图 11　证据 4 立体图

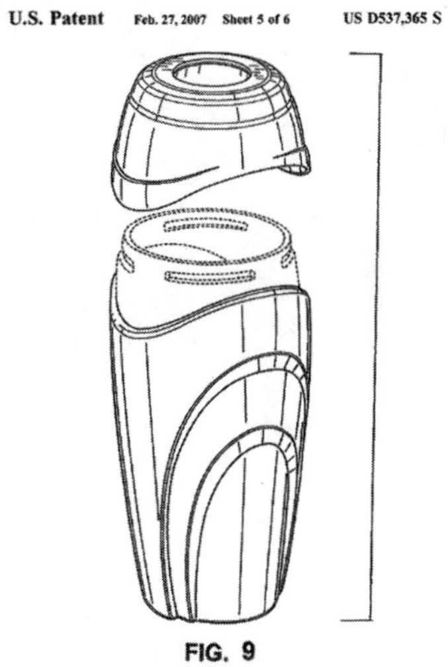

图 12　证据 5 顶部分解图

经口头审理，专利复审委员会采纳了专利权人上述答辩意见，认定请求人所提出的现有设计证据均无法支持其无效请求理由，涉案专利被依法维持有效。

律师评析

在外观设计专利的无效宣告请求程序中，对于涉及依据《专利法》（2008 年修正本）第二十三条第二款之规定，以目标专利与现有设计特征组合进行相似性比对时，应当关注以下要点。

（1）外观设计是以产品为载体的，产品细分类型不同，通常会使得产品的设计思路大相径庭，产品细分类型不同，也会体现在产品的结构或具体功能部件设置不同，相对应功能部件的外观设计的有无或迥异。因此，在进行外观设计专利的比对判断时，应当充分考虑产品的细分类型。这将影响相关设计特征的组合是否存在启示的判断。

（2）《专利法》（2008 年修正本）第二十三条第二款所述的“现有设计特征的组合”，其“现有设计特征”系指具有相对独立视觉效果的设计部分，即一般消费者可以从现有设计中自然区分出来的部分，而非以目标专利为参照，从现有设计中任意抽离截取出的所谓相同的设计片断或元素，如本案中证据 1、3、4、5 所公开盖型中的弧线元素等，进行拼凑式的组合比对，否则，将严重背离《专利审查指南》第四部分第五章 6.2.3 所明确的比对原则。

（承办律师　陈静）

案例 4

侵害外观设计专利权纠纷案中现有设计抗辩

案情介绍

原告于 2008 年 12 月 13 日向国家知识产权局申请了“手动轮椅（NAH-209）”的外观设计专利，并于 2010 年 1 月 27 日获得授权（见图 1）。2011 年 7 月 12 日，原告经公证在被告处购买了侵犯原告上述外观设计专利权的轮椅产品（见图 2）。2011 年 7 月 19 日，原告又对被告在阿里巴巴网站发布的有关轮椅的信息进行了证据保全公证。2011 年 8 月原告中进公司向常州市中级人民法院提起诉讼，诉请判令被告立即停止生产、销售、许诺销售侵犯原告外观设计专利权的产品，销毁侵权产品以及生产侵权产品所需工具设备，并赔偿原告经济损失 50 万元，以及承担原告的维权费用。

图 1　涉案外观设计专利（左视图）

图 2　被告涉案产品宣传图片

法院于2011年9月首次开庭，因被告众和公司就涉案专利向国家知识产权局专利复审委员会提出无效宣告请求，原告中进公司和被告众和公司均向法院提出中止本案审理的申请，法院依法于2011年12月19日裁定中止本案诉讼。2012年3月9日，专利复审委员会作出维持涉案专利权有效的决定，本案于2012年4月11日恢复审理。2012年4月17日，法院第二次开庭审理本案。

经审理，法院依据被告所提供的在先公开证据（见图3），采纳了被告系使用现有设计的抗辩主张，判决驳回原告所有诉讼请求。

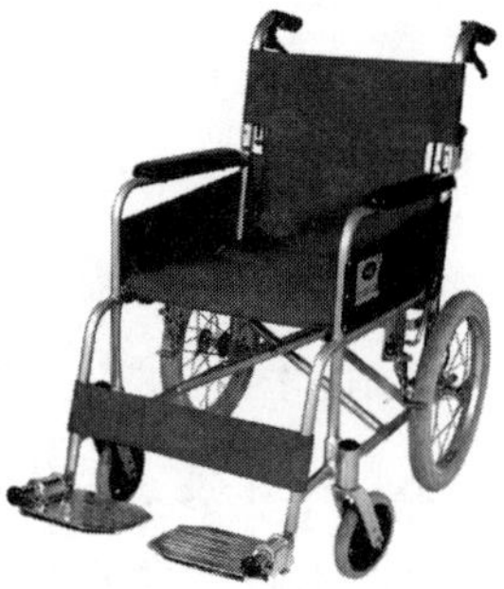

图3　案外人在先销售产品图片

下面介绍一下办案经过。

原被告均为轮椅产品制造销售商，双方市场竞争激烈。在此案之外，双方还有其他的专利侵权诉讼正在进行中。在接受被告委托时，我们了解到原告同时也是日本某公司的轮椅产品经销商，其现有专利产品大多是仿制日本公司产品。有了这个信息，我们心里有了底，很快确定了现有设计证据收集思路和诉讼应对策略。

因时间紧迫，我们以被告提供的日本公司在涉案申请日之前出版的轮椅产品宣传册为主要现有设计证据，提出无效宣告请求，并请求法院中止审理。法院依申请裁定中止审理。

始料未及的是，专利复审委员会认为日本公司产品宣传册为域外证据，在请求人未对其进行认证公证且专利权人对其真实性亦不予以确认的情况下，该域外证据不予采信。由此认定请求人未提供足够证据证明在涉案专利申请日之前已有相同的现有设计公开，并据此维持了涉案专利权有效。

法院在专利无效宣告审查决定作出之后即恢复了案件审理，第二次开庭即将进行。法院是否会同专利复审委员会一样排除日本公司产品宣传册的证明力呢？为减小该风险，我们扩大了取证范围，收集整理了三组在先公开证据，包括：

（1）日本公司在涉案专利申请日前出版的产品宣传册，其中含有与涉案专利相同的产品立体图片。

（2）原告在涉案专利申请日前印刷的产品宣传折页及产品说明书，其中含有与涉案专利相同的产品立体图片，产品说明书的产品型号与原告产品宣传折页所标注的相关产品型号一致。

（3）某国内公司在涉案专利申请日前在相关网站上发布的销售信息，其中含有与涉案专利相同的产品立体图片。

针对第一组证据，我们主张，该证据虽然为域外证据，但是如果能够通过其他方式确认其真实性，则并非必须办理公证认证手续。首先，原告确认该日本公司为其股东之一，原告也依法院要求提供了该日本公司就该产品宣传册出具的证明，该证明未否认该产品目录的真实性，而是间接认可了该产品宣传册的真实性。其次，该产品宣传册封底标注有售价，可以推定为公开出版物。再次，宣传册封底左下角标注的“2007. 07”字样应按通常理解认定为其印刷时间，这也与宣传册封三上“平成 19 年 7 月现在”字样（即现在是 2007 年 7 月）相吻合，因此该宣传册公开时间为 2007 年 7 月，该宣传册所登载的红、蓝两辆 NAH-209 轮椅的外观构成现有设计。

针对第二组证据，原告虽否认该宣传折页的真实性，但未提供证据，且该宣传折页得到轮椅使用说明书相互印证。同时根据该宣传折页封底上标注的“Copyright（2007）”字样以及标注的原告的电话、传真号码为七位号码的事实，可以确认该宣传折页的印刷时间在 2007 年 8 月 18 日之前，也即该宣传折页的公开时间在 2007 年 8 月 18 日之前，早于涉案专利申请日 2008 年 12 月 13 日，该宣传折页中登载的“ZA-209”型轮椅外观构成现有设计。

针对第三组证据，我们当庭用手机登录，证明该网页真实存在，该网页显示“日进 2A-209”轮椅的发布日期为 2007 年 11 月 1 日，该网页系案外人在中国医疗器械信息网所发布，被告并不能对该网页信息进行随意更改，因此该网页上公布的“日进 2A-209”轮椅的相关外观图片也构成现有设计。

法院对上述三组证据均予以采信，认定被告涉案产品与上述现有设计均相同，被告现有设计抗辩成立，据此驳回原告所有诉讼请求。

◇ 律师评析

在侵犯外观设计专利权诉讼中，现有设计抗辩是被告经常采用的抗辩理由之一。然而，并非所有的现有设计抗辩都能被法院采纳。尤其是针对申请日较早的外观设计专利权，被告并不能总是幸运地找到在先公开的证据资料，有时，即使找到了，也可能因证据资料的本身缺陷，无法充分证明在先公开的事实。

在本案中，被告虽然提供了案外第三方在涉案专利申请日前出版的产品宣传册原件，该证据直接证明本案专利所要求保护的轮椅产品外观设计同其申请日以前出版物上公开发表的外观设计相同；同时为了补充佐证该证据的真实性，请求人提供了原告网站网页及由该网站链接的案外第三方网站产品说明书网页作为补强证据，并以此同时提出无效宣告请求和现有设计抗辩。但在无效请求审查程序中，专利复审委员会认为：该证据是域外证据，且其他辅助证据不能证明其真实性或可以在国内公开渠道获得，因此，该证据应当依照审查指南的相关规定履行相关证明手续，否则不予采信。专利复审委员会据此作出维持专利权有效的审查决定。

至此，被告在诉讼中已处于不利地位。被告为了充分证明其现有设计抗辩主张，进一步补充收集了上述其他证据资料。也是被告补充收集的多组证据，给予法院足够的心证支持，法院采信了被告所有主张现有设计的证据，并分别予以事实认定。

在本案中，法院在把握证据资料的质证及相关证明力确认过程中，充分体现了效率与公平原则，较好地把握了举证责任分配及举证方式的便利性。具体体现在以下几个方面。

1. 域外证据的真实性查证

被告所提供的第一组证据属于法律规定的“域外证据”，根据民事诉讼证据规则，应当履行公证认证手续，但其也同时属于公开出版物。被告代理人主张“域外证据公证认证手续”的设立目的仅在于减少对域外证据真实性误断的风险，域外证据并非必须经公证认证手续才能具备证据资格，并提出最高人民法院已在2007年1月11日公布的《最高人民法院关于全面加强知识产权审判工作为建设创新型国家提供司法保障的意见》中明确了以下认定原则：“对于域外形成的公开出版物等可以直接初步确认其真实性的证据材料，除非对方当事人对其真实性能够提出有效质疑而举证方又不能有效反驳，无需办理公证认证等证明手续。”被告代理人认为，这已表明“域外证据公证证明规则”并不具有普遍强制性，尤其是针对公开出版物；在被告已提供了书证原件，且专利权人除了简单否认其真实性，并未提出任何有效质疑的前提下，该证据无须办理公证认证手续，其真实性即应当被确认。法院并未直接采纳被告代理人意见，而是在被告初步证明原告为该证据出版人在中国的产品总代理且原告确认这一事实的前提下，根据证据最接近距离原则，要求原告向该证据出版人核实该证据的真实性，而原告后续提交给法院的该证据的出版者的内容解释和说明，间接印证了该域外证据的真实性。法院由此解决了该证据的真实性认定问题，同时避免了对法律冲突的解释和适用。当然，本案中关于该域外产品宣传册的举证认定方式也存在一定的风险。如果该产品宣传册的出版者出具否定真实性的证明，法院又该做怎样的认定呢?

2. 网络电子证据的真实性查证

被告补充提交的另一案外第三方在涉案专利申请日前在网站上发布的销售信息图片资料，为网络电子证据。在通常情形下，法院会要求证据提交人以公证方式保全该电子证据，再进行证据的真实性认定，否则，只要对方当事人否认该证据真实性，即不予以采信。在本案中，被告当庭演示了该网络电子证据的获取过程，网页信息内容一一核对一致。法院据此即认定该组证据的真实性，这也在一定程度上体现了法院在证据认证上的主动性和效率原则。

3. 公开出版物印刷时间的综合查证

被告提交的第一组和第二组证据均涉及公开出版物的印刷时间的认定问

题。各出版物均未明确标注印刷时间，或仅标注了类似于时间的数字，如“2007.07”等。被告代理人通过宣传册页上所标注的七位数字电话号码，并补充证明当地电话号码在2007年8月之后由七位升至八位，充分证明该出版物印刷公开时间远早于涉案专利申请日之前。法院采纳了被告的上述证明，并结合宣传册页上相关年份信息，进行了综合查证认定。

在实践中，有部分法院和机构，在进行域外证据认定时，常常机械地套用证据规则，例如，将公证认证手续作为域外证据具有证据资格的必要条件等，缺少自由心证的主动参与；或者走入另一个极端，例如“唯原件真实论”，一味排除对方当事人的有效质疑，由此形成的错案不在少数。

对于诉讼代理律师来说，如何围绕抗辩点收集证据，并引导法庭进行合理的举证责任分配和证据认定，是代理专利诉讼案件的重中之重。

（承办律师　陈静）

案例 5

“逆专利无效”

——侵权诉讼中的黑科技

由于笔者早年在路灯行业深耕的经历，所以本书中记载了不少路灯相关的案例，本文也是其中之一。虽然案情看起来相似，但每一篇的重点都不同，诸多视角，均是源自实战。本篇尤为特殊，其中的操作方式难得一见，相信能为读者带来一些启发。

◇ 案情介绍

2009 年，常州一家路灯公司因为一个项目被起诉，找到了笔者。笔者推开会客室的门时，公司老板梁先生正低头踱步，见我进来，梁先生抬起了头。他嘴唇干裂，眼露红丝，沏好的茶水放在桌上一口没动，烟缸里塞满了烟头。根据梁先生陈述的案情，原告是自己的同业对手，规模实力都强过自己的公司。原告 2005 年申请了一款叫作“白玉兰”的路灯专利，此次起诉自己项目上做的几百盏路灯侵犯了这个专利权，要求几十万元的赔偿，同时申请法院查封了公司账户，案子下个月就要开庭。

笔者一边翻看案卷材料，一边听梁先生继续介绍。因为原告前几年就拿这件专利起诉了不少案子，梁先生注意到了这个情况，所以特意对产品做了规避设计。原告专利的设计理念来源于含苞待放的玉兰花蕾，梁先生就对花蕾的造型做了改变，在尾部也额外采用了竹节状的设计，还特意对自己的产品也申请了外观设计专利，起了个清新的名字叫“春竹”。但即便这样还是成了被告，梁先生很委屈。

由于账户被封，梁先生的公司无法正常经营，也尝试了托业内朋友找过原告，想破财消灾，但原告要价太高，实在无法接受，所以梁先生不得不打这个官司。

听完梁先生的陈述，笔者对两者做了简单比对。初步判断下来，笔者认为虽然整体形状较为相似，但是存在一些差别，具备不侵权抗辩的可能性，因此把工作重点放在了这方面。

但一审开庭下来，通过法官在庭审中表现出的倾向，以及当地法院近年来的判决态势，笔者对判决结果的走向不抱乐观态度。外观设计侵权与否的判断，在于二者是否相似，而不要求完全相同。相似的判定本身就颇具主观性，虽然有“一般消费者”和“整体观察，综合判断”的原则来减少主观性的影响，但仍难以改变其本质。个案中，法官的视角对案件结果影响非常明显。

果不其然，法庭组织调解未果后，很快便下了判决，认定侵权成立，支持了原告的大部分诉请。梁先生很难接受，拿出了自己的专利证书诉苦：“我做的是自己的专利，为什么还侵权？如果我侵权，跟别人家一样，为什么专利局能给我发证呢？讲不通啊！”面对这样的判决，梁先生非常痛苦。这款产品是公司的主打产品，市场接受度很不错，占了公司近半的销售额，如果侵权成立，后面不能继续生产，将对公司是毁灭性的打击。

虽然如今的司法解释已经明确实施自己专利不能作为抗辩的理由，但对于梁先生的疑问，相信不少企业家都曾经有过。他的抱怨不无道理，既然专利能申请下来，那么就意味着符合专利申请的基本要求，具备新颖性，也就是之前没有类似的专利存在。既然如此，那么按照自己获得授权的专利生产产品，居然还能侵犯了别人的专利权，实在不能理解。

两件相同或相似的设计，存在多个专利权，会造成权利冲突的问题，使得公众无所适从，就算交许可费都不知道该交给谁，所以这种情况是专利法禁止的，但目前这个问题不可避免。在人力审查的前提下，出于申请效率考虑，外观设计专利申请阶段并不经过严格检索，也就是存在相似设计都获得授权的情况，当然这种情况是违背专利法精神的，所以设计了无效制度来解决这个问题：公众就可以在先的专利为证据，把后面的“无效”掉，以此来确保同样的设计只有一件专利存在，彼此不会冲突。不过现实中，还是存在不少重复专利，毕竟提起无效也需要不小的成本，要不是被人告了，公众哪有闲工夫去操这个心，自掏腰包纠正专利审查的遗留问题。

但本案的两件专利是否相似，算不算重复授权呢？笔者把两件专利翻看许久，越看越觉得梁先生委屈得很有道理，二者确实存在一些区别，而且这些区别并不是细微之处的差异，而是相当明显的。梁先生反复询问笔者对二审是否有把握，笔者只能含糊其词，不忍回答。一审中笔者的观点已经表达得很透彻，但法院还是认定这些区别对整体视觉效果影响不大，况且，侵权与否的比对本就是一种主观性的判定，各人理解不同，都有各自的道理，难说谁对谁错。只要不发生明显的错误，一审认定的结果，想在同地区的高级人民法院翻案，难度是相当高的。即便强行上诉，希望恐怕也很渺茫。

沉思许久，笔者萌生出一个大胆的想法。既然法院这条路走不通，那何不试试专利复审委员会呢？笔者将自己的计划分析给梁先生听，不过这招风险极大，一旦失败，是赔了夫人又折兵。笔者虽然给出了一些建议，但最终要由他来决定这件专利的命运。他没有当场答复笔者。第二天，梁先生打来了电话：如果二审仍然败诉，这款灯自己就不能再生产，这件专利也没有存在的意义了，不如干脆放手一搏。

获得当事人的支持，笔者立刻着手做了两件事：一是紧急向专利复审委员会提出了专利无效，二是在上诉期满的最后一日提出了上诉，为了争取更多时间。可能有人觉得，在侵权诉讼中被告方提专利权人的无效稀松平常，值得特别去说吗？但这次不同，笔者并不是申请“无效”对方的专利，而是去“无效”梁先生自己的专利，使用的证据正是原告据以起诉梁先生侵权的那件“白玉兰”。

给读者解释一下这是什么操作：外观设计专利的无效判定，与侵权判定有些类似，前者是看在先设计与被无效的专利是否实质相同，是的话则无效，有无明显区别，无的话也是无效；而后者是看侵权产品与据以起诉的专利权是否相近似，是的话则侵权。

本案中，就比对方式而言，无效中是拿梁先生自己专利与对方专利比；侵权中则是拿自己产品与对方专利比，本质上两种比对是相同的——因为梁先生是严格按照自己专利生产产品的。虽然无效判定中“实质相同、明显区别”与侵权判定中“相近似”在内涵上存在细微的差异，但乍一看，两者意思是差不多的，实务中也少有人去深究这个细节问题。所以问题就简化成了，法院认为两者相似，那么在专利领域判定经验更丰富的专利复审委员会是如何认定的？毕竟专利复审委员会只吃专利这碗饭，专业性肯定强过一般的法院。如果专利复审委员会判定下来，梁先生的专利不能被“白玉兰”无效掉，那么意味着二者具有明显区别，不构成近似。这样的无效决定拿到二审法院，相信会给法官相当的震撼，或许可以推翻一审的判决。但同时这也是在“死”的边缘试探——一旦失败，不仅侵权回天乏术，自己的专利也被白白干掉了。

无效制度允许任何人作为请求人提出，但对专利权人提自己的专利无效有些限制。除此之外，为避免暴露真实意图，笔者建议梁先生安排一个人作为请求人，配合我们表演，而笔者代理梁先生方出庭参加口审。但这个方案要想成功，还有个关键的因素是时间。如果二审判决前没法拿到有利的无效决定，想说服法官就希望渺茫了。

大概是因为积极的沟通加上一些运气，所以专利复审委员会很快安排了口审。梁先生派出的人作为请求人，按照设计好的剧本心照不宣地提出了一个不痛不痒的主张：两件专利外部轮廓相同，微小的不同处并不能使两份外观设计有显著的区别，针对路灯的一般消费者路上行人而言，第一眼看到两盏路灯时很容易误认为是一样的路灯，故该外观设计专利不符合《专利法》第二十三条的规定，应该依法宣告该外观设计专利无效。

笔者则充分表达了观点，主张二者存在诸多明显区别，专利权应当维持。

（1）主视图中春竹型灯具的中部有两个层次分明的角形图案，左前端头部明显高出一块，根部是三节竹根状，收口向右，由粗变细；而白玉兰灯具主体是两个层次叠加在一起中间呈一个左上右下的层次分面，右边尾部细小（见图 1 和图 2）。

（2）俯视图中春竹型灯具左表面两个层次，呈一枚椭圆鸭蛋状，左前端有明显的一个小椭圆状似鸭蛋，右边呈一支三节竹根状；而白玉兰灯左边两侧为弯月形状，右侧部分则似一滴横过来的水珠。

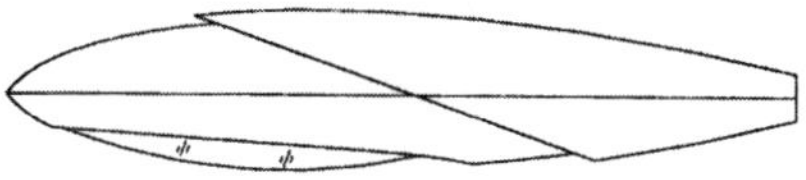

图 1　主视图（白玉兰）

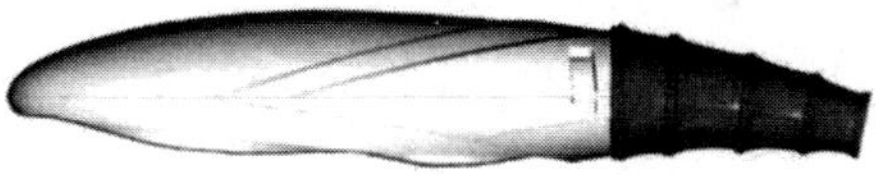

图 2　主视图（春竹）

（3）仰视图中春竹型灯具左边呈椭圆形，中间上下向右平直延伸到右边，上下两侧均有三角状包在椭圆形两边，右侧为三节竹根状；白玉兰灯具整个左边为一个大椭圆形，中部到右边渐小，似一个三角形。

（4）右视图中春竹型灯具从中心到外部呈现一圈圈状，由里向外扩展；而白玉兰灯具是一个扁的蛋状，中间有一个圆形。

（5）左视图中春竹型灯具上半部是一个大半圆形，下部是一个平面；而白玉兰灯具是一个扁圆形。

（6）春竹型路灯和白玉兰路灯是完全不同的，且作为路灯，一般的安装高度是 8 ~ 10 米，给人的第一视觉是主视图和仰视图，而春竹型路灯和白玉兰路灯在各个视图上完全没有雷同之感，对消费者和专业安装维护人员来说不会造成视觉上的混淆。

口审结束后，很快迎来了二审的开庭，笔者重申了上面的观点，但心里清楚，二审已不是本案的主战场。在接下来的日子里，笔者努力两边沟通，向法官争取更多的时间，向专利复审委员会请求早日判定。

幸运的是，在二审审限快要截止前，复审委员会的决定到了——认为二者视觉效果并不构成实质相似，具备明显区别，维持专利权有效。笔者当天便把这份决定交给了二审法官。法官将这份无效决定翻看许久，迟疑着对笔者说，这个专利复审委员会的决定只能做参考，法院可以不认的。

法官说得并没有错。笔者内心情绪复杂，但还是得体地表达了希望法院做和解工作的意愿，以及抗争到底的决心。

最终在二审法官不懈地多轮努力下，双方以一审判决十分之一的价格达成了和解，并且被告可以继续生产。对梁先生而言，这个结果令其大喜过望。

本案启示

本案中，梁先生注意到了对手的专利，但还是险些被扼住咽喉。客观而论，从上面图片的差异可以看出，梁先生是花了不少工夫做规避设计的，不同的裁判者，对这个差异的程度或许会作出不同的认定。虽然本案继续打下去，或许能在最高人民法院的再审中翻案，就好像一句谚语所云“正义或许会迟到，但绝不会缺席”，但现实中，迟到的正义通常只能带来一些心理安慰，并没有太大作用。以诉讼耗时之久，彼时梁先生付出的成本、丧失的市场是再也回不来了，企业或许已不复存在。所以，即便二审仍判决赔偿，但对梁先生而言已经是最好的结果了。本案情形特殊，较难再现，权当为读者开拓思路，当一条路走不通时，可尝试转换思维，另辟蹊径。

（承办律师　蒋海军）

案例 6

别让自己的专利互相伤害

在各地政府及市场坚持不懈的引导、推动下，越来越多的企业家认识到专利的重要性，申请专利成了企业经营发展的刚需。但是不是把自己的技术成果一股脑申报上去就可以了呢？申请中又有哪些讲究？本文以一个典型案例，提示了多数企业家易忽视的问题。

◇ 案情介绍

宁波某家公司（以下简称“宁波公司”）是一家道路照明灯具研发生产企业，该公司研发出一款造型形似一条飞跃的鱼的路灯，于 2003 年申请了专利，并获授权。该外观设计专利如图 1 至图 4 所示。

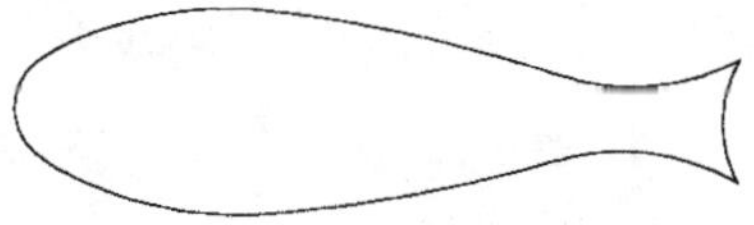

图 1　俯视图

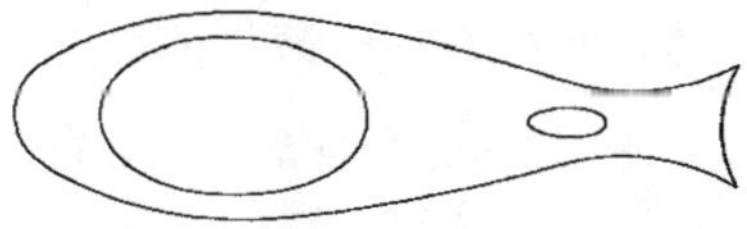

图 2　仰视图

图 3　主视图

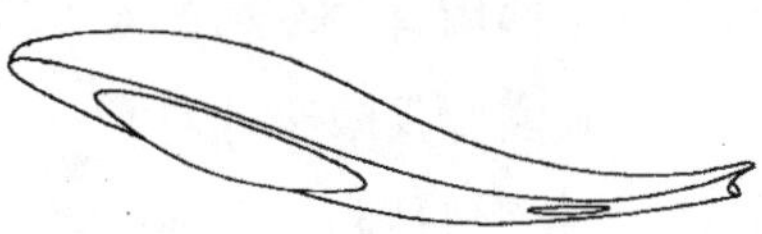

图 4　立体图

常州某家公司（以下简称“常州公司”）也是一家道路照明灯具生产厂商，是宁波公司的重要竞争对手，宁波公司发现常州公司生产销售的一款路灯与涉案外观设计构成近似，遂以侵犯外观设计专利权为由诉至法院，要求常州公司停止侵权，赔偿损失。常州公司于是聘请律师应诉。

对于专利侵权诉讼的被告来说，主要有以下几种抗辩策略：不侵权抗辩、现有技术（设计）抗辩、不视为侵权抗辩、合法来源抗辩、无效抗辩。

1. 不侵权抗辩

被诉侵权产品外观设计与授权外观设计不构成相同或近似，则未落入涉案外观设计专利权的保护范围。如果经过对比分析后得出，被诉侵权产品根本未落入授权外观设计的保护范围，专利权人的诉求根本不成立，也就无须考虑其他问题了。

2. 现有技术（设计）抗辩

在专利侵权诉讼中，如果有证据证明被诉侵权产品外观设计属于现有设计，即被诉侵权产品外观设计与一个现有设计相同或者无实质性差异，则不构成侵犯专利权。如果找不到在先的现有设计，那么这条路显然也走不通。

3. 不视为侵权抗辩

包括：①权利用尽抗辩，即被诉侵权产品由专利权人或者经其许可的单位、个人售出，被诉侵权人仅仅使用、许诺销售、销售、进口该产品；②先用权抗辩，即在专利申请日前已经制造相同产品、使用相同方法或者已经作好制造、使用的必要准备，并且仅在原有范围内继续制造、使用；③临时通过中国领陆、领水、领空的外国运输工具，依照其所属国同中国签订的协议或者共同参加的国际条约，或者依照互惠原则，为运输工具自身需要而在其装置和设备中使用有关专利；④专为科学研究和实验而使用有关专利，此处的科学研究和实验仅限于针对专利技术本身进行研究、实验，以期对专利技术进行改进，不包括利用专利技术进行其他方面的研究和实验；⑤为提供行政审批所需要的信息，制造、使用、进口专利药品或者专利医疗器械，以及专门为其制造、进口专利药品或者专利医疗器械。

4. 合法来源抗辩

为生产经营目的使用、许诺销售或者销售不知道是未经专利权人许可而制造并售出的专利侵权产品，能证明该产品合法来源的，不承担赔偿责任。在认定合法来源时，一般需要审查买卖合同、发票等，确保有关合同是真实履行过的。

5. 无效抗辩

无效抗辩攻击的是对方的权利基础，如果权利本身不存在，自然就没有所谓的专利侵权。这是釜底抽薪的一招。在收到起诉材料后，首先要审查核实专利的法律状态，确定专利权是否有效。如果原告是被许可人，需要审查的是普通许可、排他许可还是独占许可。对于普通许可来说，被许可人不能以自己的名义提起诉讼；对于排他许可来说，只有在专利权人明确表示放弃起诉的情况下，被许可人才可以单独以自己的名义提起诉讼。经过审查后，如果以上都没有问题，则只有收集证据，向国家知识产权局专利复审委员会提起专利权无效宣告请求了。

经过与常州公司的充分沟通，以及对被诉侵权路灯与涉案外观设计的充分对比分析，律师发现，常州公司生产的被诉侵权路灯的外观与涉案外观设计构成近似，不侵权抗辩这条路无法走通；常州公司在专利申请日以后，为生产经营目的，制造销售被诉侵权路灯，不视为侵权抗辩之路必然走不通；被诉侵权路灯是常州公司自行生产的，合法来源抗辩显然是无源之水、无本之木，这条路也走不通。经过权衡，我们决定从根本上将涉案外观设计的权利基础打掉，实现釜底抽薪。

在外观设计无效程序中最常用的也是最难的手段，是找到涉案外观设计专利申请日之前的在先设计。检索手段的缺乏是重要的原因，因为中国的外观设计检索中，分类号采用的是洛迦诺分类表，只有大类和小类。就路灯而言，现在的数据库中以 26 - 03 或 26 - 05 进行检索，出现的数量 17 万多个，其中 26 - 03 中将近 3 万个，26 - 05 中有 14 万多个，数量非常庞大，目前缺少更好的检索工具或检索方式进行进一步筛选，如果通过关键词对外观设计名称进行筛选，极易造成漏检而导致与关键证据失之交臂，所以通常都是逐项查阅。

我们选择的策略是，首先对专利权人的专利申请情况进行调查，将涉案外观设计申请日之前、已公开的外观设计调取出来，看看是否存在专利权人自身专利申请策略的失误而导致的在先公开。果不其然，我们找到了如图 5 至图 7 所示的这件专利，公开日在涉案专利申请之前。

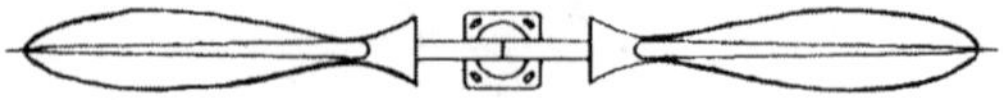

图 5　俯视图

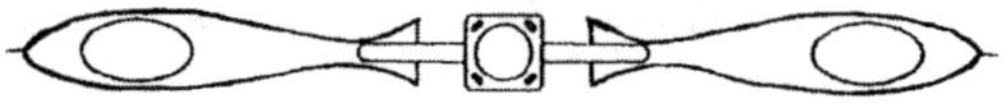

图 6　仰视图

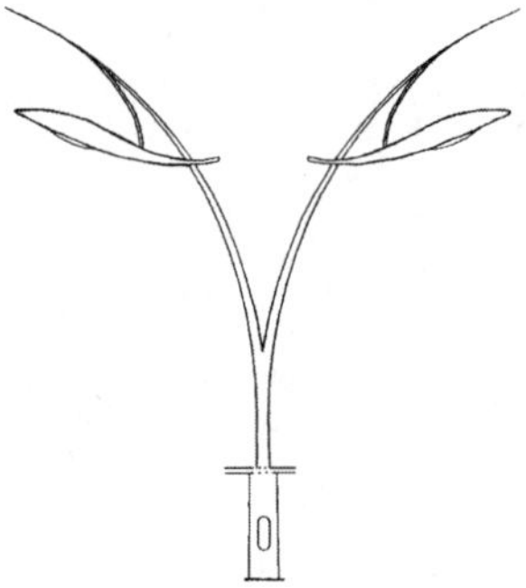

图 7　主视图

我们以上面这件专利作为证据，提出了专利无效。经过审理，国家知识产权局专利复审委员会作出了无效决定，认为：

该证据是国家知识产权局于 2002 年授权公告的外观设计专利公报复印件，该专利公报的公开日期早于本专利的申请日，属于中国专利法第 23 条规定的出版物，其上公开了一款飞鱼形路灯的外观设计。本专利与在先设计用途相同，具有可比性。虽然专利权人在意见陈述书中强调没有理由将其整体外观产品割裂开来，但众所周知，在一般情况下，道路灯具均由灯杆和灯组等部件组成，因此，本专利的路灯和在先设计所示路灯灯组部件可以进行相近似比较，专利权人的主张不能成立。

本专利路灯整体设计为飞鱼形状，从仰视图和俯视图观察，路灯外轮廓线近似椭圆形，后部为鱼尾状，椭圆形灯罩位于灯腹部前端，灯的后端设计有一长椭圆形的连接孔①，灯的背部为圆弧过渡。

在先设计路灯整体设计为飞鱼形状，从仰视图和俯视图观察，路灯外轮廓线近似椭圆形，后部为鱼尾状，椭圆形灯罩位于灯腹部前端，灯的后端设计有一长椭圆形的连接孔。② 灯的背部为圆弧过渡。

合议组将本专利与在先设计比较，二者路灯的整体形状基本相同，区别仅在于鱼尾轮廓线有所区别③，从一般消费者的角度观察，二者应属于相近似的外观设计。

综上所述，在本专利申请日以前已有与其相近似的外观设计在出版物上公开发表过，本专利不符合中国专利法第 23 条的规定。宣告该外观设计专利权全部无效。

律师评析

向国家知识产权局专利复审委员会提起专利权无效宣告请求，打掉涉案专利的权利基础，是专利侵权诉讼中常用的手段。而是否能够将涉案专利无效，取决于提供的专利无效证据是否充分，也就是可以用于评价涉案专利新颖性、创造性的在先申请，而能否找到专利无效证据，则取决于代理人的检索能力。本案正是由于涉案外观设计被无效，使得宁波公司不得不向法院申请撤回起诉；针对宁波公司在起诉时提出的财产保全，常州公司提出财产保全损失赔偿请求。从结果来看，被告取得了最终胜利。

看到这里，不免有读者提出疑问：既然在先设计与涉案外观设计构成近似，而涉案外观设计与被诉侵权路灯的外观设计也构成近似，为什么宁波公司不用该专利起诉常州公司专利侵权呢?

这里需要指出的是，并非在先设计与涉案外观设计构成近似，而是该设计中的飞鱼灯的造型与涉案外观设计近似。假如宁波公司以该专利为权利基础起诉常州公司专利侵权，那么侵权认定的结论将是常州公司生产的被诉侵权路灯未落入其保护范围。外观设计侵权判断应以一般消费者的认识水平和

---

① 仰视图中靠近鱼尾的鹅卵形孔。

② 从仰视图、俯视图可以看出灯杆贯穿鱼尾。

③ 本专利鱼尾轮廓线为弧形，在先设计鱼尾轮廓线为直线。

认知能力，进行整体观察、综合判断，被诉侵权设计与授权外观设计在整体视觉效果上无差异的，应当认定两者相同，在整体视觉效果上无实质性差异的，应当认定两者近似。在先设计包括飞鱼造型的路灯以及Y形灯杆，在进行侵权认定时，路灯和Y形灯杆作为整体都需要进行比对，而不能仅仅将飞鱼造型的路灯与被诉侵权产品进行比较。由于常州公司只生产销售被诉侵权路灯，并不生产Y形灯杆，所生产销售的被诉侵权路灯也可以安装在其他形状的灯杆上，并不专门用于安装在该Y形灯杆上，因此，被诉侵权产品未落入在先设计专利权的保护范围。

本案启示

本案带给我们的启示还不止上面这些。相信会有不少读者觉得，专利权人很冤，花钱申请了两件专利，每年交着年费，没想到养兵千日，上战场的时候居然自相残杀了起来。从产品的设计也能够看出，专利权人是花了很多心血的。飞鱼造型的路灯安装在Y形灯杆之上，可以进一步凸显飞鱼造型的优雅之美，将其安装在普通形状的灯杆上显然达不到这种视觉效果。这件专利保护了一个最优的设计方案，可是却没有达到专利权人的根本目的——在专利权有效期内，垄断飞鱼造型路灯和Y形灯杆的生产销售，该专利无法制止只生产飞鱼造型路灯的厂商，以及只生产Y形灯杆的厂商。

所以，这是一个失败的专利申请。我们应当将该专利一拆为三，在保留其整体的情况下，同时将飞鱼造型的路灯、Y形灯杆分别单独进行专利申请，在同一申请日提交三份专利申请，使得飞鱼造型路灯、Y形灯杆以及两者整体都得以保护，从而使得该设计得到全方位保护，其他生产厂商无法规避专利侵权。

（承办律师　蒋海军）

（撰稿人　李维朝律师）

案例 7

疏忽的细节很可能成为致命的软肋

诉讼中，在合法框架内穷尽手段去获胜是律师追求的最高目标。可是没有人能一直赢，比起胜利时短暂的欣喜，失败的苦涩更是令人印象深刻。本案中，虽然客观上当事人占理，但因为缺乏专利知识、经营管理不够完善，在司法程序中无法做到主张有据，因此遗憾地品尝了失败的滋味。望读者吃他人之堑，长自己之智，避开一些无谓的坑。

◇ 案情介绍

这是一件外观设计侵权纠纷，笔者代理的是专利权人。虽然从严格意义上说，本案走的是行政程序，并不能算是“败诉”，但其与诉讼撤诉的收场方式是类似的。

公司老板姓张，经营一家实体公司，主要产品是运动型电动自行车，产品绝大部分出口欧美，作为当地众多颇具冒险精神的消费者的户外玩具，很受市场认可。张总的这款专利产品在外形设计上粗犷奔放，特别受美国客户的喜欢，销量最好，几乎占据了公司销售额的 30% 以上。2017 年，张总的美国客户发来邮件，反映市场上出现了一款非常近似的产品。张总调查下来发现，是本市的另一家公司生产出口的。为了遏制对手的侵权，张总通过专利申请时的代理机构介绍找到了笔者。

要推进案件，笔者首先需要解决的便是取证问题。因为对手的产品也全部批量出口，并不在国内销售，所以无法通过常规的公证购买方式取证。笔者在网络上把对方翻了个底朝天，发现对手有一个面向境外的纯英文网站展示有一些产品的图片，并且在阿里巴巴国际站上也有宣传。于是笔者首先对网站做了公证固定证据。但仅凭这些证据草草起诉，还不足以达到制止侵权的目的。虽然对外观设计来说，网络上的产品照片足以进行侵权比对，但网络上的宣传展示行为本质上是《专利法》中的“许诺销售”行为，即便法院认定侵权成立，对手一般情况下只需要停止侵权和承担很少的赔偿。因为许诺销售不会实际侵犯到原告的市场利益，若没有其他证据证明销售行为发生，且对手因此获利的话，可以预见法院判决的赔偿只是象征性的。至于停止侵权，对手只需撤下网络上的图片即可，在没有高额赔偿威慑的情况下，对手是否真的会放弃这块利益，停止生产、销售，是不确定的。况且，有了这次教训，侵权人被打草惊蛇，若继续侵权，会更加谨慎，痕迹会抹杀得更彻底，专利权人更难发觉和取证。如此，虽然表面上获得胜诉判决，但实际上专利权人遏制侵权的目的恐怕是难以实现的。

据张总提供的线索，近期对手获得了数笔订单，正在组装一批车辆，数量有近百台，很快就要完成并出口，所以张总特别着急，恨不得立马查封对手的仓库，而这显然是不现实的。通常在这个阶段要阻止对手的货出去有几种方式：一是法院作出诉前裁定，把这批货作为证据保全或暂时禁止对手销售；二是海关查扣，禁止货物出关；三是公安以刑事案件调查为由扣押；四是雇一群人拦在出货的必经之路上。但是，法院的诉前保全需要高额担保，提到担保金的数额张总面露难色；而海关查扣不仅需要担保，还需要出关线索甚至集装箱编号，张总对此更是一筹莫展。至于公安，除非栽赃举报对手——这显然是违法的。思索再三，笔者选择了启动行政程序。

行政处理，是指知识产权部门（一般是地级市局）可以根据当事人的申请对本辖区内的专利侵权案件进行处理，并认定侵权是否成立，如果成立，可以作出行政决定要求侵权人停止侵权。行政程序和诉讼程序比较相似，但有着独特的优势：一是处理速度很快，一般从受理到出结果最多4个月；二是行政程序是没有“诉讼费”的；三是行政机关有调查执法权，可以对侵权行为进行调查并固定证据。但行政程序的缺点在于，目前行政机关没有判赔权，只能决定停止侵权而不能责令侵权人作出民事赔偿，也就是说，想要赔偿，还是要走法院。此外，行政执法人员的专业水平相对弱于法官队伍。还有，各地的政风、被请求人在当地的影响力，对案件能否顺利推进影响也很大。

笔者的主要目标是希望尽快认定侵权成立，下达行政决定停止侵权，并在这个过程中，获得行政机关调查固定的侵权证据，充实日后的诉讼程序。调查是行政机关的基本职责，只要能受理案件，一般都可以顺利推进。好在张总的公司开在长三角经济较发达地区，当地行政执法人员足够敬业，立案后不久便安排人员去对方公司调查取证，也确实拍摄了对方正在组装的车辆照片。本以为事情可以顺利推进，不料知识产权局没过几天寄来了一纸中止决定，对手直接对专利权提起了无效，知识产权局以此为由中止了案件，待无效结论出台再行处理。

而无效程序要数月之久，张总制止对手这批产品出关的想法显然是难以实现了。历经艰辛赢下专利无效的时候，时间也已经跨过一个新年。在此期间，张总为了快速制约对手，又拿出一件专利提起了行政处理，之前的专利是电动自行车整体，而这件专利则是其中的车架。

因为一件侵权行为同时侵犯两个专利，所以知识产权局将两案合并处理，在无效决定作出后不久恢复案件，安排了开庭审理。第一次开庭中，对手对电动自选车专利提出了无效中同样的抗辩理由，即车辆照片已被 Facebook 在先公开，构成现有设计；对车架专利，则主张是从第三方采购，并且第三方早在专利申请前已经完成了图纸，构成现有设计。双方争议激烈。

据张总告诉笔者的信息，侵权人说的这个第三方曾经与他合作过，这款车架就是第三方公司根据他的要求开模生产的，批量生产之前先做了台样品寄给了张总，而张总拿到样品就申请了专利。他和第三方用扫描方式签订过合同，合同中还约定要对这款车架保密，不得为别人生产，但是并没有合同原件。而事后，第三方公司用自己的车架模具给别人生产，为此张总与其发生纠纷，双方也就不再合作了。现在侵权人成了第三方的客户，侵权人的车架，正是第三方公司提供的。

知识产权局根据对方的申请，赴第三方调查取证，并安排了第二次开庭。第二次开庭中，主审员拿出了从第三方获取的一系列证据，给双方质证。因为两家已闹掰，这些证据对我方很不利，有盖章的证明，说明涉案的车架设计是第三方设计的；有电脑里拍摄的 CAD 图纸，时间显示在专利申请之前，还有第三方将样品交付烤漆厂烤漆的送货单，时间也在专利申请之前。

开庭之后，办案人员向张总明确表达了意见，对电动自行车专利，与专利复审委员会观点相反，倾向于认可 Facebook 公开构成现有设计；对车架专利，则认为我方的合同没有原件无法支持，第三方在专利申请前完成了生产图纸并交付烤漆，已经构成了现有设计。

得知办案人员的态度后，笔者多次沟通交流，仍没能成功转变其观点，眼看结案期限将至，与张总讨论后，无奈地撤回了案件。

本案启示

案件撤回，可以选择继续向法院起诉。在办案人员明确表达态度的情况下，死扛到底，获得一纸不侵权决定，再以行政诉讼去扳回这个既成事实，难度显然大于前者，也赋予了对手一件可在国外客户面前大肆宣传的官文。这种情况下，撤回申请是理智选择。

复盘本案，两案均败，办案人员的个人观点起了决定性影响。其观点是否经得起推敲，在此不做过多展开，笔者在文末提出几个问题供读者思考。回头看张总，在本案的一系列商业行为中，考虑不够周全，入了一些坑，即使客观事实上占理，但这些坑最终共同导致了败北的局面。那么，有哪些本可以避开的错误，留下了隐患，或给了本案致命一击呢？

（1）没有合同原件。张总与第三方协商合同时其实考虑到了产品的独占性问题，并以保密条款要求“不得为他人生产”。但因为双方分处异地，路途较远，所以采用了便捷的“盖章扫描——打印盖章回传”的方式签订了合同，并没有邮寄原件，致使发生纠纷后合同不被承认。相信现实中这种情况不在少数。提高效率是企业经营者共同的追求，意味着做减法，有所舍弃。但对于舍弃哪部分内容，一定要慎重，避免给自己留下深坑。其实从证据层面，扫描合同虽然效力不及原件，但也并非无用，如果有其他佐证，或者双方交易习惯一向如此，也是能够认定的。但当初举手之劳可以完善的环节，为何一定要至自己于如此窘境？

（2）合同未做知识产权归属约定，这会对权利基础造成隐患。虽然是张总的原创设计，但从设计理念形成产品尚有个沟通、制图、开模的过程。产品图纸由第三方做出，专利该归谁就说不清了。法律规定，委托或合作开发、设计的，没有约定，专利权归属完成者所有。到底是谁完成的，该如何判断？没有权利归属约定，无疑是埋下一颗定时炸弹。即便张总已申请专利，第三方也可以跳出来主张专利权属，纠纷恐难以避免。

（3）产品部件和产品先后申请。二者不同日申请，很可能导致其中之一产生无效风险。若产品公开在先，部件申请在后，在先的产品图中又能够看出部件外观，则对手完全可以在先的产品专利主张在后部件专利无效；若反之，部件先申请，则也可以在先部件作为证据之一，结合其他证据，主张在后的产品专利无效。

（撰稿人　李青尘律师）

案例 8

“使用状态图”与“使用状态参考图”对外观设计专利保护的影响

都知道外观设计的保护范围得看外观设计专利文件中的图片或者照片，但图片的类型是很讲究的，除了基础的六面视图外，还有变化状态图、使用状态参考图等，它们之间有何区别，是否仅仅命名上的不同，对保护范围有何影响？这个案例给出了解答。

◇ 案情介绍

奥飞娱乐股份有限公司是中国目前最具实力和发展潜力的动漫及娱乐文化产业集团公司之一，集动漫、玩具、婴童、媒体、影视、游戏等为一体，可以说现在的小朋友就算没玩过奥飞的玩具，也看过奥飞的动漫。

笔者曾参与过奥飞娱乐股份有限公司（当时公司名称为广东奥飞动漫文化股份有限公司，以下简称“奥飞动漫”）的维权，当时奥飞动漫拥有一批热门动漫作品，比如《巴啦啦小魔仙》《铠甲勇士》《果宝特攻》。当时奥飞动漫正处于转型时期，从专注于玩具向动漫以及动漫全产业链的运营方向发展，转型的关键之一就是在动漫全产业链运营过程中，涉及一些知识产权的维权。

接受奥飞动漫的委托，笔者对江苏省部分地区做了一些分析以及调查，同时进行了维权诉讼，也对奥飞动漫的知识产权的布局做了深入的思考：如今这家公司逐渐壮大，形成了一个泛娱乐文化产业的发展方向，重要的原因在于外观设计专利、商标、著作权申请布局设置分配得很好，比如本案中《铠甲勇士》动漫剧，对“铠甲勇士”申请了文字商标，而这些文字商标分布在书包类，并没有延伸到其他的类别，“铠甲勇士”的盾牌标志办理了美术作品著作权登记，铠甲勇士们手中的武器外形申请了外观设计，总体上布局非常合理。本案所提到的就是《铠甲勇士》动漫人物飞影侠的玩具刀“疾影”，如图1所示。

图1　市场售卖能变形的“疾影”玩具刀产品

2010年4月14日，广州奥飞文化传播有限公司、广东奥迪动漫玩具有限公司、奥飞动漫共同向国家知识产权局申请名称为“玩具刀（疾影）”外观设计专利（见图2和图3）。2010年11月17日，该专利被授权公告。

图2　涉案专利主视图

图3　涉案专利使用状态图

2014年某日，笔者公证购买了与专利类似的玩具数个，作为侵权证据诉至法庭。

庭审中，奥飞动漫陈述本案被控侵权产品为上述公证购买的“疾影”玩具刀（见图4），在该玩具包装上未查找到生产厂家信息。当庭将被控侵权产品与涉案专利图片进行比对，被控侵权产品与涉案外观设计均由刀头、刀身和刀柄组成，整体呈现仿武器刀形，刀头的尾部呈流线型，刀身两侧有护甲，刀柄也呈流线型，两者的不同之处在于：被控侵权产品的刀头较之涉案外观设计略短、刀头部分花纹更简洁，刀柄与刀身的连接处圆形按钮亦略有不同；以及无法变形，其刀刃部分无法从中间向两侧打开或向后退向刀柄，刀柄部分不可呈一定角度向下折叠。

图4 不可变形的阉割版“疾影”玩具刀

律师评析

该案最后尽管胜诉，但如果放到今天，可能无法再达到同样的结果。

2016年4月实施的《最高人民法院关于审理侵犯专利权纠纷案件应用法律若干问题的解释（二）》第十七条规定，对于变化状态产品的外观设计专利，被诉侵权设计与变化状态图所示各种使用状态下的外观设计均相同或者近似的，人民法院应当认定被诉侵权设计落入专利权的保护范围；被诉侵权设计缺少其一种使用状态下的外观设计或者与之不相同也不近似的，人民法院应当认定被诉侵权设计未落入专利权的保护范围。本案中“使用状态图”正是基于变化产品在使用过程中呈现的不同状态而对产品六面视图的补充，是对外观设计保护范围的限制和缩小。变化状态产品的使用状态图，作为确定外观设计保护范围的依据，只有被控侵权产品与涉案外观设计专利的各视图，包括使用状态图，均相同或相近似，才构成对涉案外观设计专利的侵权。也就是说，必须能变形，才构成侵权。

如果当时申请的时候，选择两种方式，第一种将“使用状态图”修改为“使用状态参考图”，第二种直接不提交“使用状态参考图”，那么案件可能会和2016年4月之前的判决一致。

但2016年4月之后，我们常常会选择第一种将“使用状态图”修改为“使用状态参考图”来规避专利权限缩的风险。这样做，可行吗？

根据国家知识产权局的《专利审查指南》第一部分第三章4.2“外观设计图片或者照片”中规定，“申请人可以提交参考图，参考图通常用于表明使用外观设计的产品的用途、使用方法或者使用场所等”。“必要时，申请人还应当提交该外观设计产品的展开图、剖视图、剖面图、放大图以及变化状态图。”《专利审查指南》的上述规定一方面明确区分了“参考图”和“变化状态图”，并且规定“参考图通常用于表明使用外观设计的产品的用途、使用方法或者使用场所等”；另一方面，前述规定中的“等”“通常用于”亦表明，在特定情形下，“参考图”亦可能用于表示除“用途、使用方法或者使用场所”之外的其他内容，这就为“使用状态参考图”能否作为外观设计保护范围留下了可争议的地方。另外，《专利审查指南》的前述规定针对的是外观设计专利申请的初步审查，在《专利审查指南》第一部分第三章4.2.4“图片或者照片的缺陷”中，也没有就“参考图”的不符合相关规定问题作出明确规定。

参照《专利审查指南》的前述规定，虽然一般应使用参考图“表明使用外观设计的产品的用途、使用方法或者使用场所等”，但是，在侵权诉讼中也不能也不宜仅以外观设计产品的图片、照片的名称为“使用状态参考图”为由，一概不考虑“使用状态参考图”对外观设计专利权的保护范围的影响，一味否认“使用状态参考图”不属于外观设计专利权的保护范围。

在考虑外观设计保护范围时，什么时候应考虑“使用状态参考图”，需要结合外观设计的简要说明，同时结合和参考一般消费者的常识认知。如果简要说明记载涉及“使用状态”，那么需要考虑“使用状态参考图”，毕竟简要说明对于外观设计专利权的保护范围具有解释作用。

如果选择第二种直接不提交“使用状态参考图”，那么众所周知，一旦发生纠纷，一定会和《最高人民法院关于审理侵犯专利权纠纷案件应用法律若干问题的解释（二）》实施前判决一致，毕竟外观设计专利权的保护范围以表示在图片或者照片中的该产品的外观设计为准。

本案启示

本文所讨论的“使用状态图”和“使用状态参考图”，这两个概念对于外观设计专利保护范围的确定，是非常重要的。对于专利申请人而言，要充分理解，合理采取专利申请策略，以免在侵权诉讼中陷于被动境地。

（撰稿人　杜袁成律师）

案例9

实用新型“抵触”外观设计，如何破解

专利侵权诉讼中，以现有技术（设计）作为抗辩是常用的手段。理论界及司法实务中，抵触申请也往往可以参照现有技术（设计）来进行抗辩。但抵触申请有其适用的苛刻条件，其中之一便是要求为“同类发明创造”。但不同类别的发明创造仍有其共通部分，比如发明或者实用新型的附图，往往也可以形成外观设计。本文即对这样的一起案件进行了分析，探讨现有司法框架下抵触申请在该案中的适用，以及知识产权实务领域多样的可能性。

◇ 案情介绍

有一天，某公司老板给笔者发来一条微信：“今晚7点，××酒店，速来。”于是笔者兴冲冲地跑过去了。

可乐过三巡，烤肉过五味，老板把一叠材料递到笔者面前：“如今之计，为之奈何?”

原来该公司申请了一款实用新型专利，实用新型自然要附图。公司老板把申请文件提交到国家知识产权局，一边静候佳音，一边陆续进行生产准备。

授权后没过多久，传来了一个好消息和一个坏消息。

好消息是该产品还未上市就受到了群众的强烈喜欢。

坏消息是，来了一张传票，就是写着明天开庭的这张——有人（路某）用上面所说的图申请了外观设计专利，然后起诉了公司。图虽有细微修改，但明显能够看出，描绘的是同样的东西。

“这图对方如何得到的?”笔者皱眉。

但这位老板也不知晓。

案情大致如图 1 所示。

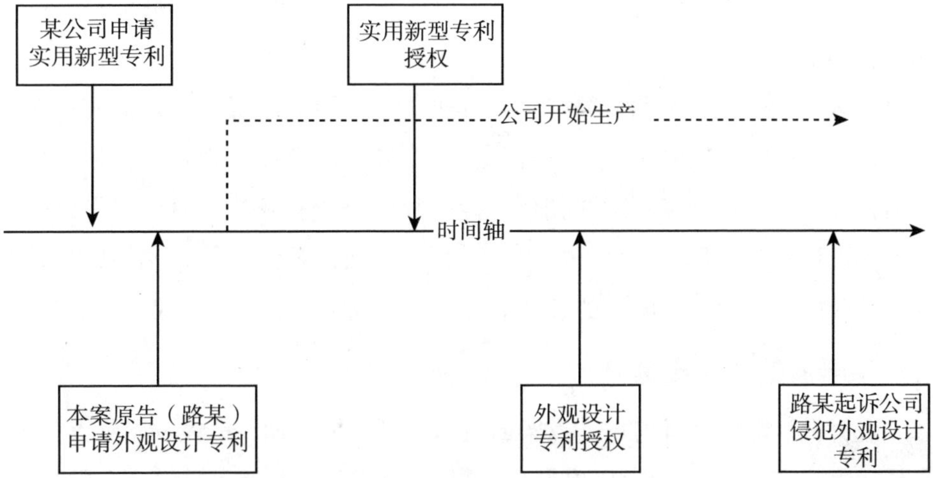

图 1　案情发展时间轴

1. 无处安放的抵触申请

了解专利制度的人看了案情，第一反应可能就是提出抵触申请，笔者也不例外。抵触申请，是专利法的基本概念之一，现有技术（设计）的“兄弟”，意思是同样的专利，别人已申请在先，哪怕你提交申请时他的专利还没有公之于众，你也没法获得授权。二位共同守着新颖性的大门，专利申请中碰着它们，基本必死无疑。

道理很简单，专利权这东西，不仅对新颖性有极高的要求，而且排他性超强，一项技术（设计）只能有一个权利人。你拿别人已经公开的东西去申请（现有技术），妄图据为己有，显然是会被社会唾弃的；同样的东西都申请专利，但别人抢了先机（抵触申请），不好意思，你只能放弃。

不过，实用新型和外观设计专利，走的是形式审查，并不会严格地检索，所以会有客观上存在现有技术或抵触申请，但仍然获得了授权的情况，毕竟全国一年两三百万件申请，审查员就那么多，效率和公正是一对矛盾体。此时的平衡措施就是无效程序，任何人只要找出现有技术或抵触申请的证据，就可以将该专利“无效”掉。

回到上面这个案件中，外观专利申请在实用新型之后，似乎符合了抵触申请的条件，但专利法允许适用抵触申请的对象是同类创造，发明和实用新型保护的是技术方案，而外观设计是美学美感，与发明和实用新型分属两类，保护范围不同，即便有部分内容重合，也不能互相抵触。该公司老板带来的材料中有一项是外观专利无效宣告处理决定，所用的证据即公司的实用新型专利，但被无情地驳回了，也就是说，国家知识产权局认为外观设计即使与申请在先的实用新型专利附图相似，专利权也仍然有效。如果公司申请的也是外观设计专利，那这事会好办得多。权利有效，就意味着人家的维权是有合法基础的。即使有着明显的参考痕迹，法院也难以找出合适的理由驳回。

2. 睡着的现有设计

现有设计即申请日前设计方案已公开，可以是文献、销售、展示等方式，只要让不特定公众有条件获知即可。可惜专利申请本身并不是对公众的公开，对实用新型来说，授权公告才是公开；而产品销售时，路某的外观专利已申请，公开的时间已在其后。如果没有其他证据，现有设计抗辩显然是无法成立的。

3. 委屈的先用权

适用先用权要求“在申请日前已经制造了产品但还未来得及销售，或已做好了必要的生产准备”，通常而言，需要行为人已经做好必要的技术性准备工作，如完成技术图纸、工艺，准备了生产设备，购买了原材料等。而本案中公司慢了半步，所做的准备只是申请了实用新型专利，后期陆续进行上述动作时，路某已经把外观设计专利申请了。

提交专利申请并非通常意义上的生产准备，虽然专利本身可能已包含了完整的实施方案。比如，很多专利是高校教师研究出来的，但他们通常不具备生产设备等必备实施条件，必须与企业合作才能进行生产。不过，不同产品对实施条件的需求是不一样的，生产准备是否达到必要程度，需要看产品的类型、生产的难易程度，不能一概而论。

在某些情形下，提交专利申请本身也可能被认为是一种重要的生产准备。举例来说，若这项外观专利是申请在汽车上，那么，行为人需要准备的是一条自动化汽车生产线；但如果这外观设计是一幅用在书本杂志上的平面印刷品，你拿出台打印机和数包 A4 纸或许就能抗辩成功了。此时，物质性的生产资料要求很低，任何人都能轻易具备，由于平面印刷品非常容易被复制的特点，大规模生产前申请专利，就成了一项重要的保护手段，这甚至与企业的生死攸关，是可以上升到“必要”程度的。目前印刷品多采取著作权保护，这个例子可能不够恰当，但通过比较，可以直观感受到不同产品所需的“必要生产准备”程度之差异。

但在本案中，仅申请专利，并不能认为是完成了必要条件，因为这是一款并不那么容易生产的东西，鉴于保密不便透露，可以理解成类似钢铁侠的玩意儿。先用权抗辩难以奏效。

4. 值得尝试的无效方案

无效宣告是应对侵权诉讼常用的釜底抽薪手段。本案中，虽然以抵触申请提无效失败了，但可以换个理由继续，在先权利冲突就挺合适的。

一项外观设计专利权被认定与他人在申请日之前已经取得的合法权利相冲突的，应当宣告该项外观设计专利权无效。很显然，著作权属于上述合法权利范围。只要能够证明对方所用图片著作权是公司的，并且形成时间在外观设计专利申请之前，这条路貌似还是有希望的。原因在于：

（1）著作权创作完成即自动诞生，登记非必备程序，这种非显性权利较难举证。保存在自己电脑里的作品，生成时间、内容都易修改，导致证明力弱，虽然司法中常采用著作权登记作为证据，但少有人有做登记的意识，发生纠纷往往拿不出来，事后补登记又存在时间效力上的问题。

（2）本案中，两个图并非完全相同。著作权保护的仅是表达，而非内涵。用不同表达方式去描述同一个东西，是可以产生多个著作权的。即使能够认定外观借鉴了实用新型的附图，二者所描述的对象是一致的，但表达本身是具有独创性的，也构成独立作品。对这两个作品，能否认定是“实质性相似”，是需要结合其细节要素，在著作权领域进行深入论述的；另外，专利法领域的权利冲突中，足以被认定为“冲突”的相似度范围，与著作权侵权领域常言的“实质相似”的程度范围，是否要求一致？这又是一个值得深入研究的问题了，篇幅所限，在此不表。

5. 适用苛刻的商业秘密

笔者相信，对方很可能是以利诱或窃取等不正当手段获取了相关信息，进行了一些简单修改后作为自己的专利申请，目的就是阻止公司实施，或者像某些恶意抢注的商标贩子那样，讹一笔钱。

如果公司有一定的保密措施的话，或许可以尝试从商业秘密角度寻求救济。首先，商业秘密也属于上面所述的“在先合法权利”；其次，恶意泄露和获取，都构成反不正当竞争法中的商业秘密侵权行为。

需要说明的是，商业秘密的特点是“见光死”，而申请专利是以“公开换保护”。如果秘密信息点已记载在申请文件中，即使从申请到被公开尚有一段时间，即使被公开前还有撤回申请的机会，申请行为也有可能会被认为权利人有主动公开的意愿，系自行放弃了商业秘密。秘密已不存在，自然对申请之后的“侵权行为”难以再主张商业秘密保护。故以下论述有一个前提，即权利人申请专利前，商业秘密即已被他人不当获取。

要将该图片所载信息定义为商业秘密，有几个条件：①不为公众知悉；②能够为权利人带来经济价值；③采取了合理保密措施；④具备实用性。

这其中，最重要的就是采取合理的保密措施，这是商业秘密纠纷中权利人举证的重点。目前，核心员工跳槽和内外勾结泄密是商业秘密流失的主要途径，但多数企业对商业秘密的保护缺乏足够重视，没有完善保密制度和设施，在发生纠纷时常常无法提供足够的证据证明已采取合理有效的保密措施，导致败诉。

回到本案中，若公司拟以商业秘密来保护，通常需要证明以下几个方面：

（1）包括图片在内的技术信息是公司独立开发获得的，在专利申请前未被公开过，也无法通过公开途径正当获取。

（2）公司保存了必要的证据，足以证明对该信息采取了诸如警示、隔离、限制接触等保密措施，使得无关人员无法轻易获知。

（3）路人甲或相关人员有接触到该信息的条件。

（4）该信息具有可实施性，能够为公司带来商业价值。

实务中，商业秘密往往要经历非公知性鉴定、相似性鉴定，才能确定其是否符合相应的侵权构成要件。商业秘密之所以是知识产权诉讼中难度最高的一类，从上面的各种前提条件和举证要求即可见一斑。不过，一旦侵权成立，对侵权人的威慑力也很大——侵犯商业秘密是可以够上刑事责任的，对和解索赔较为有利。

6. 别无他法的不当竞争

这是兜底的处理办法。如果对手是存在直接竞争关系的企业，同样的行业，市场又有重叠，在上面路径走不通时，可考虑这一点。举证关键点在于，对手并非自行研发、申请专利，而是采用某些不当手段获取了相关信息。

◇ 本案启示

专利法将三种专利划分为两大类别：技术与美感。其中虽存在着一定程度的重合，如已公开的发明、实用新型的附图，若表现了产品的外观要素，可以影响相似外观设计申请的新颖性；但这两类专利的申请要点、保护范围、侵权判定都是截然不同的，换言之，二者并不属于专利法所述“同样的发明创造”，都可获得授权，并分属不同的权利人。

本案中，该公司老板的确很憋屈，明明是自己公司的智力成果被别人赤裸裸地盗用，却因为制度原因和证据缺乏无可奈何。法律是利益博弈平衡的产物，旨在维护社会稳定有序地运转，不可能顾及所有主体的方方面面，也不可能滴水不漏。本案中对手的行为，与抢注商标很相似，二者所给出的警示是相同的——一分的预防比十分的补救更有效。由于未能及时申请专利，公司被别有用心之人钻了空子，这种事并不罕见，不论其原因是法律意识的缺失，还是自身的疏忽，均需引以为鉴。身为一个商业主体，在遍布竞争与危机的丛林中，应当对自身的情况、掌握的资源有着清晰的认识和充分的利用，磨利尖牙锐爪，保护好软肋与心脏，才能生存下来，发展壮大。

（撰稿人　李青尘律师）

编者按

外观设计专利权的保护不同于发明、实用新型专利权的保护，其保护客体和保护范围的确认有相对独立的原则。实践中，许多技术发明人对外观设计专利保护存在极其错误的认识，并认为外观设计专利权的保护更为简便、成本更低，从而将本应对技术方案进行专利保护的新产品，一律申请产品外观设计保护，且该趋势越来越明显，这从近年来外观设计专利申请量的大幅度增加就可以看出来。但是，随着相应专利纠纷的出现，企业并不能依据其所持有的外观设计专利权来进行其新产品技术方案的完全保护，企业将背负这种错误所带来的严重后果。

外观设计专利权的保护客体和保护范围

一、关于外观设计专利权的保护客体

《专利法》(2020 年修正本）第二条规定：“外观设计，是指对产品的整体或者局部的形状、图案或者其结合以及色彩与形状、图案的结合所作出的富有美感并适于工业应用的新设计。”

对于不能给予外观设计专利保护的客体，《专利审查指南 2010》（2019 年修订本）还详细列举了以下情形：

（1）取决于特定地理条件、不能重复再现的固定建筑物、桥梁等。

（2）因其包含有气体、液体及粉末状等无固定形状的物质而导致其形状、图案、色彩不固定的产品。

（3）产品的不能分割或者不能单独出售且不能单独使用的局部设计。

(4) 对于由多个不同特定形状或者图案的构件组成的产品，如果构件本身不能单独出售且不能单独使用，则该构件不属于外观设计专利保护的客体。

(5) 不能作用于视觉或者肉眼难以确定，需要借助特定的工具才能分辨其形状、图案、色彩的物品。

(6) 要求保护的外观设计不是产品本身常规的形态。

(7) 以自然物原有形状、图案、色彩作为主体的设计。

(8) 纯属美术、书法、摄影范畴的作品。

(9) 仅以在其产品所属领域内司空见惯的几何形状和图案构成的外观设计。

(10) 文字和数字的字音、字义不属于外观设计保护的内容。

(11) 游戏界面以及与人机交互无关或者与实现产品功能无关的显示装置所显示的图案。

外观设计的载体是产品，但其保护的客体是产品外观所体现的“新设计”，这与发明和实用新型两种专利有着本质的不同。发明和实用新型专利二者所保护的客体是“技术方案”，针对一项产品而言，就是该产品所具有的技术特征的集合。以“水杯”这个产品为例，发明或实用新型专利所保护的是“水杯”的具体技术结构，如“杯体设置有杯把”等技术特征，该技术特征可解决一定技术问题并获得相应的技术效果；而外观设计专利所保护的是“水杯”的外观形状、图案、色彩等，这些新的“外观形状、图案、色彩”，尤其是“外观形状”，不是用来解决技术问题的，而是追求一种美观和美感，这种外在的美观是通过在产品的形状、图案、色彩或其结合体现出来的。对于专利客体而言，外观设计专利区别于发明专利和实用新型专利的，是其审美性，而非技术性。

假设“杯体设置有杯把”的水杯是一个新产品，这时可以申请发明或实用新型的专利，当然也可以申请外观设计专利。但是这两类专利所保护的客体是截然不同的，其保护范围也大相径庭。如果以“一种水杯，其特征在于，其杯体设置有杯把”作为发明或实用新型专利的权利要求，则所有“杯体设置有杯把”的水杯产品都将落入该发明或实用新型的专利保护范围之内。而外观设计专利只能以表现在其申请图片或照片中的具体“水杯”外观形状为保护范围，如果要保护各种形状的“杯体设置有杯把”的水杯，就得逐一申请相应形状水杯的外观设计专利，但就是如此，恐怕也无法穷尽所有形状的水杯。

在世界知识产权组织编写的《知识产权法教程》中有这样的描述："工业品外观设计属于美学领域，但是同时是作为工业或手工业制造产品的式样的。一般说来工业品外观设计是有用物品的装饰和/或美学的外表。"这段精辟论述阐明了外观设计立法的本意和保护客体；实行外观设计专利制度的目的是保护工业产品的美观外表，制止未经权利人许可的复制或者仿制其产品外观的行为。

二、关于外观设计专利权的保护范围

以上是从相关法律规定的最表层来讨论外观设计专利保护的局限性。如果从理论和相应的司法实践角度来讨论，外观设计专利保护的局限性更为突出。

《专利法》(2020 年修正本) 第六十四条第二款规定："外观设计专利权的保护范围以表示在图片或照片中的该产品的外观设计为准，简要说明可以用于解释图片或者照片所表示的该产品的外观设计。"

依据以上规定，确认外观设计专利的保护范围，首先是以专利文件中的图片或照片为主，辅以外观设计的名称及简要说明进行确定。专利审查指南规定，外观设计名称应当简短、准确地表明请求给予的产品。外观设计的简要说明应当写明使用外观设计产品的主要创作部位、请求保护的色彩、省略视图等情况，简要说明不得使用商业性宣传用语，也不能用来说明产品的性能和用途。外观设计的视图是就立体外观设计产品而言，应当是正投影六面视图和立体图（或照片)；就平面外观设计的视图而言，应当是两面视图。外观设计的名称将影响该外观设计产品的分类，外观设计的简要说明对该外观设计的视图具有说明、补充和限定的作用。

1. 关于"功能性外观设计"的排除

如前所述，外观设计专利的归结点在于产品外在的装饰性，这就意味着对产品功能性、技术性的"形状"特征的排除。

目前的理论界和司法实践多持这样的观点，外观设计专利权保护范围的确定，应参考外观设计专利的审查过程，应力求达到专利权在审查时与该专利权在保护时的同一性，即专利被授予专利权时划定的保护范围与该专利受保护范围应当一致，不能随意扩大，也不能随意缩小。另外，当在确定某一项具体的外观设计专利的保护范围时，应当区别哪些是能够对该产品的外表的美感效果做出贡献的部分，哪些是完全由产品的功能性决定的部分。对由功能性决定的形状和图案则不应确定在该外观设计专利的保护范围内。

通常认为，在消费者正常使用时看不见的内部结构特征，仅由技术功能决定的外表特征，以及不起美感作用的非装饰性内容，不应受外观专利保护。

欧洲议会和外观设计法律保护委员会于1996年5月共同制定的EC（欧洲共同体）指示统一文本草案指出，“对唯一由其技术功能支配的产品的外观特征，不应该授予外观设计权”；“不应该因为对只由技术功能所支配的特征授予外观设计保护而妨碍技术革新”。《美国专利法》也明确规定外观设计要具有装饰性，并在司法实践中明确外观设计排除功能性，明确“外观设计专利的目的是促进装饰性艺术，如果一件授权的外观设计主要是功能决定的，而不是装饰性的，该专利应该被无效，因为保护该外观设计不会促进装饰性艺术”。

实际上，《专利法》（2020年修正本）第二条的规定也表明了此立法本意。只是《专利法》《专利法实施细则》和《专利审查指南》中均未明确规定外观设计排除功能性，导致不确定的标准，从而在行政裁决和司法审判中出现不同的做法。

法院通常认为，判断两件外观设计是否相近似应当以产品的外观为判断对象，产品的功能不能作为确定外观设计是否相近似的对象。就产品的非装饰性特征，即功能性特征，在认定相似性时是否应予排除，多持极其谨慎的态度。最高人民法院1997年2月17日给广东省高级人民法院的一份答复中提出“在专利申请日前该产品已有的外表形状，该产品内部结构形状以及该产品技术功能所决定的外表形状，不属于该外观设计专利所保护的范围”，并倾向于“将用户在正常使用中看不见的产品的内部的构成特征排除其专利保护范围”。

更多的业内人士建议，应在审查指南中明确规定外观设计排除纯粹功能性因素，只有在相同功能可以具有多种外观的情况下，才考虑该功能部分的外观设计可能具有美感因素。具体来说，对于那些为了实现产品的技术功能所能采用的唯一外观设计，或者说，唯一由技术功能所支配的产品的外观特征，应当排除在外观设计专利权的保护范围之外。因为这些功能性特征不是为了满足产品的装饰效果，而是从实用功能的角度出发的。如自行车行驶必须借助车轮的滚动，这就决定了其车轮只能是圆形的，圆形是为了实现车轮的转动功能所能采用的唯一外观设计，因此自行车车轮的圆形不属于外观设计专利权的保护范围。

目前有相当数量的已经授权的外观设计专利带有功能性特点。例如，在一个实际案例中，原告将一台机器中所使用的所有凸轮申请了外观设计专利并得到了专利权。原告以被告机器中的四个凸轮的形状与其相似为由起诉了被告，并要求人民法院责令被告停止使用这些相似的凸轮。被告在对原告的起诉所作的答辩中指出，所谓凸轮形状相似就是指凸轮的槽线或变化曲线相似，但这些槽线变化并不是为了装饰美化凸轮而设计的，它是由凸轮与凸轮组合能够纺织出所需形状和结构的织带来决定的，故凸轮的线槽是由于功能性而产生的特点，不是齿轮的装饰性的特征。被告进一步指出：自己的凸轮线槽和原告的凸轮线槽相比，没有相同之处，有些相似也是功能决定的。从受理法院查明的该案件的事实来看，被告的凸轮组合在一起纺织出的织带和原告的织带有结构上的区别，这进一步论证了齿轮槽线的变化是由凸轮的功能决定的，而不是为凸轮的美感决定的。在庭审中，原告也不得不对此予以承认。本案中，假如原告的要求得到了实现，被告等于被责令不得生产该种新型的织带。显然，对原告外观设计专利的这种保护被延及了对机器零部件的功能的保护，这是不符合《专利法》的立法目的的，也是不符合国际公约的有关规定的。

那么，如何来区分外观设计中的功能性特征和非功能性特征呢？笔者认为，外观设计中的功能特征具有两个特点。

第一，功能性特征是不能脱离产品的功用而存在的，它和产品的功用紧密相连、不可分离。例如，一件机器零部件上与其他零部件结合的孔眼，与其他零部件配合的线条即是功能性特征。

第二，功能性特征不是满足产品装饰效果和达到美感要求的。产品的装饰效果和美感要求是可以和产品的功用脱离的，具有可选择性。

例如，一种壁纸的图案和色彩可以和壁纸本身相脱离，它可以选择任何图案和色彩，即使没有图案和色彩也可以是本色的壁纸。再如，一台电脑显示器的外形，可以是圆形，也可以是方形，设计者根据大众消费心理和美感需求来决定电脑显示器的形状。而功能性的特征是不具备这种可选择性的。例如，齿轮的齿距、齿数便是由齿轮的功能来决定的，具有不可选择性。

但是，如果一种产品的外观设计同时具有装饰性和功能性的特征，则不宜将其排除在专利权的保护范围之外。以鞋为例，所有鞋的功能都是基本相同的，但这种同样的功能可以通过不同的外观设计来实现，鞋面的形状、图案及其组合以及色彩与形状、图案的组合可以是多种多样的，这些组合除了满足鞋的功能性特征之外，还对鞋外表的美感效果做出了实质性贡献，这些实质性贡献会吸引消费者的目光，使此鞋明显区别于彼鞋，因而应当受到外观设计专利保护。

2. 关于“现有设计”的排除

按照《专利法》(2020 年修正本) 第二十三条之规定，授予专利权的外观设计与现有设计或者现有设计特征的组合相比，应当具有明显的区别。

外观设计是依附于一定的产品上的，除非该产品是前所未有的，否则该产品中必定会包含现有设计的成分。可以说，绝大部分外观设计专利都是在过去已有外观设计基础上的改进。虽然专利法条文中并未规定人民法院在进行外观设计专利侵权判定时，必须排除专利图片或照片中的公知在先设计部分，但是，在先的现有设计属于人类社会的共同财富，它已经处于公开状态，公众随时都可以通过正当途径了解其设计方案，并加以推广运用，使其价值得到更加充分的体现。如果将这些现有设计也囊括在专利权人的权利范围内，允许其独占享有，对公众来说是不公平的，也会严重阻碍科学技术的进步和创新。所以，为保护社会公众的利益，根据专利法的立法精神，审判人员在根据授权公告图确定外观设计专利权的保护范围时，应当首先区分出现有设计部分和具有独创性的部分，将现有设计部分排除在专利权的保护范围之外。

在外观设计专利侵权诉讼中，被控侵权人可以利用现有设计进行抗辩，即主张被控侵权产品使用的是公知在先的现有设计的设计方案或者与现有设计方案更为接近。确定现有设计，可以采用以下方法：先由权利人陈述其专利中所包含的创新点，再由被控侵权人举证证明权利人主张的创新点中的公知在先设计部分，然后由权利人和被控侵权人进行质证，对权利人未主张为创新点的部分和被控侵权人所举证据足以证明的部分，可以认定为公知在先设计。

就目前我国外观设计的水平而言，全新的、前所未有的设计相当少见，大多数的外观设计专利是在已有产品的外观设计基础上改进而来的。这些改进或是体现在产品的形状上，或是体现在产品的图案上，或是体现在产品外部的色彩上，总之，改进只具有局部性。在目前的情况下，我们当然不能因为苛求外观设计自身的设计水准的高低而不去保护那些只带有改进性的设计，但对于本身即是改进而产生的外观设计专利的侵权判定中，应当特别注意划清该专利设计中哪些是已有技术中已经具有的，哪些是专利权人对已有产品外观所作的创新改进，这样才能准确判定被控侵权的外观设计产品是否对专利设计构成了侵权，并且这种判定才可能是公平的判定。

更简明地说，一个有效的外观设计专利权所保护的外观设计方案，必然与现有设计有明显的区别。如果涉嫌侵权产品的外观设计与外观设计专利设计方案的相同之处仅限于公知设计部分，则可以确定该产品不会侵犯该外观设计专利权。

3. 非外观设计的排除

外观设计专利，顾名思义，保护的是产品的外观，而外观则是指能够被观察者从外部直接感知的产品的外表部分。对产品的内部部件，消费者在购买产品和正常使用的过程中看不见也不会予以注意，因其不具有外表上的美感，因此不属于《专利法》及《专利法实施细则》所指的外观设计。同样，其他非外观设计要素，如产品的尺寸大小、所用材料的本色以及产品图案中所使用的题材和文字的含义等，因不具有外表上的美感，也应排除在外观设计专利权的保护范围之外。《专利法》（2020 年修正本）第二十五条第一款第六项将“对平面印刷品的图案、色彩或者二者的结合作出的主要起标识作用的设计”明确排除在授予专利权范围之外，也是此意。

（撰稿人　陈静律师）

关于侵犯零部件产品的外观设计专利权的法律确定

案例一：专利权人A以其合法持有的“拖拉机用发动机机盖”外观设计专利权，诉拖拉机制造厂B侵犯其专利权。拖拉机制造厂B向法庭提交了其生产的拖拉机产品上所采用的拖拉机用发动机机盖系从拖拉机部件批发商C处采购，非自己本厂生产制造，因此本厂未侵犯“拖拉机用发动机机盖”外观设计专利权。法院未采纳被告B的主张，判定B侵犯A的外观设计专利权，承担赔偿责任。

案例二：常州甲公司依据其“电动自行车的车架”外观设计专利权，诉天津乙电动自行车有限公司及镇江丙车业销售有限公司侵犯专利权。在诉讼中，被告天津乙电动自行车有限公司向法庭提交了其从天津丁公司采购涉案电动自行车车架的增值税销售发票，以证明涉案车架系外购取得，其并未实施侵犯涉案专利的行为。被告镇江丙车业销售有限公司认为其销售的产品是电动自行车整车，而不是涉案外观设计专利产品电动自行车车架零部件，因此依法不构成侵权。但一、二审法院均未支持两被告的主张，认定被告天津乙电动自行车有限公司所提供的证据不能充分证明其产品中“车架”的合法来源，因此，应当认定其“生产”了涉案车架；同时认定被告镇江丙车业销售有限公司“虽然销售的是整车，但其销售的整车中包括侵权产品，故其行为仍构成专利侵权”。

上述案例涉及同一个焦点，即生产和销售包含有具有外观设计专利权的零部件的整机产品的行为，是否构成对零部件外观设计专利权的侵犯？

上述案例中出现了两个观点。

被告代理人认为：依据《专利法》（2008 年修正本）第十一条第二款规定，侵犯外观设计专利权的行为仅限于：未经专利权人许可，制造、许诺销售、销售和进口专利产品。被告已经充分举证证明其生产销售的整机产品所采用的零部件是通过外购取得，被告将该零部件组装到整机，是合法使用行为，不涉及该零部件的生产或销售，因此，依法不构成对零部件外观设计专利权的侵犯。

法官认为：具有外观设计专利权的零部件是被告所生产销售的整机产品中不可缺少的组成部分，且被告在整机产品上标注了自己的商标和厂名，因此，被告应当对自己生产销售的整机产品承担全部的法律责任。由于被告整机产品包含了具有外观设计专利权的零部件，且未取得该专利权人的许可，因此，被告相应的生产销售行为构成对该外观设计专利权的侵犯，应依法承担相应的法律责任。

究竟哪个观点更符合法律的规定呢？归本正源，要确定是否构成对相应专利权的侵犯，首先要明确两点：第一，涉案外观设计专利权的保护范围是什么？第二，被告的行为实质是什么，究竟是“使用外观设计专利产品”还是“生产销售外观设计专利产品”？

《专利法》（2008 年修正本）第五十六条第二款规定：外观设计专利权的保护范围以表示在图片或照片中的该产品的外观设计为准。在确定外观设计专利权保护范围时，使用外观设计的产品名称、分类号、简要说明以及产品的样品或模型都构成对外观设计专利的解释和说明，也对外观设计专利权的保护范围产生影响。外观设计的保护范围是在图片或者照片表示的产品的同类以及相近类产品的相同或者相近似的外观设计范围内。简单地说，在进行侵权比对时，如果涉案产品与外观设计专利产品为相同种类，且涉案产品外观和外观设计专利整体相同或相近似，那么，生产、销售和进口涉案产品的行为构成对外观设计专利权的侵犯。

《专利审查指南》对于如何判断外观设计相同或相近似做出了更为详细的解释和说明。该判断通常分为两个步骤。

第一步，判断外观设计专利产品与涉案产品是否相同种类。如果产品种类不同，则外观设计不相同也不相近似。

第二步，如果产品种类相同，再进一步比较产品的外观设计要素是否相同或相近似。

也就是说，外观设计比对的前提是，被比产品与外观设计专利产品为相同种类。

具体结合本案，被告生产销售的整机产品与作为外观设计专利载体的零部件产品，在外观设计分类表上不属于同一小类，也不可能具有相同的用途。因此，可以明确，整机产品与零部件产品不是相同种类的产品，整机产品和零部件产品不存在进一步进行外观设计比对的前提。依照《专利法》的规定，仅以被告存在生产销售整机产品的行为，就确定其构成对零部件产品外观设计专利权的侵犯，显然没有法律依据。尤其对于整机产品的销售商而言，法院以"其销售的整车中包括侵权产品"，就认定"其行为仍然构成专利侵权"，更是于法无据。

至于第二个问题，整机生产商的行为是"使用外观设计专利产品"还是"生产销售外观设计专利产品"，需要结合案件的具体证据情况来确定，既不能一律推定整机生产商就是零部件产品的生产者，也不能一概否认整机生产商会涉及零部件产品的生产销售。

就目前市场细化发展程度而言，整机生产商外购零部件，来进行整机组装，是常见的生产模式。尤其在一些传统产品行业，如汽车制造业、机电产品制造业等，整机生产商自己去生产制造所有的零部件，来进行整机生产销售，几乎是不存在的，其从零部件生产商或经销商采购所需部件，是最常见的方式。在此情形下，应当认定整机生产商的行为是"使用外观设计专利产品"，而非"生产销售外观设计专利产品"，此时认定整机生产商侵犯了零部件外观设计专利权，显然是不恰当的。

在具体的诉讼中，被告对于其整机产品所包含的零部件外观设计专利产品具有合法来源，负有当然的举证责任。在其不能证明以及没有其他证据证明零部件外观设计专利产品系被告以外的人生产或销售时，可以推定被告系零部件外观设计专利产品的生产者。被告以生产经营为目的，生产涉案零部件以用于整机组装，即使其未对外销售涉案零部件，依法仍然构成专利侵权。

当然也不排除一些规模较大的整机生产商，指定一些专供厂商进行委托加工。在此情形下，“委托加工”应当视为整机生产商自己的生产行为，依法构成专利侵权。

（撰稿人　陈静律师）

商标篇

·实 战 案 例·

案例 1

商标异议的“攻”与“防”

案情介绍

马鞍山市唐氏螺纹紧固件有限公司（以下简称“唐氏公司”），成立于1998年，坐落于马鞍山市金家庄工业园南区，占地面积17700平方米，注册资本600万元，是集研发、生产、销售于一体的国家高新技术企业。公司主导产品唐氏螺纹紧固件以其优良的防松效果应用于各个领域。该产品突破了传统螺纹单旋向、等截面、连续螺纹概念，依靠两种不同旋向螺纹的自身矛盾解决防松，既保留了螺纹紧固件拆卸方便的特点，又解决了防松问题，是螺纹发明以来螺纹领域和螺纹紧固件防松方法的重大突破。产品投入市场后，受到我国机械行业权威人士高度评价，产品于2008年已全部收录于《机械设计手册》（化学工业出版社）第五版第二卷，先后被列为省高新技术产品、省重点新产品、地方火炬计划项目、国家中小企业创新项目。

唐氏公司在成立之初就认识到商标的重要性，先后申请注册了以下系列商标：①“唐氏”（注册号为：1975440，第6类，注册日2002年11月28日）；②“TWY”（注册号为：9464788，第6类，注册日2012年5月28日）；③“TANGS”（注册号为：9294693，第6类，注册日2012年4月14日）；④“TANGS”（注册号为：9294790，第6类，注册日2012年4月14日）；⑤“TFY”（注册号为：9300307，第6类，注册日2012年4月14日）。

唐氏公司在压轨器商品上使用“TSY”字母作为商品型号来标注，含义为“唐氏公司的压轨器”，分别取“唐”“氏”“压”三个文字的首个字母。考虑到已经有相关厂商也在类似商品上冒用这样的标注，公司老总接受代理律师的建议，全权委托代理律师于 2011 年 4 月 2 日申请“TSY”商标：第六类“金属栓，金属螺丝，有眼螺栓，螺丝母，螺栓，普通金属扣（五金器具），金属螺母，车辆紧固用螺丝，金属带铰链”等商品上（类别涉及 0607 和 0612），2012 年 2 月 13 日刊登公告于总第 1299 期《商标公告》上，初步审定号为 9300261。

中铁第四勘察设计院集团有限公司在 2004 年 2 月 24 日申请了“TSY”商标（类别涉及 0601 ~ 0606、0608、0613、0614、0622 共十个小类）。

中铁第四勘察设计院集团有限公司认为，唐氏公司申请的商标“TSY”系对其在先申请并授权的第 3925600 号注册商标的抄袭和模仿，唐氏公司属于恶意抢注的不正当行为，足以使消费者发生混淆及误认；并认为被异议商标“TSY”（以下简称“被异议商标”）系傍名牌商标，违反了《中华人民共和国商标法》（以下简称《商标法》）第九条、第十条第一款第八项、第三十一条；《中华人民共和国民法通则》（以下简称《民法通则》）第四条、第七条；《中华人民共和国反不正当竞争法》（以下简称《反不正当竞争法》）第二条、第五条之规定。由此，中铁第四勘察设计院集团有限公司在唐氏公司“TSY”公告期内向商标局提出异议，请求国家工商行政管理总局商标局依法驳回唐氏公司该商标的注册申请。

接到商标异议书后，代理律师立即和唐氏公司进行了充分沟通。代理律师之前已经全程介入了商标申请注册的前期工作，对公司及该商标申请的背景已经比较熟悉，经过与公司老总的再次沟通，整理了初步答辩思路：商标独创、没有故意模仿复制、与引证商标类别不同、被异议商标及申请人在行业内的广泛影响。

唐氏公司做了以下答辩：被异议商标与引证商标不构成对异议人商标的刻意抄袭、模仿，不属于恶意抢注的不正当行为；不会让消费者造成混淆和误认；被异议商标的申请注册不违反《商标法》第九条、第十条、第三十一条，《民法通则》第四条、第七条；《反不正当竞争法》第二条、第五条之规定。请求商标局依法裁定核准注册被异议的第 9300261 号注册商标。

具体答辩理由如下：

第一，被异议商标系唐氏公司独创，根本不存在异议人所称系复制、模仿异议人第3925600号注册商标的情形，被异议商标与引证商标含义不同。

首先，被异议商标与引证商标含义截然不同。

被异议商标标识系唐氏公司独立创作完成的，根本不存在异议人所称系复制、模仿异议人第3925600号注册商标的情形。

唐氏公司自1998年成立以来是一个集研发、生产、销售于一体的国家高新技术企业，根据唐氏公司已注册的商标——“唐氏”（注册号为：1975440，第6类，2002年11月28日—2012年11月27日，已续展至2022年11月27日）；“TWY”（注册号为：9464788，第6类，2012年5月28日—2022年5月27日）；“TANGS”（注册号为：9294693，第6类，2012年4月14日—2022年4月13日）；“TANGS”（注册号为：9294790，第6类，2012年4月14日—2022年4月13日）；“TFY”（注册号为：9300307，第6类，2012年4月14日—2022年4月13日）可知，“TSY”商标是唐氏公司从已有的商标含义以及企业特征创造而出，系唐氏公司原创所得。

唐氏公司商标由“TSY”三个拉丁字母组成。被异议商标“TSY”的创意（含义）为：“TS”分别为唐氏公司企业名称“唐氏”的拼音“TANG SHI”的第一个字母，唐氏公司自2002年至今一直使用“唐氏”的商标，唐氏公司已经享有很高的知名度和荣誉。唐氏公司的创始人也是现在的法定代表人姓名为“唐宗才”。“Y”代表压轨器（即轨道连接装置）的拼音“YA GUI QI”的首字母，“TSY”真正的含义是唐氏螺纹防松压轨器（即轨道连接装置）的简称。

其次，唐氏公司从来不知异议人中铁第四勘察设计院集团有限公司的商标存在，不存在复制、模仿异议人第3925600号注册商标。

唐氏公司在1998年就已经成立，在螺栓压轨器领域有着自己的行业地位，答辩申请的一系列商标都是来源于上诉人唐氏公司的企业名称以及唐氏公司发明的主要产品，在唐氏公司1998年成立之前，异议人的商标尚未注册。异议人的引证商标是2006年1月14日国家工商行政管理总局商标局核准注册，在这个时间，唐氏公司的相关产品早已经上市销售。

在唐氏公司申请“TSY”商标之前，从未听说过“中铁第四勘察设计院集团有限公司”这家企业，更不用说其所拥有“TSY”商标。唐氏公司从未与中铁第四勘察设计院集团有限公司发生过任何业务交集，两者的业务范围也不同。

根据异议人的陈述，异议人的商标是“铁四院”① 的拼音首字母。而唐氏公司所拥有的“唐氏”商标早已在2002年11月28日获得注册。前后时间是非常清楚的，到底是谁复制、模仿谁?

第二，唐氏公司重视创新与知识产权保护。

首先，唐氏公司拥有多项专利。

唐氏公司的法定代表人唐宗才先生是行业内有名的发明家，自20世纪90年代以来，先后获得了多项发明专利：ZL97107196.9滚压复合螺纹的螺纹工具及其加工方法；ZL99114345.0复合螺纹；ZL02112783.2轨道连接装置；ZL200610161330B轨道连接装置。这些发明专利现已为唐氏公司企业所用，唐氏公司代表了行业内的领先地位。

其次，唐氏公司注重科技创新。

唐氏公司的产品先后被列为省高新技术产品、省重点新产品、地方火炬计划项目、国家中小企业创新项目。公司现已拥有国家发明专利4项，在申请发明专利2项，公司先后被评为“安徽省民营科技企业”、“安徽省高新技术企业”、马鞍山市“321雏鹰”中小企业培育计划企业、马鞍山市“专、精、特、新”企业、“马鞍山市知识产权示范企业”，自2007年以来连续被评为“国家高新技术企业”。

最后，唐氏公司的产品广泛受到好评。

唐氏公司自1998年成立以来，其产品由于具有独特的创新，受到了行业内的广泛好评，产品行销海内外，在国家多项重点工程中得到大量使用，并且因此也受到了仿冒，现已发现多起侵犯唐氏公司专利权和商标权的事件，唐氏公司深为此烦恼，加大对于知识产权的保护的力度。

第三，唐氏公司在被异议商标所涉及的商品类别领域具有广泛的影响。

---

① “铁四院”是“中铁第四勘察设计院集团有限公司”的简称。

唐氏公司主导产品唐氏螺纹紧固件以其优良的防松效果应用于各个领域，该产品突破了传统螺纹单旋向、等截面、连续螺纹概念，依靠两种不同旋向螺纹的自身矛盾解决防松，既保留了螺纹紧固件拆卸方便的特点，又解决了防松问题，是螺纹发明以来螺纹领域和螺纹紧固件防松方法的重大突破，防松方法国际领先。“从未有过的螺纹结构”“从未有过的防松方式”，这是业内专家给予唐氏公司在被异议商标所使用商品上的改进的最大褒奖。

并且根据唐氏公司已申请的专利，专利轨道连接装置已申请多项专利：①轨道连接装置（专利号为：021127832，申请日 2002 年 3 月 21 日）；②轨道连接装置（专利号为：2006101613304，申请日 2006 年 12 月 21 日）。唐氏公司的唐氏螺纹防松压轨器（即轨道连接装置）享有的行业地位无可厚非。

“TSY”整体含义为：唐氏螺纹防松压轨器。引证商标“TSY”的含义我们不清楚，但从异议人的阐述及异议人提供的商标使用情况可知，被异议商标与异议人的引证商标含义是明显不同的。“TSY”商标与唐氏公司的产品有很高的关联性，“TSY”商标整体具有显著性特征，系唐氏公司原创所得，根本不存在异议人所称系复制、模仿异议人第 3925600 号注册商标的情形，从根本上不可能导致消费者对其混淆和误认。

综上，唐氏公司商标标识系自己独立设计，具有独特的创意，因此唐氏公司申请注册被异议商标是正当合法的。

第四，引证商标涉及的商品与唐氏公司的商标申请使用的商品不属于同一个类别，且各个类别的商品之间的关联性很小，不会导致消费者认知和识别上的混淆及误认。

唐氏公司的产品一直在国内有较高的知名度和良好的信誉，从未在国际上造成不良影响，异议人引证商标是否在螺纹紧固件领域有如此高的知名度？通过唐氏公司的认真调查，异议人并没有该品牌产品的销售。如此，全国的紧固件消费者（唐氏公司的商标“TSY”品牌产品的主要销售对象）根本不可能对异议人的引证商标产生混淆和误认，不可能产生异议人所认为的不良影响，相反而言唐氏公司良好的信誉更能维护好商标“TSY”。

引证商标使用的商品类别是 0601 至 0606、0608、0613、0614、0622 类似群，其商品种类是“半锻或半锻钢，金属电线杆，金属水管，铁路金属材料，普通金属线，非电气金属电缆接头，金属插销，金属包装容器，金属纪念章，普通金属艺术品”。唐氏公司商标使用的商品类别是0607和0612类似群，其商品种类是“金属栓，金属螺丝，有眼螺栓，螺丝母，螺栓，普通金属扣（五金器具），金属螺母，车辆紧固用螺丝，金属带铰链”。总之，唐氏公司与异议人生产的商品既不是同一类商品，也不是类似商品。唐氏公司与异议人生产制造的产品（商品）在使用功能、用途、生产部门、销售渠道等方面完全不同；消费者也不可能将两者联系起来，不可能导致消费者认知和识别上的混淆及误认。

特别需要强调的是，唐氏公司与异议人两者生产的产品（商品）的销售渠道和客户完全不同，被异议商标不可能使相关公众（即用户、消费者）产生混淆，使市场产生混乱，更谈不上侵犯异议人的合法权益。

第五，异议人在先引证商标应受到保护，并不意味可以随意剥夺其他人申请注册商标的权利。

2006年1月14日国家商标局核准注册异议人申请“TSY”商标（第3925600号）。唐氏公司认为，当时异议人的上述商标仅是一个普通的注册商标，并没有任何知名度。可以说，至今异议人的商标在业界也没有什么影响，更谈不上知名商标或驰名商标。同时，异议人主张其注册商标是知名商标亦没有提供任何证明材料，异议人所陈述的唐氏公司申请的“TSY”商标系傍名牌商标行为更无事实依据。

异议人的引证商标“TSY”是2006年1月14日核准注册的，而唐氏公司自2002年至今一直使用“唐氏”的商标，至2006年唐氏公司的商标已经享有很高的知名度和荣誉。唐氏公司的“唐氏”申请注册使用的时间明显长且时间也明显早于异议人的引证商标，如果异议人认为唐氏公司属于抄袭、复制其第3925600号注册商标所述行为，那么异议人的引证商标是否也属于抄袭、模仿“唐氏”商标的行为呢？这样而言，引证商标“TSY”很容易让消费者误认为是“唐氏”的拼音缩写（TS），整体会让消费者误认为是唐氏压轨器的拼音首字母，明显削弱了“唐氏”商标的显著性特征。异议人如今反而说是唐氏公司削弱其引证商标显著性特征，明显违反了《反不正当竞争法》第二条、第五条之规定。因此，唐氏公司注册“TSY”商标是合法合理的，是更好地维护“唐氏”商标的显著性特征的行为，从另一个方面也能防止其他企业或个人以不合理的手段抢注“TSY”商标，从而削弱异议人商标的显著性特征及关联性，并能更好地维护异议人的合法权益，杜绝不正当竞争行为。

申请注册商标是任何一个自然人、法人或者其他组织的法定权利，是受到法律保护的，是他人无法剥夺的。况且，唐氏公司的商标“TSY”与异议人引证商标“TSY”的文字含义不同，不属于类似商品也不构成近似商标，不会让消费者造成混淆和误认。于此情形下，唐氏公司申请注册“TSY”商标更是顺理成章的，完全符合法律规定的。

综上，被异议商标与引证商标不构成对异议人商标的刻意抄袭、模仿，不属于恶意抢注的不正当行为，更没有对异议人造成任何不利影响，不会让消费者造成混淆和误认。被异议商标的申请注册不违反《商标法》第九条、第十条、第三十一条，《民法通则》第四条、第七条，以及《反不正当竞争法》第二条、第五条之规定。

最终，商标局支持了商标申请人的答辩，驳回了异议请求，“TSY”注册获得通过。

律师评析

商标异议是指任何人认为商标局初步审定予以公告的商标不具有合法性，在公告之日起3个月内向商标局提出不应给予注册的请求。

商标异议的内容范围很广，既包括初步审定的商标与申请在先的商标相同或近似，也包括初步审定的商标违反了《商标法》的禁用、禁注条款，商标不具显著性，还包括申请人不具备申请资格等。提出商标异议的可以是任何人，既可以是商标注册人，也可以是非商标注册人；既可以是企业、事业单位，也可以是个人；既可以是法人，也可以是非法人。

作为商标申请人，在遇到异议时不要轻易放弃自己的权利，而要积极应对。同样，作为在先商标的权利人，也应积极监控是否有搭“名牌”的嫌疑。在异议阶段，异议理由举证和程序都相对比较简化，如果等商标核准公告了，就只有通过商标争议程序来解决了，难度无疑要增大很多。

本案中，中铁第四勘察设计院集团有限公司作为“TSY”在先部分类别商标的权利人，积极监控，注意维护自己的权利，这个是很多企业都需要学习的。但同时注册了06大类中主要类别后没有及时将其他小类也予以注册，也是在先权利人的失策。

作为本案中“TSY”商标的申请人，唐氏公司在使用后没有及时尽早注册，在经律师提醒后积极反应，并且行动迅速、积极配合，使得自己的权利得到维护。

对于商标申请人而言，在申请商标之前，首先需要做的工作就是寻找负责任的代理机构，而代理机构首要做的工作就是根据申请人的设计进行商标检索，确定是否有在先类似注册商标，积极向申请人提出相关建议。

（承办律师　蒋海军　胡锋锋）

案例 2

商标“撤三”之争

——组合使用还是企业字号

商标“撤三”是商业竞争中较为常用的攻击在先商标的手段，它的提起不需要什么证据，成本很低，但对商标权人要求比较高，需要近三年有做商标性使用的证据。这对大量防御性申请（非主营业务上的申请）的商标权人来说提出了比较高的要求。本文案例便是企业字号与商标重合时，商标性使用的认定问题。为保护当事人信息，文中公司名称与商标均为化名。

案情介绍

高达公司是一家集团公司，业务分布在新能源、环保、机电、重工等多个领域，旗下有多个子公司，其中高达能量股份有限公司（以下简称“高达能量公司”）专注于新能源和环保领域，在业内小有名气。高达能量公司于2008年4月注册了“能量”商标，注册在第42类（工程、科研、质检等），并于2010年获得授权。

2016年12月，高达能量公司突然收到商标局转送的申请书，有一家大象公司对“能量”商标提出了“撤三”申请。经调查，大象公司也是一家做新能源的公司，最近在开发电动汽车，并提交了“能量汽车”商标的注册申请。但由于高达能量公司的“能量”商标挡在前面，大象公司不仅注册有难度，甚至开发的产品都不能挂上“能量”这个名字。因此，大象公司提出了“撤三”申请，意图在于扫清商标障碍。

所谓“撤三”申请，是业内一个惯用简称，来源于《商标法》（2019年修正本）第四十九条第二款规定，注册商标“没有正当理由连续三年不使用的，任何单位或者个人可以向商标局申请撤销该注册商标”。正常商标注册后，有效期为10年，10年之后还可以多次续展。所以商标的有效时间是很长的，市场上不乏寿命超过百年的商标，比如著名的可口可乐，这一点是专利没法比的。由于商标资源有限，好名字大家都喜欢，一家抢先注了，别人就不能使用，所以不乏投机公司专门抢注商标，并以转卖商标为业的情况。《商标法》之所以设置“撤三”条款，就是为了督促商标权人规范使用，莫让商标睡觉；并释放闲置的商标，使其重新进入市场，避免资源浪费。

依照法律规定，高达能量公司接到通知后，必须在2个月内举证证明自己在申请日往前倒推三年期间内使用过“能量”商标，举证不能或怠于处理，商标就会被撤销。因为“能量”商标朗朗上口，识别度高，其含义与自身的经营领域很是契合，非常重要，所以高达能量公司不敢怠慢，立即组织法务部门处理此事。

整理一遍近三年“能量”商标使用的情况，法务经理犯了愁，高达能量公司在业内虽然颇有影响力，做过很多项目，也参加过许多展会，建设了微信公众号，甚至还在央视打过电视广告，但基本没有单独使用“能量”商标，或者把“能量”字样突出宣传过。在对外宣传、展示中，公司一直把“高达能量”四个字一起突出使用，对外签订的合同中也是如此。这种使用到底算不算是对“能量”的商标性使用呢？

法务部拿不准，于是聘请律师处理此事。梳理下来，律师发现，公司压根没有将“能量”作为商标使用的意识，宣传中一直是用着“高达能量”字样，这种使用，更像是企业字号的简称，而非商标。检索了相关案例，律师发现这方面的判决很少，难以获得有价值的参考。清点了手里掌握的证据，律师决定挑选出一些，试一试。

最终列入证据清单的证据有：工信部对高达能量公司技术研发系统的“技术成果鉴定证书”，里面记载了“高达能量”字样，并且技术成果类别与商标注册类别吻合；第三方的检验报告，也是出现了“高达能量”，检验的产品是一套洁能工程设备；公司的微信公众号宣传，公众号注册名称是“高达能量”；展会照片和广告合同，也把“高达能量”做突出宣传用。

捏着这份证据清单，律师心里还是没底。毕竟公司名字叫作“高达能量”，“能量”字样只是其中的一部分，这种情况下，把企业字号的使用说成是商标性使用，过于牵强，商标评审委员会能认可吗？正沉思中，法务经理给律师打来电话，称集团公司的法务副总恰好过来，想请律师一起沟通一下这个案件。

交谈中，律师从法务副总处了解到一个情况：因为高达公司是集团公司，旗下子公司好几个，不同领域子公司有自己独立的后缀，都是按照符合子公司经营领域的名字来起的。比如“高达能量”就是新能源、环保领域，还有“高达机电”，顾名思义，就是经营机电工程，等等。这些子公司，自己的后缀名字基本都有注册商标，但对外宣传时，为了体现集团性，并没有单独使用自己的商标，都是以“高达××”的方式，而“高达”商标掌握在集团总公司手里，“高达”才是集团最重要的商标资产。

了解到这一情况，律师拟定了一条新的思路——强调集团公司的影响，以及两个商标的组合使用和宣传。补充了集团总公司“高达”商标的注册证，以及对子公司的授权许可书后，律师将证据清单和答辩意见，邮寄给了商标评审委员会。

经历近半年的漫长等待，最终商标评审委员会认定高达能量公司的商标使用证据有效，维持了“能量”商标。

律师评析

作为子公司，高达能量公司在对外交易与宣传中，坚定地履行着维护集团公司荣光的职责，在一切抛头露面的场合，均把集团总公司的“高达”商标放在前面，与自己的“能量”商标一起使用，律师在答辩状中将这种行为解释为两个商标的组合使用。但是，由于“高达能量”同时是子公司的企业字号，这种使用，更接近于对自身字号的使用和宣传，所以高达能量公司实际上并没有将两个商标并用的意图，这四个字只是对自己公司名称的简称。抛开案件立场，严格意义上来说，其实这并不是一种商标性使用。

商标性使用，要求使用者具有真实的使用意图，即通过真实的使用商标以达到指示商品来源的作用，从而实现商标的价值，并且使用的环境要符合商标注册时的类别。比如，“能量”商标注册在42类技术研究服务上，那么高达能量公司就必须要证明曾经为他人提供技术研究服务时，有意识地将这项服务本身冠以“能量”之名；或者进行宣传、发布广告时，突出了“能量”字样，并且所展示的业务领域包括技术研究服务这一项才行。若在技术研究服务范畴之外，即使使用了“能量”字样去宣传，比如公司开了一家“能量”酒店，提供餐饮住宿服务，因为不在注册商标的范畴内，这种使用也是不能作数的。

是否具有真实的使用意图，属于一种主观心态，无法直接表现出来，只能通过外在行为进行推断。比如在注册商标后打®，在未注册商标后打™，这些商标专用标识就是一种典型的外观，足以证明使用人的主观心态。

本案启示

由于商标评审委员会仅给出结论，不评价证据，所以“能量”商标获得维持的真正原因究竟是“高达”和“能量”两个商标组合使用宣传的观点被认可，还是包含在企业字号中的商标随字号一起宣传也被认定为商标性使用，律师不得而知。但值得提醒广大拟注册商标主体留意的是，注册商标时，标识很重要，宁简勿繁。比如，常见的包含文字与图形混合的商标，最好将文字与图形分别注册，使用时爱怎么混搭就怎么混搭；而相反，将组合作为一件申请，使用时就必须要按照注册时的图样来，否则使用行为很有可能不被认可。

（承办律师　蒋海军　李青尘）

案例 3

商标异议，议的是什么

商标异议是指公众对某一注册中的商标，在一定期限内，向商标局提出反对意见，如果成功的话，商标就没法注册成功了。商标异议制度可以说是赋予公众的监督权，以防止那些不符合注册条件的或侵犯他人权利的商标通过注册，为注册商标权利人独占，从而影响公众利益。本文案例就是一起典型的商标异议。

◇ 案情介绍

2016 年 12 月，林某申请了一件“鼎易九湾”商标（见图 1），注册类别为第 30 类，其中包含了大米这一种类商品。安徽某米业公司偶尔获知此事，很是不满，因为米业公司早在 2002 年开始，就陆续注册了“九湾”“九湾香”等商标。经过多年经营，“九湾”商标（见图 2）在本地具有极高的知名度，于 2014 年被工商局认定为安徽省著名商标。米业公司认为，林某注册的“鼎易九湾”和自己的“九湾”商标非常近似，并且也是在自己的主要经营产品大米上注册，容易引起公众混淆，误以为“鼎易九湾”的大米和“九湾”是出自一家，不仅瓜分了自己的市场，如果产品有什么问题的话，甚至自己也可能为其背锅，影响商誉。于是米业公司找到律师，表达了自己的态度，无论如何，都不能让“鼎易九湾”获得注册。

根据《商标法》第九条规定：申请注册的商标，应当有显著特征，便于识别，并不得与他人在先取得的合法权利相冲突。“九湾”商标是米业公司早就申请并获得注册，并且经营多年有着较高价值的无形资产，当然是米业

图 1　“鼎易九湾”商标　　　　**图 2　“九弯”商标**

公司的“在先合法权利”，但是林某“鼎易九湾”和米业公司的“九湾”商标无论从图形设计还是文字上面，均有一些区别，“鼎易九湾”是竖排的田字格，“九湾”是圆形，配上一条弯曲的河流和“jiuwan”拼音，汉字部分，前者也多了鼎易两个字，二者能构成相似吗？

商标大多是由文字和图形共同组成的，依据商标近似的处理规则，其中的文字部分对整体显著性的影响更强，尤其是首部的文字，影响更大。因为林某的“鼎易九湾”商标是“鼎易”打头，“九湾”殿后，“鼎易”的重要性更高，“九湾”相对来说只是个陪衬；更何况，二者的图形部分设计区别也较为明显。如果仅靠米业公司自己的“九湾”商标去异议对方，风险较高。

于是，律师对“鼎易”也进行了商标检索，果然，类似商标已经有鼎易公司提出了注册申请。鼎易公司主业也是从事大米加工、销售的，公司的“鼎易生态米业”商标（见图 3）把公司字号“鼎易”放在了首部位置。这件商标申请于 2016 年 5 月，在“鼎易九湾”之前，可以用来对“鼎易九湾”进行评价。不过，“鼎易生态米业”商标目前处于驳回复审状态，能否获得授权尚未可知。

图3 “鼎易生态米业”商标

想要成功“干掉”对方的商标，不仅要在文字部分下功夫，在图形方面也得评价一番，毕竟，对方的黄底田字格图案和米业公司的黑色圆圈差异还是很明显的，对整体识别度是有影响的。不过，图形检索并不像文字那么容易，律师跟米业公司对接人聊了聊，想知道在大米这个领域，这种黄底田字格图案哪里出现过？对方有没有可能从某处借鉴而来？

聊下来还真有收获。米业公司自己曾经销售过一款“银丝香米”产品，一度市场反响很好，还对这块大米的包装袋申请过外观设计专利。对接人找来当时的专利证书，在包装袋图案设计上，“银丝”两个字的背景正是“鼎易九湾”相同的黄底田字格（见图4）。还没来得及高兴一下，对接人愁着脸说：“可是这件专利当时管理疏忽，忘记续费，已经过期了。”

图4 “银丝香米”包装袋

专利到期，权利终止，权利都没了，还能否以“在先合法权利”作为异议的基础吗？这的确是个令人头疼的问题。不过这是一件外观设计专利，专利内容是大米包装袋的图案设计，而图案设计本身，也是可以成为著作权的。著作权不用注册，不用交费，保护期限非常长，也可以成为“在先合法权利”，在本案这种情况下，再好用不过了。

正好对于这个米袋设计，公司也做了著作权登记备案，于是律师调取了备案证书作为证据，用以证明“鼎易九湾”商标的图案部分也存在侵犯在先权利的情况，结合鼎易公司的“鼎易生态米业”和米业公司的“九湾”商标，陈述了异议理由，提交给了商标局，但最终，商标局未支持米业公司的异议理由，准予“鼎易九湾”商标注册。

根据当事人陈述的理由及事实，经审查，商标局认为：

被异议商标“鼎易九湾及图”指定使用于第 30 类“米；茶”等商品上。异议人引证的第 19898595 号“鼎易生态米业及图”商标已被驳回；异议人引证的第 23178987 号“鼎易”商标现已转让被异议人名下；异议人引证的第 23426787 号“九湾”商标申请日期晚于被异议商标的申请日期。因此，异议人上述引证商标均不构成被异议商标获准注册的在先权利障碍。异议人另引证在先注册的第 3333620 号“九湾 JIUWAN 及图”、第 19047315 号“九湾香”等商标核定使用于第 30 类“米；调味品”等商品上。虽然双方商标部分指定使用商品的功能、用途相似，属于类似商品，但被异议商标与异议人引证商标的文字构成不同，整体在呼叫、含义、视觉效果上均存在一定差异，如予并存使用在类似商品上一般不易导致相关消费者混淆、误认，故双方商标未构成使用在类似商品上的近似商标。异议人称被异议人恶意复制、模仿其引证商标及侵犯其在先著作权和外观专利权证据不足。

依据《商标法》第三十五条规定，商标局决定：第 22129121 号“鼎易九湾及图”商标准予注册。

律师评析

本案中，“鼎易九湾”商标是与他人在先合法权利冲突，此外还撞上了他人申请在先的类似商标。不仅与引证商标标识高度近似，并且指定的商品也类似；不仅文字内容相似，图案也完全“借鉴”米业公司，其傍名牌的主观意图非常明显。这导致公众对商品来源无法识别，具有损害米业公司的知名度及其品牌价值的可能性。

商标局准予第22129121号“鼎易九湾+图形”商标核准注册的理由中，有较多值得探讨之处。其一，引证商标第23178987号“鼎易”商标转让给被异议人的时间是2018年11月12日，该转让申请是在本商标异议案申请之后的，这个转让能否作为本异议案中被异议人合理使用的理由？其二，引证商标“九湾JIUWAN及图”和“九湾香”与被异议的“鼎易九湾”商标之间的近似性判断是否恰当？其三，林某的行为是否涉嫌构成不正当竞争？林某申请注册类似的商标，且直接使用了米业公司产品包装图案作为商标的图形要素，显然对米业公司的知识产权情况非常了解，其攀附意图明显，林某的行为已经违背了商标注册的正当性，依法应当予以纠正。

◇ 本案启示

无论作为商标申请人，还是已享有注册商标的权利人，关注竞争对手的商标等知识产权状态都是有必要的。本案中，米业公司及时提出异议，对于阻止攀附意图得逞，避免商标获准注册后对米业公司造成严重负面影响，是有一定作用的。同样，申请商标时，了解同业竞争对手的情况，避免攀附之嫌，也减少日后发生纠纷的可能性。不过从另一角度来说，申请商标仍有其商业上的积极意义，毕竟，比起时刻关注竞争对手、提出异议和无效阻止对方来说，申请一件商标的成本，要低得多。

（承办律师　杜袁成）

案例 4

商标在先使用下的“攀龙附凤”

商标没及时注册，被人冒用了怎么办？想制止对手，没商标可用事小，万一对方抢注一下，反手起诉自己商标侵权，那可真是摊上事儿了。本文案例来告诉你该如何处理这种情况。为保护当事人隐私，文中商标及人名为化名。

◇ 案情介绍

南京有家老字号烧饼店“老王烧饼”，经营多年，人气一直很旺。如同大多数匠人一样，店主沉迷于钻研手艺，心无旁骛，对宣传、管理方面都不在意，当然，更没有去申请注册商标。果然不久，竞争对手老李觊觎“老王烧饼”的商誉，来了一个攀龙附凤，在其隔壁的店面也经营了一家“老王烧饼”，还特意注明“正宗”字样。

店出名了，被人仿冒是很正常的情况。老王为人宅心仁厚，因为对自己烧烤烹制技术很自信，也相信多年经营下来积累的老客户口碑，所以对隔壁经营的“正宗老王烧饼”店并未在意。然而，随着自己的经营规模越来越大，竞争对手也依附其商誉变得逐渐强大，这时候，老王才有了危机感，于是赶紧进行商标注册申请。

待商标注册下来后，老王立即启动了商标侵权诉讼，要求隔壁老李停止侵权。然而，老李主张在商标申请前自己就一直使用“老王烧饼”，构成在先使用，不侵权。一审法院判决老王败诉，老王很憋屈。

何为在先使用？根据《商标法》（2019 年修正本）第五十九条规定，商标注册人申请商标注册前，他人已经在同一种商品或者类似商品上先于商标注册人使用与注册商标相同或者近似并有一定影响的商标的，注册商标专用权人无权禁止该使用人在原使用范围内继续使用该商标，但可以要求其附加适当区别标识。简单来说，就是你在别人注册商标申请之前，就已经使用该商标，并且有了一定的影响，别人商标注册下来以后，你的经营规模也没有扩大，还在原来的范围内老老实实地用，那么这种情况，不算侵权，可以继续使用这个商标。

从本案的案情来看，似乎老李符合这个情况，但是有些细节展开来，情况可能就不是这么回事了。

老王早在2007年就已经开店经营，2008年，"大众点评"出现了最早点评记录，至今拥有5000多条评论；2012年，当地报刊对其做了报道；2014年，省电视台以"江宁一绝"盛赞其烧饼；2016年"消费主张"栏目对其进行了报道，其获得江苏美食网颁发的"中华名小吃"荣誉；2017年获得携程网颁发的"2017全球旅行餐厅精选榜·风味"荣誉。可见老王的烧饼在消费者中享有很高的知名度。通过对涉案商标的使用，老王的烧饼店至少在2008年就已经获得了很好的商誉和消费者的点评。而老李主张2006之前就已经使用该商标经营，之后数次搬迁，一度经营中断。直到2012年，又把店搬迁到老王隔壁，继续使用同样的商标经营。从时间上看，此时老王已经有了一定的名气。老李所主张的商标在先使用抗辩，这个"在先"究竟是指在申请注册之前，还是使用之前呢？"具有一定影响"又该如何理解呢？

律师评析

在二审中，老王的代理律师提出，在先使用属于"双重性"的在先使用：第一，在注册商标申请日之前存在在先使用商标的行为；第二，该在先使用行为应早于商标注册人对商标的使用行为。而按照一审判决对"在先使用"的理解为"他人在注册商标申请日之前存在在先使用商标的行为"，而不是"该在先使用行为应早于商标注册人对商标的使用行为"，那么可以预见这种理解对国内商标注册制、未注册的知名商品产生深度冲击，造成不良社会效果。

此外，最高人民法院在（2013）知行字第 80 号裁判文书中也指出，《商标法》（2001 年修正本）第三十一条所称的“有一定影响”，应当是一种基于持续使用行为而产生的法律效果。老李虽然在一审中曾主张自己在 2005 年就已经用“老王烧饼”经营，但之后停业了数年，在长期停止使用的情况下，商业标识已经不具备《商标法》（2001 年修正本）第三十一条所规定的未注册商标的知名度和影响力，不构成在先使用并有一定影响的商标或者在先权利。而一审判决中，似乎对“一定影响”该影响到何种程度并未评价。

此外，老李显然恶意攀附原告多年经营塑造的商誉，从一开始就具有不正当竞争的意图和目的，冒用原告的商标，使用相同的品牌，使得消费者产生误认，这一行为给被告带来了不正当的利益，同时也损害了原告和广大消费者的利益，其主张的“在先使用”抗辩不符合“在先使用”应为善意、诚实的立法精神。

另外，老李还有多种攀附、诽谤的恶意行为，比如对外宣称“原告是被告曾经的员工”；在大众点评上甚至在媒体上对原告进行商业诽谤和攻击；在包装袋、包装盒假冒原告的注册商标；在商品上伪造、冒用认证标志、名优标志、店面告示等行为；包装袋印刷“老字号”注册商标、营养学会等质量标志，这些行为影响了消费者的选择，也冲击了包括老王在内所有同业经营者的市场。

遗憾的是，二审判决虽然对于在先使用的认定支持了老王的观点，认为除了在商标申请之先，同时也要在使用之先，但仍支持了老李 2005 年就已经使用“老王烧饼”经营的主张，认为老王使用在老李之后，最终判决维持原判。

本案启示

在企业经营早期，企业家自己并不知道能做成什么样子，而早期又是各种成本压力最高的时候，往往忽视了商标等知识产权无形资产的管理和保护。

等到发现隐患，甚至发生纠纷，才想起动用知识产权武器，可大刀已锈，悔之晚矣。本案中老王的教训告诉我们，一定要尽早申请商标，莫放任对手的攀附跟随。本案中老王因为未及时申请商标，未及时制止对手，导致市场被明目张胆地瓜分，还毫无办法，企业家们应引以为戒。

（承办律师　杜袁成　王瑋）

立体商标保护的初步探析

伴随中国加入世界贸易组织，我国商标立法进一步得到了完善和补充。近几年我国经济贸易迅猛发展，“商标”一词也逐渐为人们所熟知。除了传统商标之外，立体商标、声音商标、位置商标也频频出现在广播电视媒体之中。

立体商标，对应英文为“three-dimensional symbol”，相对于我国不满40年的商标制度，立体商标更是舶来品。鉴于立体商标注册对市场竞争可能造成的潜在影响，各国对将传统的固有显著性制度适用于立体商标并没有视若当然，《日本商标法》第三条第三款有关产品或包装形状的规定采取广义的解释，认为除非产品或包装的形状是和其他的具有显著性的文字商标一起注册，否则不具有固有显著性，即使它们可能具有独特的外形从而可能吸引消费者，影响他们的购买决策。欧洲共同体《协调成员国商标立法第一号指令》没有要求产品的立体外形要具备固有显著性必须额外附加一些非功能性的标记。在美国，《兰哈姆法》对一些具有固有显著性的标志给以保护，无须证明消费者联想的存在，绝大多数的商品包装可以成为任意性的或具有内在显著性的商标，可以获得商标注册或商标保护；美国联邦法院对产品外形立体商标的保护是否可以基于固有显著性而无须证明第二含义有严重的分歧。

一、我国立体商标的引入与保护现状

现代市场经济可以说是一个“眼球经济”，社会生产力的提高使得商品或服务的种类与数量日益增多。为方便消费者能从琳琅满目的商品或服务中挑选出其所信赖的商品，商标以其良好的商品或服务来源识别功能受到众多企业的青睐。立体商标作为一个非传统商标，以其更具显著性、直观性的优势逐步走进商标领域，成为越来越多的企业注册使用的对象。自 1857 年法国明确规定保护立体商标之后，越来越多的国家建立了立体商标保护制度。2001 年《中华人民共和国商标法》（以下简称《商标法》）进行第二次修订，其中第八条和第十二条明确规定了三维标志可以作为立体商标受到保护。虽然我国已将立体商标作为一种新型的商标列入《商标法》中，但因为法条过于概括，以及司法解释的缺失，导致无论是从立法层面还是司法实务层面对于立体商标的保护，仍然缺乏规范系统的保护依据，存在显著性认定标准模糊、非功能性界定不明以及“在先权利”的冲突问题。

二、立体商标的显著性判定问题

在理论界，有关学者对立体商标的定义大致相同：立体商标是指以产品的外形或产品的长、宽、高三维标志为构成要素的商标。我国《商标审查及审理标准》对立体商标的解释是：“立体商标，是指仅由三维标志或者含有其他要素的三维标志构成的商标。立体商标可以是商品本身的形状、商品的包装物或者其他三维标志。”而针对由不具有显著特征的三维标志和具有显著特征的其他平面标志组合而成的立体商标，如何审查？目前，《中华人民共和国商标法实施条例》（2014 年修订本）对商标审查只做了一般原则性的规定，即第十三条第三款规定：以三维标志申请商标注册的，应当在申请书中予以声明，说明商标的使用方式，并提交能够确定三维形状的图样，提交的商标图样应当至少包含三面视图。这条规定比较笼统，没有明确说明如何确定立体形状的图样，给实践带来不少困扰。但是，从笔者目前接触到的注册审查来看，针对由不具有显著特征的三维标志和具有显著特征的其他平面标志组合而成的立体商标，在实质审查阶段，商标局会向申请人发送《商标注册申请审查意见通知书》（以下简称《审查意见书》），要求其放弃立体形状专用权，申请人如未在规定期限内回文或者主张不放弃专用权，则商标局将以“该标识缺乏显著特征”为由将其申请驳回。如雀巢水制品公司于 2017

年7月12日申请在第32类商品上注册第25276153号立体商标，商标局向申请人发送《审查意见书》，申请人拒绝放弃立体图形部分专用权，该商标因整体缺乏显著特征被驳回。反之，如果申请人声明放弃立体商标专用权，则继续正常审查该商标申请的平面要素部分，且该商标注册成功后的专用权保护范围应仅限于具有显著特征的平面标志部分，并在初步审定公告和商标注册证上予以加注。

据此，从立体商标的实质审查中可以得知，立体商标的近似审查，除了要适用传统的商标审查要素之外，还要对立体商标中包含的平面要素进行相同或近似的审查。

除此之外，从司法审查的角度来看，不论是“国内立体商标争议第一案——方形瓶”案，还是后来的艾默生电气公司商标行政诉讼案以及芬达饮料瓶外形商标驳回复审案，均可知司法机关对于立体商标的司法审查呈现出一个由浅入深的成长路线，均秉承了同样的立场。以芬达饮料瓶外形商标驳回复审案的二审判决为例，其强调“以商品容器外形作为三维标志申请注册立体商标的，要求该容器外形应当具有区分商品或者服务来源的显著特征，而且显著特征的有无并不是因为容器本身设计的独特，而是因为这种设计能够起到区分商品的不同来源的作用。如果商品的容器本身虽能够与其他同种商品的容器相区别，但是不能从容器本身识别出该商品的提供者，则只有在该容器经使用能够让相关公众识别其来源后才具有显著特征。”我们通过具体案例来对这些冲突予以说明。

（一）案例引入

2018年7月苏酒集团贸易股份有限公司（以下简称“苏酒集团”），以注册号为13038306“海之蓝酒瓶”立体商标、注册号为13035197“天之蓝酒瓶”立体商标及注册号为18364003“微分子酒瓶”立体商标为名，诉称宿迁市洋河镇佳酿酒业有限公司的“海蓝之梦”125毫升装瓶体、“海蓝苏酒·柔和”酒瓶及“海蓝苏酒·珍藏”酒瓶分别侵害了原告的三个立体商标权（具体见图1）。

图 1　原告和被告立体商标对比图

（二）案例分析

笔者接受被告的委托后，第一时间对案件进行了深入分析。本案的争议焦点主要集中在：如何分析苏酒集团立体商标的构成，以及如何判断涉案立体商标的显著性。

1. 确定立体商标权利的范围，是研究立体商标保护的起点

为了更加直观地分析解决这一问题以及探究我国立体商标的保护之路，笔者认为首先需要确定立体商标权力的范围。纵观《商标法》（2019 年修正本），仅在第十二条规定了“以三维标志申请注册商标的，仅由商品自身的性质产生的形状、为获得技术效果而需有的商品形状或者使商品具有实质性价值的形状，不得注册”。该规定没有正面确定立体商标的保护范围，仅仅是从反面规定不得注册的立体形状，故立体商标保护范围只能在实践中予以确定。

但是，现阶段由于法律法规的不完善，以及实务经验和理论学说不足，导致立体商标理论在实践中的运用也受到很多争议，尤其是立体商标显著性在侵权比对中的运用。

以上案例，是最为复杂的一种，即商品包装物的立体外形，本身缺乏显著性，然而设计者又在上面附加了平面图文组合等标识，从而使其具备了使消费者获得商品来源认知效果的作用，因而具有了固有显著性，满足了立体商标注册的条件。此种情形下的立体商标，在显著性的判断和内容的表达上，与平面商标存在巨大区别，该侵权的近似判断须结合商标实质审查阶段的近似的判断原则。

从世界范围来看，立体商标显著性的判断比平面商标要困难得多，原因

在于消费者不习惯将商品或包装的形状当作识别来源的标志，而只是把它当作商品或者包装的形状设计本身而已。因此，已注册的立体商标大多是经大量使用后取得识别性才获准注册，而仅凭固有显著性获准注册的案例是非常少见的。欧美国家对于商品立体外形申请商标的处理一般采用反向推定的做法，即原则上推定此类标志不具有固有显著性而予以驳回，除非申请人能提供该商品外形经过市场使用获得显著性的证据，即英美法上所称的“第二含义”。

2. 立体商标的非功能性界定

根据《商标法》(2019 年修正本) 第十二条的规定，仅由商品自身的性质产生的形状、为获得技术效果而需有的商品形状或者使商品具有实质性价值的形状，不得注册。这里所指的“形状”是为实现商品固有的功能和用途必须采用的或者通常采用的形状，即立体商标应当具备非功能性。但对于非功能性的具体理解，实践中存在两种观点：一种观点认为，非功能性不仅包含非实用性功能还包括美感功能；另一种观点则认为，非功能性仅指非实用性功能。

笔者认为：首先，与传统商标相比，立体商标的最大不同在于其具有“非功能性”，而一般的平面标识不具有效用功能。在物理形态上，立体商标很难与商品本身分离开来，故而导致具有功能性的立体商标一旦予以了注册保护，难免就会造成对某种商品外形的垄断。众所周知，立体商标仅仅是传统商标在维度上的扩张，理应遵循传统商标理论将“防止混淆”作为商标保护的核心。换句话说，对于具有功能性但是经过使用确实能表明来源的立体商标，能否予以注册保护。对于这一问题，多数国家都明确予以了否定回答。在这一领域的典型代表案例为飞利浦三头剃须刀外形商标案件。虽然飞利浦公司由三个等边三角形的旋转刀头组成的剃须刀，经过 20 多年的独家使用，具有了很强的显著性，但出于公共利益的考虑，只要商品的外形是为了实现某种技术效果或使商品具有实质性价值所必需的，无论其是否具有显著性，都不能注册成为商标。

其次，美感功能性理论是否应当被纳入功能性范畴之内，对立体商标注册保护至关重要。笔者对此持否定态度，理由如下。第一，非功能性原则价值在于促进市场的自由竞争，允许具有吸引力、富有美感的外观设计注册为商标不会阻碍反而恰恰会促进市场的自由竞争。因为其他竞争者会被激励去设计更具吸引力的外观设计，从而提高产品外观设计的水平，促进市场的多元化发展。第二，实践中判断某个产品外观是否取得商业成功的原因，不具有可操作性。按照美感功能性的标准，我们需要判断消费者购买特定商品的动机，进而涉及消费者个人品位以及个人喜好的判断，而这些因素都是因人而异的，缺乏相对客观的标准加以评判，这将留给法官过多自由裁量的余地，不利于司法公正的实现。第三，美感功能性标准不利于激发人们创造优秀外观设计的积极性。

雀巢与味事达公司的“方形瓶”一案，进一步验证了笔者的上述观点。法院认为商品的实质性价值由相关公众的购买行为实现，对“实质性价值”的判断应以购买者为判断主体，如果决定购买者购买该商品的因素在于立体标志本身，而不是该商品的提供者，那么该三维标志即具有“实质性价值”。而争议商标为指定使用于食用调味品上的棕色方形瓶，购买者在考虑购买这类商品时，更关注的是商品的质量、生产厂商等，商品的包装此时不是影响购买者行为的决定因素。因此，法院认定争议商标不具有“美学功能性”，并不违反《商标法》（2019 年修正本）第十二条的规定。

3. 立体商标与“在先权利”冲突的处理问题

《商标法》中规定了平面商标和立体商标都不能侵犯他人的在先权利。然而《商标法》中没有明确指出在先权利有哪些，也没有明确的法律定论，仅仅是司法中的默认。就目前司法实践来说，在先权利涉及著作权、外观设计、知名商品的包装装潢等多个领域。

（1）立体商标与著作权的关系。当商品的外观具有一定识别性时，可以申请立体商标，同时，当其具备著作权独创性条件时，能够受到著作权法保护。立体商标的显著性与著作权的独创性是一个问题的两个角度。显著性主要是指其区分功能，只要在不侵犯在先权利的情况下能够区分商品来源的商品外观，就具有显著性，但是如果商品外观也满足了著作权的构成要件，那么这种独创性的要求就既带有人身属性又带有财产属性。产品的设计必须由著作权人完成并且著作权人要有智力因素投入到其中，能够表达同一思想的多种形式都受著作权法保护。相反，如可口可乐的流线形瓶身，其创作目的是区分商品来源，但是不能赋予其著作权，因为这种流线形瓶身的智力投入程度低，而且可作为一种方法被广为接受。因此，商品外观的显著性与独创性判断应当分开进行。

（2）立体商标与外观设计的关系。一般说来，外观设计由专利法予以保护，商标由商标法予以保护，二者似乎不应有重叠之处。但事实上，外观设计与商标是有一些共同之处的。外观设计是由形状、图案、色彩及其结合构成的，商标是由文字、图案、形状或其结合构成的。至少，二者在构成上都有形状和图案等要素。既然商标的主要作用是区别商品的来源，而外观设计和商标在构成上又有相同之处，那么，当产品的外观设计也具有识别性作用时，就应当受到商标法的保护。所以说，显著的识别性或获得第二含义是外观设计能否获得商标权保护的首要条件。另外，商标法保护的外观设计还必须是非功能性的，在这一点上，商标权与外观设计专利权，都排除了对于产品内在功能和实用性特征的保护。

（3）立体商标与产品包装装潢的区别。就同一个包装或者设计，既可以申请立体商标，也可以作为知名商品的特有包装予以保护。但问题在于，立体商标是通过行政审查授权保护的，而产品的包装则是通过使用而不断具有市场影响的，两者获得权利保护的路径明显不同。《反不正当竞争法》（2019年修正本）第六条规定，不得擅自使用与他人有一定影响的商品名称、包装、装潢等相同或者近似的标识；其他足以引人误认为是他人商品或者与他人存在特定联系。因此，立体外观中的包装、装潢还可以受到《反不正当竞争法》的保护。适用《反不正当竞争法》，权利人不仅要证明立体外观构成相同或近似，使相关公众产生了混淆，而且还要证明该立体外观须有一定的市场影响，二者保护的客体有一定区别。

综上，权利的冲突是不同的主体对某一立体外观同时主张权利。具体来说，将他人的立体作品或外观设计注册成为立体商标即会造成上述权利的冲突。在遇到这类冲突时，笔者认为应当以保护在先权利为基本原则，同时兼顾公平原则、利益平衡原则。要兼顾公平原则和利益平衡原则，一方面，要考虑到立体商标权利人在使用的过程中，投入了大量成本并积累了一定的商誉，如果因为该立体商标侵犯他人在先权利，不予注册或者予以撤销，难免有失公允；另一方面，在先权利人的权利得不到保障，如何再谈权利的保护。二者如何平衡不仅考验的是立法者的智慧，同时也是司法参与者展示的舞台。

（撰稿人　蒋海军律师　周春霞律师）

关于游戏名称作为注册商标保护的合法性

目前，将游戏名称进行商标注册申请，是一款游戏上线运营之前的标配，甚至更有未雨绸缪者，在游戏开发之初，就将拟定的游戏名称进行商标注册申请。

于是，我们可以看到，几乎所有游戏的游戏名称都是注册商标（我们暂且统称这类注册商标为“游戏名称商标”）。因游戏名称冲突而发起的注册商标侵权纠纷此起彼伏，因游戏名称冲突引发的注册商标申请异议、驳回复审、无效请求等络绎不绝。

在已判决的案例中，一款游戏名称和在先注册的游戏名称商标重合或包含，通常会被认定侵犯在先注册商标专用权。仅在以下两种情形下，不被认定商标侵权：第一，作品名称并非商标性使用，比如“全民逆战——穿越生死线”游戏与“逆战”文字注册商标；第二，在先注册商标标识，相对于作品的内容、主题等特点来说具有直接的描述性，不能禁止他人正当使用，比如被诉侵权的“挖坑”“保皇”“三代”等游戏。

上述案件中的“非商标性使用”及“正当使用”认定，涉及商标标识及作品的诸多具体细节，个案性很强，但仍有一些共性问题值得讨论。

其一，应当重新讨论游戏名称的商标属性。

标识具有显著性，是该标识作为商标保护的核心要素，标识显著性的强弱也直接决定其作为商标的法律保护强度和保护范围的大小。

通常认为在以下两种情形下，商标标识不具有显著性：一是商标标识本身不具有显著性，不论其用于何种商品或服务上；二是商标标识与指定使用的商品或服务联系过于紧密，导致商标针对具有指定的商品或服务而言，不具有显著性。即《商标法》第十一条第一款所规定的情形。

游戏名称是否具备商标的属性，是游戏名称商标权保护的前提。而游戏名称是否具备商标属性，重点在于分析游戏名称是否具备商标所必备的显著性，能否标示游戏软件产品的来源。

作为一个商标注册常识，商品的通用名称不能作为该类商品的商标进行注册，如以“啤酒”作为啤酒产品的注册商标。更进一步说，商标不应当与其标注的商品为一体，不应当成为“商品是什么”的描述。

然而，在第41类“在线游戏”及第9类“计算机软件”产品上，出现的诸多以游戏名称形成的注册商标，却明显地违背该常识。此类“游戏名称商标”通常只是告诉游戏玩家“这是什么游戏”，而并不具备“该游戏由谁提供”的指示功能。在“倩女幽魂”案中，法院认为：“倩女幽魂 online”是原告推出的一款网络游戏的名称，其使用在“计算机编程、计算机软件设计”等指定服务上，易被相关公众作为网络游戏名称识别，而不会使消费者对应到某个服务的提供者，故诉争商标与所指定使用的服务联系过于紧密，其在所指定的服务上不具有显著性。

游戏名称的特殊性就在于，它本质上是一个游戏软件作品的名称。作为游戏软件作品名称，游戏名称是对游戏主题或内容的高度概括，其与游戏软件本身紧密相连，且只能用于标示该游戏软件而不可能用于标示其他游戏。通常情况下，会与所指定的“在线游戏”或“计算机软件”联系过于紧密，比如，游戏运营商绝对不会将“三国杀”游戏名称商标标注在斗地主棋牌游戏上。因此，就商品来源识别功能来说，游戏名称文字作为计算机（游戏）软件类别的商标标识，天然地不具备显著性，缺乏商标法定属性。

笔者并不否认，作品名称在某些情形下也会具有商业标识意义。但是，正如以上所述，作品名称之于本作品，所起到的作用是对作品内容的高度提炼和概括；作品名称之于同领域的其他作品，所起到的作用是区分不同作品，进而区分不同作品的提供者；而将作品名称使用在其他商业领域，作品名称标示的是该商品或服务与作品权利人之间的授权许可、合作等特定关系。因此，将注册商标文字作为电影、综艺节目、网络游戏等作品的作品名称，并不属于商标性使用。但是，将他人作品名称作为自己其他商品或服务的标识的，将可能属于利用他人竞争优势的不正当竞争行为。对于这两种情况，相较于适用《商标法》保护，适用《反不正当竞争法》进行规制为恰当。

其二，游戏名称商标是否能够通过使用而具备显著性?

排除一般描述性游戏名称和通用游戏名称，如“斗地主”扑克牌游戏，一些特有的游戏名称在使用过程中，会随着游戏产品知名度的增加，成为“知名商品的特有名称”，该名称的特有性和相关游戏的知名度，足以使该游戏与其他同类主题的游戏区分开，并与其提供者产生关联，从而具备标示游戏产品来源的功能。

在“全民飞机大战”案中，法院认为：“全民飞机大战”是腾讯公司开发的一款网络在线游戏名称，并非仅直接表示服务的内容及其他特点，且经过宣传使用，取得了较高的知名度，相关公众能够将其与腾讯公司联系起来，应当认定为具有显著性。即便“飞机大战”有可能被相关公众认为是一类游戏的通称，但是“全民飞机大战”整体上具有商标的识别作用。

在该案中，似乎存在这样一个循环论证：因为具有商标识别作用，所以其具有显著性；因其具有显著性，所以可以作为商标注册。该论证本质是，本不具有显著性的游戏名称，通过使用具有了显著性，从而具备注册商标的条件。此即《商标法》第十一条第二款所规定的情形，游戏名称通过使用取得了显著性。

然而，从法理上来说，如果游戏名称是因其特有性而获得区分游戏产品来源的功能，该游戏名称应当基于“知名商品的特有名称”来进行保护，其承载的标示游戏产品来源、存储游戏产品商誉、引导游戏消费者的诸多功能，均与该游戏名称作为注册商标无关。

学界有人认为，那些受到众多玩家青睐、在市场中享有一定知名度的游戏的名称，游戏玩家已将其与游戏产品的提供者直接关联，其已具备商标的基本属性，因此在其未注册为商标时，可作为知名商品的特有名称受到《反不正当竞争法》的保护，在其已经注册为商标时，作为商标保护，则顺理成章。

笔者不同意该观点。游戏名称与其他类商品的标识相比具有本质区别。该区别就在于，游戏名称只能是一款游戏主题、内容或主角的概括描述，当其注册为商标后，也只能作为该款游戏或该系列游戏的名称使用，而不是作为商标权人的游戏产品的商标来使用，例如“三国杀”注册商标只用于“三国杀”游戏，“消消乐”也只用于“消消乐”一款游戏，游戏产品提供者绝不会将“三国杀”标注在“消消乐”游戏产品上。

当然，法律并不禁止一个注册商标只使用在一个产品上。游戏名称作为注册商标的不合法性就在于，它本质上只是告诉消费者“这是什么游戏”，而不能进一步说明是“由谁提供”的游戏。部分游戏名称所可能具有的标识游戏提供者的功能，实质来源于“知名游戏的特有名称”的使用。

其三，游戏名称商标本质上是作为名称使用还是作为商标使用？

这个问题的答案本来是很清楚的，几乎所有的游戏名称商标在实际使用时，都是作为游戏名称来使用的。之所以混淆，是因为《中华人民共和国商标法实施条例》（以下简称《商标法实施条例》）（2014 年修订本）第七十六条的规定：“在同一种商品或者类似商品上将与他人注册商标相同或者近似的标志作为商品名称或者商品装潢使用，误导公众的，属于商标法第五十七条第二项规定的侵犯注册商标专用权的行为。”

法院在进行相关的裁判时，通常采取两个路径。

路径一：原告拥有合法有效的注册商标专用权，被告将该与原告注册商标相同或近似的文字标志作为游戏商品名称使用，误导公众，因此被告侵犯原告注册商标专用权。

路径二：原告拥有合法有效的注册商标专用权，被告在自己游戏商品运营中标示与原告注册商标相同或相似文字标识的行为，属于《商标法》（2019 年修正本）第四十八条所规定的“商标的使用”，该使用行为容易导致混淆，因此被告侵犯原告注册商标专用权。

无论哪种裁判路径，法院常常会回避一个必要的裁判前提的判断：原告就其“游戏名称商标”是作为商标使用还是作为游戏名称使用？原告究竟是在主张商标权保护还是主张游戏特有名称权保护？

也许裁判者认为，既然《商标法实施条例》已经明确规定，将他人注册商标用作自己的商品名称的行为属于侵犯注册商标专用权的行为，商品名称使用行为就是商标使用行为，还有必要再去区分是名称使用还是商标使用行为吗?

我们可以进一步讨论一下商品名称与商标的关系。

在一件商品上,商品名称和商标通常会同时出现,商品上所出现的标识究竟是商品名称还是商标,只需要看它是回答“这是什么”还是“这是谁提供的”。

但有时候,问题会复杂化。比如企业字号或名称的标注也可以回答“这是谁提供的”。一个标识也可能可以同时回答“这是什么”和“这是谁提供的”,比如前面讨论过的商品特有名称。一个标识也可能起初使用时,是指示“这是谁提供的”,但后来演变为只能指示“这是什么”,比如商标名称化使用。

我们可以看到很多将名称与商标混同为一体的情形。比如,中国的期刊行业的惯例是,必须将期刊名称进行商标注册,期刊发行者必须持有合法的期刊名称注册商标专用权方可获得相关行政审批;比如药品名称的商标化;比如企业名称的商标化;甚至于现在做个电视节目、拍个电影,都得未雨绸缪地将节目名称、电影名称去提前进行商标注册;各高校、各知名机构都将自己名称的简称、全称进行商标注册,而且是全类注册,如此相互撞车的商标注册申请也不胜枚举,如南京大学的“南大”与南昌大学的“南大”。

当各类荒诞不经的注册商标侵权纠纷接连发生,且常常是注册商标屡胜不败,判决结果与我们的常识判断大相径庭时,我们是否应该回过头来仔细看看,这些来自名称的注册商标是真正的“商标”吗?

商标法的立法目的在于保护权利人商业标志以及由之而产生的财产性利益,在此基础之上,使消费者的合法权益得到保障。各类名称,总的来说,应纳入反不正当竞争法的保护范畴。商标法和反不正当竞争法在保护商标权上之所以存在交叉重叠,正是因为商标法和反不正当竞争法在追求保护商标持有人以及消费者合法权益、维护市场公平竞争秩序方面具有相同的立法目的。

商标的基本功能是为识别商品或服务的来源,从而建立公平竞争的市场秩序,保护消费者的合法权益,这也是商标法的根本目的。正是基于商标法立法目的的公益性,在商标赋权中,赋予的是有限的排他权;在商标维权中,赋予的权利也应当是有限的。例如，商标权仅仅在阻止他人实施商标混淆行为的时候有效，除此之外，商标权人不能够任意行使商标权。最高人民法院裁判的“东风案”，也体现了这样一种裁判方向。

事实上，从反不正当竞争法角度来看，注册商标、商品名称、商业外观、企业名称及域名等标志的不当使用，都可能导致消费者混淆或误导。对标志的使用，只要可能产生消费者的混淆或误认，均应被禁止。因此不论某种标志是否已经注册为商标，只要经过使用发挥了标志来源的功能，都应该享有排除他人的不正当使用。《商标法实施条例》（2014 年修订本）第七十六条规定的存在，恰恰说明商品名称使用行为是与商标使用行为不同的行为，否则就无须这样特别做出规定了。

进一步来说，我们不需要将所有可能具有标识来源功能的标志全部注册为商标，也能获得禁止市场混淆的法律保护；即使注册为商标，也可能无法通过商标路径来获得保护，而只能回归到反不正当竞争法路径。

正如我们反复讨论的游戏名称商标，它只是游戏名称披上了注册商标的马甲。

（撰稿人　陈静律师）

编者按

无论注册商标异议、撤销还是无效，无论商标侵权还是关联的不正当竞争行为诉讼，我们越来越多地看到，商标的实质法律价值日益凸显。

商标保护，究竟要保护什么

第一个问题：商标保护就是保护那些已经被注册为商标的文字、图案不被他人经营性使用吗?

显然不是。

商标的呈现形式虽然是一些识别性符号，简单的文字、图案等，但这些识别性符号仅仅是商标权利的载体，商标权的法律内涵远不止于此。

商标最根本的作用在于利用识别性符号来标识区别商品或服务的提供者，标识商品或服务的来源，消费者可以借此识别性符号来确定自己的消费选择，同时诚信的经营者可以借此识别性符号积累口碑商誉。

因此，当一个词，比如“苹果”，在被注册为用在计算机商品类别上的商标时，通常只是一棵小苗，它能否长成参天大树，需要经营者的培育和市场土壤的填植。在它长成之后，其树冠之下的同一片市场土壤，将不允许有相同或类似的小苗再长出。如果出现，司法将予以铲除。

例外的情形包括：那棵小苗先天不足，虽然注册成功，但其商标显著性极弱，例如“嘀嘀”商标，一审法院即认为文字“滴滴（嘀嘀）”为象声词和常用词，“嘀嘀”形容汽车喇叭的声音，在日常生活中通常被指代汽车，“滴滴”的发音等同于前者，两者在小桔公司服务所属的出租车运营行业作为商标使用的显著性较低。如此，除非铁杵磨成针，这类商标通过长期性的使用获得了显著性，否则它无法产生禁止其他经营者的合理使用。更进一步来说，注册商标专用权人并非完全垄断了其所注册取得文字或图案的经营使用权。

例外情形还包括：那棵小苗的种子是从在先权利人那里偷来的，例如是抢注他人在先使用且已具有一定知名度的未注册商标、他人知名商品名称、模仿外国驰名商标等，“新百伦”商标在某种程度上无法洗脱仿注外国驰名商标“NEW BALANCE”的嫌疑。如此，则需要通过撤销或无效程序，铲除这棵小苗。

因此，在判断他人经营性使用相同文字或图形是否构成对该文字或图形注册商标的侵犯时，首先要检查确定该注册商标的保护区域和保护效力，而非简单、机械地仅仅以被告所使用的文字、图形相类同为唯一判断依据。

例如“嘀嘀”案中，一审法院认为：原告列举被告“滴滴打车”服务过程中的相关商业行为，或为小桔公司针对行业特点采用的经营手段，或为该公司对自身经营采取的正常管理方式，与原告第35类商标针对的由服务企业对商业企业提供经营管理的帮助等内容并非同类。“滴滴打车”平台需要对信息进行处理后发送给目标人群，并为对接双方提供对方的电话号码便于相互联络等行为与原告第38类商标类别中所称“电信服务”明显不同，并不直接提供源于电信技术支持类服务，在服务方式、对象和内容上均与原告商标核定使用的项目区别明显，不构成相同或类似服务。在法院认定的此前提下，被告经营中即使使用与注册商标完全一致的“嘀嘀”文字，亦不构成商标侵权。

第二个问题：如果商标权保护的实质在于保护附着于商标载体上商誉，防止市场混淆，那么，以在先申请原则初始取得的注册商标的法律保护体现在哪里？

例如“微信”案中，很多网友对于在先申请“微信”商标的申请人予以极大同情，认为这是“大鱼吃小鱼”的操作，一个商标异议被商标局从2011年生生拖到2013年才裁定，腾讯的微信用户从几千万发展到几亿，让受理行政诉讼的法院不得不去从结果倒推法律的适用，并终于还是用上“损害公众利益”这个大箩筐。

而在“新百伦”案中，被告就没这么幸运了，提出的商标申请异议被驳回，注册商标一核准公告即被商标权人告上法庭。法庭说，你提出异议，说明你明知该商标申请存在，还不善意避让，那就只好赔钱给商标权人了。

我们可以假设一下，如果“微信”案中腾讯的异议也被驳回，“微信”商标顺利注册成功，是否法院也会以未“善意避让”而让腾讯赔个天价？

我们来理性地审视这两个案子。

就网上披露的信息而言，“微信”案的商标申请人完全善意，其申请无任何攀附腾讯的可能性，且依照在先申请原则，其依法应当取得“微信”注册商标。那棵小苗不应当因为附近的一棵在后疯长的灌木就被拔除。至少，司法应当尊重在先申请人的合法利益，尊重其商标申请行为所产生的“对特定符号的先占利益和未来对特定符号的使用可能产生的期待利益”。更稳妥的方式，应当是由利益冲突双方就该“微信”商标申请权之转让进行协商。

而“新百伦”案的商标权人，基于其持有一在先的注册商标“百伦”这一具体状况，也不能武断地认为，因为外国驰名商标“NEW BALANCE”的客观存在，而确定其注册行为的恶意。另外，也不能回避这个客观事实，在相当大比例的消费者看来，“新百伦”就是“NEW BALANCE”。在此前提下，也可以理解为双方就“新百伦”文字的经营性使用系无恶意撞车。因此，该案的处理在本质上不应迥然不同。即使“NEW BALANCE”针对“新百伦”商标异议不被支持，即使“NEW BALANCE”使用了获得注册核准的“新百伦”，司法上也仅应在注册商标的那棵小苗的价值基础上进行酌量判赔。

回过头，我们假设“微信”案中腾讯的异议也被驳回，“微信”商标顺利注册，“微信”商标权人无法与腾讯就“微信”商标转让协商一致，提起诉讼，法院判赔多少？腾讯几亿用户量的收益吗？公平合理的，仅仅是那棵苗的价格。

即使我们不去考虑“NEW BALANCE”国外商标的驰名度，不去考虑“NEW BALANCE”在中国区域的“新百伦”字号，而将“新百伦”案视为商标反向假冒的又一典型情形，一棵苗的赔偿，亦足以实现填平。否则，通过抢注来“捡漏”之风将无法遏制。

所以，商标的生命在于使用，商标的法律意义在于区别商品和服务的来源。商标保护的本质在于维护经营者对于商标品牌所承载的商誉维护和培育成果，让每个诚信经营者的商标在司法保护的阳光下长成参天大树，摒除那些攀附、搭车的投机者不劳而获。在出现善意撞车情形时，通过司法程序实现善意避让。在林林总总的商标纠纷处理中，诚信是实现商标保护公平公正的基石。

（撰稿人　陈静律师）

著作权篇

·实战案例·

案例1

技术类文章的著作权属于谁

案情介绍

时间回到2013年的春季，刚刚过完春节，笔者接到一位朋友的电话："蒋律师，我们被告侵权了，还请你赶紧帮帮忙。"赶到单位，首先赶紧看了诉状。

原告黄某为原南京橡胶厂退休职工，于1987年5月（在职期间）在《水利水电技术》杂志上发表了一篇题为《现场施工中橡胶水封的热黏合法》的文章[署名"黄某（南京橡胶厂）"]。其声称二十多年来，南京橡胶厂销售科、南京橡胶厂、南京金三力橡塑有限公司工程分厂技术质量部等单位或部门未经许可，从20世纪80年代开始以南京橡胶厂销售科的名义，直至现在以改制后南京金三力橡塑有限公司（以下简称"金三力公司"）的名义对这篇文章进行了多次翻印，并用于生产经营。被告翻印时还删去了作者的姓名。根据《中华人民共和国著作权法》（以下简称《著作权法》）的规定，金三力公司侵害了原告享有的作品著作权中的署名权和复制权，侵权时间长，事实清楚，证据确凿。故原告诉至法院，请求判令被告金三力公司：①停止侵权行为；②赔偿原告经济损失人民币30万元；③承担所有诉讼费用。

拿到诉状，单位的负责人首先和我们就企业的变革做了阐述。金三力公司的前身为南京橡胶厂，成立于1958年11月，是一家市属国有企业。2003年8月13日，经南京市振兴工业指导小组办公室批复，同意南京橡胶厂实施

“三联动”改革。由于工商行政管理需要，在改制过渡期（2003 年 9 月 9 日至 2004 年 3 月 22 日），暂时设立了“南京橡胶厂有限责任公司”。改制资产重组完成后，于 2004 年 3 月 22 日注册成立了“南京金三力橡塑有限公司”。

原告的确写了这篇文章。当时由于国营大厂接了国家重点工程，组织技术人员参与了其中的部分项目。原告也参与了其中的部分项目，根据当时实施的部分，原告（作者）在这篇文章中也有提及。

原告向法院提供了三份《现场施工中橡胶水封的热黏合法》一文的翻印件，三份翻印件的内容与《水利水电技术》期刊上刊载的上述文章的内容完全相同，但署名不同。第一份翻印件没有署名，但盖有“南京金三力橡塑有限公司工程分厂技术质量部”的印章；第二份署名“（南京橡胶厂）”，没有印章；第三份署名“销售科（南京橡胶厂）”，其中“销售科”列题目的下一行，“（南京橡胶厂）”列“销售科”的下一行。第一、第二份翻印件均为复印件，第三份翻印件为打印件，使用 8K 纸张且颜色发黄。

由于原告原为单位的职工，所以对于单位的内部情况也非常熟悉。考虑到这个案件复杂的历史背景和繁杂的技术，我们提出了几个方面同时着手：一是请单位人事部门把原告在单位的人事档案调出，仔细查阅在单位的发展历程；二是根据文章中所公开的信息，找到当时的技术资料；三是由律师团队来检索类似案例，寻找法律支持。

虽然是几十多年前的事情，国有单位经过改制，人员大幅调整，但是单位还是保存了不少资料，人事档案比较健全，技术资料也有很多，我们一头扎进了技术资料的整理分析中。多日的奋战，并没有带来很好的结果，一捆捆的技术文件中并没有完整的技术资料予以对应，即使部分段落的也没有。和资料管理人员沟通得知，公司几次搬家，几十年前的技术资料保存的都是一些项目的结题报告之类，具体的原始资料难以寻找。

我们在煎熬中：怎么抗辩？该采取什么应对思路？法律法规对于类似问题并不如专利法上的职务发明规定得那么详细。

原告提交的诉状及其证据以及金三力公司提供的资料，都表明涉案作品是利用单位的物质技术条件完成的，该作品最后一段内容也表明其在一些重大工程上得到了应用。那么我们首先想到的是职务作品的认定思路，但考虑到“进攻是最好的防守”，该案件涉及的是国家重点工程项目的纯技术问题，能否更进一步主张本案作品是法人作品？

我们认为涉案作品实质上是法人作品（单位作品），具体理由如下：

第一，《著作权法》（2010 年修正本）第十一条第三款规定，“由法人或者其他组织主持，代表法人或者其他组织意志创作，并由法人或者其他组织承担责任的作品，法人或者其他组织视为作者。”即法人作为“作者”，对作品享有包括著作人身权与著作财产权在内的完整的著作权。本案作品完全符合这样的定义。

第二，关于职务作品和法人作品，我们认为有以下共同点：

（1）二者都一定程度上利用了单位的物质技术条件。

（2）二者都与工作有关。

（3）二者都体现了作者和单位的共同利益。二者都是单位为了实现利益目标而组织作者进行创作的结果，单位提供物质技术条件，作者投入智力和精力，最终创作出来的作品反映了作者和单位的共同目标，单位和作者都对其享有一定的利益回报。

第三，但二者之间还存在着如下区别：

（1）作品反映的意志不同。职务作品不是法人或其他组织单位意志的体现，是职务作品的作者个人思想或情感的反映。虽然作品创作属于作者与所在单位约定的或者规章规定的“职责范围”，但是对作品的结构安排、情节处理、材料取舍、思想表达等创作活动都是由作者自己意志所决定的，单位不能在作品中任意加进集体的意志或者领导者个人的意志。职务作品归根到底是作者个人意志表达的体现。

而在法人作品中，虽然该作品的执笔人仍然是自然人，但此时该执笔者所要体现的却不是其个人的意志，而是该法人或其他组织的意志。法人作品中的执笔者是在法人或其他组织的意志支配或控制下去运用思想、关键性词、结构、创作技巧和围绕作品的目的去进行创作的。执笔者在该法人作品的创作过程中，并没有提供智力劳动，执笔者所提供的只不过是辅助性、事务性、技艺的劳动。执笔者完成的作品，是体现法人或其他组织意志的作品。著作权理论强调作品是作者的精神意志产儿，因而保护作者同他的作品之间的人格联系。法人作品完全体现的是法人或其他组织的意志，完成法人作品的执笔人自由思维空间十分有限，而职务作品的作者在创作中有相对自由的思维空间，这一区别非常明显。

（2）单位在创作过程中发挥的作用不同。就职务作品来说，单位一般只提供物质技术条件，对作品的内容、进度等往往不予关注过多；创作过程中，职务作品的创作者享有很大的自主权，其完全可以根据自己的意志和想法完成作品，只要最后完成了单位交给的工作任务即可。而法人作品的创作过程，一般情况下，单位是会全程关注甚至介入的；单位要在实施过程中发挥主持者和组织者的角色，并代表单位的意志进行创作，创作过程中出现的任何偏差和动向，单位都会有所掌握并作出相应的决断。当然，介入创作过程的程度并不是一成不变的，特殊情况下，单位可能不会全程介入，也许只会明确创作目的和创作过程的要求，并不深入介入，这种特殊情况下，仍不影响其成为法人作品。

（3）对作品享有权利的程度不同。由于作者和单位在职务作品和法人作品的创意、创作中付出的精力不同，因此，对于二者的权利享有程度也就不同。单位对于法人作品倾注了较多的精力，相应地就在一定程度上减轻了作者的负担，因此，对于法人作品，单位应该享有充分的权利，包括署名权、发表权、修改权等在内的著作权权利人依法享有的所有权利。而职务作品则是作者在创意和创作中发挥主要作用，单位只是在确定作者工作职责或工作任务的前提下，提供了物质技术条件方面的客观帮助和便利，因此，作者应享有包括署名权在内的大部分权利，单位只享有优先使用权（当然，《著作权法》规定的特殊情况除外）。但总的来说，就职务作品，单位和作者应共同分享作品的著作权权利，只不过作者所占的权利比重大一些，单位享有的权利比重小一些。相应地，与权利享有密切关联的创作成果的利益分配方面，二者也表现得不同，单位对职务作品享有的是优先使用权，而对于法人作品，单位被视为作者，应享有完整的著作权权利。

第四，我们认为最为关键的一点区别，就是作品责任的承担主体不同。这是区分职务作品和法人作品的最关键因素。

无论是作品的创意来源，还是作品创作过程中发挥的作用，无论是作品的权利享有程度，还是作品的利益分配形式，某种程度上都不是很确定的衡量因素。而作品责任的承担主体这一因素，对于区分职务作品和法人作品来说，却是确定性的因素。简而言之，一部作品在性质上究竟是职务作品还是法人作品，其中的关键判断因素是该争议作品由谁承担作品责任。如果该作品责任由作者承担，则应该是职务作品；如果作品责任全部由单位来承担，则是法人作品。

而本案中的作品，描述的是一种工艺方法，按照其中公开的内容，我们可以清楚地知道，其中的关键原料是由金三力公司提供的，为了说明工艺方法的有效性所采用的工程实例是一些大的水利工程。毋庸置疑，这些工程的责任肯定是由单位来承担的，个人没有能力也根本不可能去承担这样的责任。围绕着这样一个工艺方法的实施，需要进行多次实验和验证，这种实验和论证需要大量的物质技术条件和人员保证才能完成，从而确保工艺方法最终在工程上的应用。如果这些工程应用中产生了问题，承担责任的主体肯定是单位。

由此，我们认为本案作品的性质是法人作品。

我们惴惴不安地迎来了庭审，果不其然，原告请来了多位证人，予以证明涉案文章被翻印和使用的事实。

本案判决结果如下。

一审判决如下：

一、被告南京金三力橡塑有限公司自本判决生效之日起立即停止侵害原告黄某对《现场施工中橡胶水封的热黏合法》作品享有署名权的行为；

二、被告南京金三力橡塑有限公司自本判决生效之日起十五日内赔偿原告黄某经济损失包括制止侵权的合理费用人民币5000元；

三、驳回原告黄某的其他诉讼请求。

一审判决书中法院对于判决的依据进行了充分的说明：

原告在完成单位的工作任务过程中形成工作的实践经验，并将这些工作经验加以总结，整理和撰写出涉案作品。一方面，涉案作品的创意、构思和撰写是原告付出的创造性劳动；另一方面，涉案作品的内容来源于原告长期以来完成南京橡胶厂的工作任务形成的工作实践经验。如文章中的工程是原告单位南京橡胶厂承接完成的施工项目，可见原告是接受单位的指派完成单位的工作任务才得以积累涉案作品中介绍的工作实践经验。涉案作品应当属于职务作品。

被告作为责任主体是基于工程施工方的身份，而非涉案作品的作者，不能据此认为被告是涉案作品的作者或涉案作品属于法人作品。

原告黄某是涉案作品的作者，其对涉案作品享有的著作权应受法律保护。原告的单位有权在业务范围内优先使用，但在使用时不得侵害原告作为作者享有的著作权。

原告与被告均不服一审判决，提起上诉，二审判决如下：

一、撤销江苏省南京市中级人民法院（2013）宁知民初字第162号民事判决。

二、金三力公司自本判决生效之日起立即停止侵害黄某《现场施工中橡胶水封的热黏合法》作品享有的署名权和复制权的行为。

三、金三力公司自本判决生效之日起十五日内赔偿黄某经济损失包括维权支出的合理费用人民币2万元。

二审法院的观点主要有：

该作品既非法人作品，也非职务作品，应当认定为黄某独立创作的个人作品。一审法院认定属于职务作品欠妥。主要理由为：

首先，该作品不符合职务作品的认定条件。一般意义上的职务作品需要具备以下条件。一是创作者与有关单位之间存在劳动关系，即属于单位职工。二是创作该作品属于单位交付给其的工作任务。也就是说，创作系争作品属于作者在单位的本职工作任务，或者系单位交付的本职工作之外的创作任务。该条规定中的“工作任务”或工作职责的内容应当理解为创作作品，而不是单位分配或安排给职工的其他一般性工作任务。三是对作品的使用属于作者所在单位的正常工作或业务范围，也就是说，作者创作的作品能为本单位的正常业务使用。本案中，该作品系黄某根据自己的工作经验在业余时间自主地独立创作完成的。涉案作品虽然是作者多年工作实践经验的总结，但黄某创作该作品并不属于其工作职责的范围，也非单位交付给其的工作任务。即使论文所涉及的橡胶水封的施工属于单位交付给黄某的正常的工作任务，但创作涉案技术论文并非其工作职责。

此外，认定本案作品系黄某个人作品，本院还考虑到了以下事实：①作品发表时署名为黄某个人；②黄某在业余时间创作完成涉案技术论文，并未利用单位的物质技术条件，单位也未提供任何文字材料供其创作使用；③黄某创作完成涉案作品并未获得单位的报酬和奖励。

其次，严格限定职务作品、法人作品的认定是立法精神所在。

再次，应当正确区分作品的表达与作品中的相关技术内容。一审法院混淆了作品的表达与作品的内容。著作权保护的是作者根据自己的知识、经验等通过独立构思、创作而完成的作品的表达形式，而有关工艺方法、技术方案是技术成果权保护的范畴。二者是形式与内容的关系。就本案而言，涉案技术论文的著作权保护的是该作品具有独创性的表达形式，而论文中涉及的技术内容、技术方案、工艺方法等属于技术成果权的保护范围。因此，该作品中所介绍的工艺方法等技术内容与金三力公司的工艺方法是否相同以及对该工艺方法的保护问题不属于本案的审理范畴。黄某根据自己的工作经验，独立构思，撰写完成一篇技术论文，对其在单位工作实践中运用的一些工艺方法进行总结、介绍、解释和论述等，也符合著作权法所保护的作品的要求。

诚然，在考察涉案论文独创性时，还需要审查涉案论文在撰写过程中在文字表达上与金三力公司在先已经形成文字的技术文档、工艺标准等是否存在雷同之处。通过一、二审比对，可以发现，金三力公司提供的技术档案或卷宗中仅有少数概念、材料名称、步骤名称、温度值等在涉案论文中出现，金三力公司卷宗或档案中并没有披露涉案作品的主要内容，涉案作品系黄某独立构思而完成的操作性较强的技术论文，其中介绍的操作材料、工具和工艺方法等具有完整性。涉案作品并没有抄袭金三力公司在先的技术档案或卷宗内容，具有独创性。

黄某对于二审判决不服，向最高人民法院提起再审请求，最高人民法院裁定驳回黄某的再审申请。

律师评析

本案最重要的争议问题，也是著作权的本质，表达与内容的关系，尤其是技术作品的表达与内容的关系。本案一审判决能引起原告与被告双方分别上诉，也说明了对于著作权的保护，理解偏差比较大，体现了著作权保护的复杂性。

本案一、二审判决书都拿出了专门篇幅来阐述案件背后的法律，各自有其法理的支持，可以说，这是两份精彩的判决书，分别从各自角度给出了详细的诠释，现在读来仍有深刻意味。

本案争议产生有其历史背景和现实意义，之前国企职工在总结单位具体施工工艺的基础上发表了涉案作品。本案也对相关单位的知识产权管理给出了启示，不仅要做好专利申请工作，对于技术性文章的发表也需要加强管理，一方面，容易造成单位相关技术秘密的泄露，同时也有可能造成著作权权属不清，给未来单位使用相关文章带来风险；另一方面，单位要就技术成果及时总结、整理归档，并合理保存。

（承办律师　蒋海军　杜袁成）

案例2

谁偷了谁的“奶酪”

——谨防盗版套路

案情介绍

上海J公司是专业从事产品包装设计、产品包装销售的企业，其中，中国传统食品月饼产品的包装设计是其主要业务之一。经营至今，上海J公司已设计了上百种月饼包装盒图案。上海J公司在2008年11月18日完成用于月饼包装盒图案的美术作品“锦上添花”，于2009年5月13日进行了著作权登记。

2009年6月上旬，应南京D酒店公司招标要求，上海J公司对上述“锦上添花”月饼包装图案中的文字进行了修改，并另行专门设计完成月饼包装盒图案“蝶恋花”，一并进行投标，并向南京D酒店公司提交了包装盒样盒。招投标结束后，上海J公司被告知未中标。

但在临近中秋之际，上海J公司却发现南京D酒店公司竟然使用其投标的设计图案作为月饼包装盒图案，公开销售用具有其设计图案的包装盒进行包装的月饼产品，并制作了相应的广告宣传册。后上海J公司经初步调查得知，南京D酒店公司所销售使用的月饼包装盒系由常州某厂生产提供。

上海J公司遂以南京D酒店公司未经原告同意，擅自将其独立创作的设计图案用作其月饼产品的包装物图案，并广为销售，已经严重侵犯了其著作权，常州某厂擅自复制上海J公司的美术作品进行相应的包装盒生产，亦侵犯了其著作权为主要事由，提起诉讼。

经开庭审理后，原告与被告双方在法庭主持下进行了调解，南京D酒店公司即时向上海J公司支付经济赔偿及各项合理费用15万元，上海J公司撤诉结案。

在提起诉讼时，原告律师组织提供了以下三组证据：

（1）涉案作品的作品登记证书及底稿（上海版权局作登字09-2009-F-394），证明美术作品“锦上添花”系于2008年11月18日完成，于2009年5月13日进行了著作权登记，该作品系作者仅享有署名权的职务作品，该作品著作权人为原告。

（2）相关招投标文件、投标样盒，以及登载有涉案作品的行业杂志、参加烘焙展的图片资料等，证明涉案作品所形成的月饼包装盒图案的月饼盒已提供给被告，且已广为公开宣传、展览，两被告有充分足够的途径接触到涉案作品。

（3）相关侵权证据保全公证书及公证实物，包括南京D酒店公司涉案月饼包装盒实物和宣传册，以及相关电话录音证据，证明两被告恶意剽窃原告作品，复制原告作品作为月饼包装盒图案。

上诉证据能够证明被告侵犯涉案作品的著作权的事实，然而，原告缺少确切的可以确定诉赔数额的证据，只能交由法官酌定赔偿额。这是本案的软肋之一，原告也对赔偿数额没有太高期望。

针对原告证据和诉求，南京D酒店公司为了尽快甩锅，提出合法来源抗辩，向法庭提交了月饼盒供应商常州某厂的供货合同。该份证据直接被原告律师引为己方证据，证明涉案侵权数量和获利数额。案件趋势明显对被告不利。

庭审时，被告证据突袭。月饼盒供应商常州某厂当庭提交了一件“蝶恋花”国画作品原稿，声称自己的月饼盒图案是由该国画作品修改调整而来，而自己已经获得该国画作品著作权人的授权许可。假的真不了，原告律师请求法庭当庭进行比对。

经比对，常州某厂提交的“蝶恋花”美术作品与公证取得的月饼包装盒图案相差甚远，该美术作品仅为灰白调白描图案，且其具体图案相比于包装盒图案纤细单薄，既没有月饼包装盒图案布局的体现，也没有色彩层次的选择采用，与月饼包装盒图案是完全不同的两个作品。第二被告主张其系依据此美术作品进行修改而形成包装盒图案的陈述显然是不真实的。而将公证取得的月饼包装盒实物与原告作品进行比较，可以确定：

（1）两者整体图案布局完全相同，均是左侧布满图案，右侧除右下角点缀图案外大幅留白，居中设竖排文字。

（2）两者色彩选择配合完全相同，均采用白底青花色，其中根据具体的花朵、枝叶、蝴蝶图案，分别采用不同色度层次的青花色来表现的装饰性造型，也完全相同。

（3）两者具体图案线条的平面造型完全相同，甚至于整个图案的如意形底纹也完全相同。

被告强调公证取得的包装盒图案中无“万”形花蕊的辅配花朵，事实上，造成这一不同的原因恰恰是因为在复制扫描时无法扫描到原告所提供样盒的盒边壁上的图案，根本无法同步形成完整的包装盒图案，因此只能将原告样盒盒面图案放大来形成仿制图案。上述细节差异，恰恰证明两被告是在明知可能侵犯原告作品著作权的前提下，刻意修改，如将左上角蝴蝶图案朝向由向下改为向上，以争取回避侵权风险。

原告律师一正一反的作品比对，使得法庭更进一步确认涉案侵权事实成立。在此基础上，原告律师乘胜追击，主张以南京 D 酒店公司提供的月饼盒供应商常州某厂供货合同确定侵权数额；同时强调说明，各地客户为了保证自己月饼包装的独特性，通常要求包装盒提供商实行区域专卖，即在一定区域内，一种图案的月饼包装盒只能提供给一个有较大销量的客户。鉴于南京 D 酒店公司本身所具有的经营规模和市场影响，两被告上述侵权行为已经严重影响原告就所涉设计图案进行区域专卖，无法进一步取得应有的经济利益，并给原告造成极其恶劣的市场影响。

庭审结束一周后，两被告即与原告达成和解，上海 J 公司获得 15 万元赔偿，本案得以快速结案。

律师评析

本案虽然属于较为简单的美术作品复制权侵权案，但存在以下诸多不利诉讼因素：

（1）原告是外地公司，而被告之一是当地具有较强市场地位的乙方公司，排除地方保护等因素之外，如果本案原告败诉，原告将不再可能拥有进入南京市场的机会。因此，原告只能接受胜诉的结果。

（2）涉案侵权实物图案与原告作品登记图案存在较大差异，且有较多包括字号文字书法体等新的添附内容，并非原版抄袭，作品侵权比对存在一定障碍。

（3）原告缺少可以确定诉赔数额的证据资料，只能交由法官酌定赔偿额。结合因素（1），原告即使胜诉，也有可能获赔额极低，甚至不能填平案件的律师代理费用。

在与原告充分沟通了上述不利因素之后，原告与原告律师共同确定了案件诉讼策略。律师指导原告进行了补充取证，获得了与南京D酒店公司采购部电话录音证据，确定了涉案月饼盒供应商常州某厂，将其列为共同被告，为南京D酒店公司提供免除赔偿责任的逃逸通道。而南京D酒店公司提交的供货合同更是直接为法庭确定侵权赔偿数额提供了确凿依据，也为后期的调解谈判提供了谈判基数，使原告通过调解即获得了基本合理的经济赔偿。

另外，原告为涉案作品侵权比对做了充分的庭前准备。针对原告作品系工艺美术作品的作品特点，从作品的独创性主要体现在整体图案的布局、色彩的选择配合以及具体图案线条的平面造型这三个方面，进行了全方位的当庭比对。即使被告证据突袭，也没有干扰到该比对结论，反而强化了比对的全面性。

因此，本案虽然有诸多不利因素，但通过充分扎实的举证和说理陈述，顺利达成了维权诉讼目标。

◇ 本案启示

在知识产权纠纷案件中，著作权侵权纠纷可能是最简单的一类，也可能是最复杂的一类。作品的多样性以及侵权行为的多样性，使得著作权纠纷的解决日益复杂化。本案侵权事实较为清楚简单，但即使如此，律师在整个诉讼过程中也如履薄冰。

著作权侵权纠纷案的难点之一在于如何使权利人获得充分而合理的经济赔偿。目前，多数法院对于作品著作权侵权案件所酌定的侵权赔偿数额均较低，如只提交侵权证据，赔偿数额由法庭酌定，则权利人的经济损失获得填平的可能性较小。因此，权利人在维权诉讼中取得侵权获赔证据是要做的重要功课之一。

著作权作品侵权比对是诉讼胜负的关键。作品种类不同，比对的思路和比对重点都会有巨大的不同，必要时还需要借助司法鉴定。然而，万变不离其宗，只要抓住相同的“实质”，就抓住了抄袭的根由。

（承办律师　陈静）

案例3

软件侵权诉讼中 Telnet 远程取证的证明效力如何认定

案情介绍

Serv-U FTP 服务器软件是一款国际知名的 FTP 服务器端软件，其以性能稳定、安全性高、体积小、速度快、易掌握等优势受到用户欢迎和认可。该款软件的开发商和版权人磊若软件公司（Rhino Software，Inc.）通过监测调查发现，有多家公司未经原告授权即在网站服务器上安装、使用涉案软件，于是申请公证处对侵权行为进行了公证取证。

磊若软件公司于 2015 年将马鞍山 J 公司诉至法院，要求被告立即停止使用盗版软件并赔偿损失。

磊若软件公司主张在公证处通过 Telnet 命令远程登录程序获取了证据，显示被告使用了 Serv-U FTP Server V6.0 软件。但由于运用 Telnet 命令远程登录主机所获取的结果并不具有确定性和唯一性，因此该证据是否能够证明被告的涉案网站服务器中使用了 Serv-U FTP Server V6.0 软件成为本案的核心争议焦点，这直接决定了能否认定被告的侵权行为。

本案中，法院认为，虽然最终运用 Telnet 命令远程登录主机所获取的结果并不具有确定性和唯一性，但公证过程中，原告代理人通过 Telnet 检测服务器的 21 端口，其反馈信息具有较高的确定性，已经可以达到民事诉讼证据高度盖然性的标准，通过 Telnet 命令远程登录程序获取的证据能够证明涉案网站服务器中使用了 Serv-U FTP Server V6.0 软件。案件审理过程中，被告未提出任何辩解并提供相关证据，应承担对其不利的法律后果。法院据此认为被告在涉案网站所在的服务器安装有涉案软件，侵害了磊若软件公司享有的复制权和获得报酬权，从而支持了原告的诉讼请求。

◇ 律师评析

Telnet 为 Teletype Network 的英文缩写，是计算机程序中的专有名词，表示远程登录协议和方式，即根据 Telnet 协议，实施远程登录程序。该命令的基本功能是允许用户登录进入远程主机系统，用户使用 Telnet 命令时，自己的主机暂时成为远程主机的一个仿真终端（伪终端），把用户输入的每个字符传输给主机，再将主机输出的每个信息回显在计算机屏幕上。通过远程登录程序将远程登录设计为登录远程主机服务器的仿真终端，再通过本地机操作系统运行该仿真终端，操作、控制远程服务器 21 端口。即 Telnet 命令程序实际上用于监听远程机 21 端口的 FTP 程序，具有探视远程主机 FTP 身份信息的功能。因此，从技术上看，可以利用 Telnet 命令的探视功能，监听远程主机服务器 21 端口的 FTP 信息，使 Telnet 命令成为绕开涉案网站服务器后台，获取远程主机服务器中 FTP 信息的取证手段。

通过 Telnet 探测目标服务器的相关端口，会反馈软件名称、版本等相关信息，这是无图形界面命令行应用程序交互过程中的常用方法，因为在图形化应用系统出现之前，软件程序与用户之间都是通过在屏幕上输入输出相关的文字来进行交互的。

将一个软件的欢迎信息更改为其他软件的信息，本身就是一个不常见的操作，且如果真是这样操作的，被告应该能提供相应的证据证明其主张。因此在上述案件中，在被告没有提供任何相反证据的情况下，法院仍认定 Telnet 远程取证结果的高度盖然性，从而认定了被告的侵权行为。

◇ 本案启示

近年来，通过 Telnet 命令进行远程取证的案件越来越多，但各地法院在审判实践中对此取证方式所得结果的证明效力认定并不统一。大部分法院对这类远程取证方式的证明效力予以认可，但也有判决认为使用 Telnet 远程取证，Telnet 命令操作获得的反馈信息与待证事实之间的关联性不具有确定性和唯一性，否定该取证方式的证明效力。

运用 Telnet 命令登录远程服务器，反馈页面如果显示有相应软件的信息，则说明通常情况下，被探测的服务器上安装了涉案软件。但是，技术人员可以修改服务器上的相关设置，此时反馈页面上显示的软件名称可能与实际安装的软件不一致。如果技术人员进行了上述修改，服务端口打开，则可成功链接进入 Telnet 界面，并显示被链接主机的服务器用户欢迎信息。因此，从技术层面看，这一信息是完全可以进行人为设置或修改的，即通过技术手段修改用户欢迎信息之后，既可以实现对一个安装涉案软件的主机进行 Telnet 命令操作，但获取不到任何包含涉案软件字样的用户欢迎信息，同时也可以实现对一个未安装涉案软件的主机进行 Telnet 命令操作，却获得了包含涉案软件字样的用户欢迎信息。因此，通过 Telnet 命令操作获得的反馈信息有可能是不真实的，从而与待证事实之间的关联性不具有确定性和唯一性。

可见，认可 Telnet 远程取证的有效性，仅是指认可当事人通过 Telnet 远程取证的合法性、关联性和高度盖然性，但是并不表示只要 Telnet 取证得到了相应的反馈信息，其诉讼主张就绝对成立。首先，在具体的个案中还需要结合被告的抗辩和案件具体情况对是否属于前述的两种例外情形做出判断。其次，前述分析主要针对的是被告是服务器的管理者和维护者的情况，如果被告仅是租用了部分网络空间，对服务器没有管理的权限，则相应的法律责任不应由其承担，但这并不影响对 Telnet 远程取证证明效力的认定。

因此，在侵害计算机软件著作权案件中，应该认定通过 Telnet 命令远程取证结果的证明效力，至于最终的裁判结果，则应该在综合认定双方提交证据证明力的基础上进一步做出判定。

（承办律师　蒋海军　郭琳娜）

案例4

外观设计专利失效，能否以著作权继续保护

知识产权领域存在权利重叠现象。比如，创作完成了一幅平面图案，通常可以申请商标，也可以依附在包装类产品上申请外观设计专利，还自动产生了著作权。而这几类知识产权的保护期限、力度都有所不同，是彼此排斥还是互有补充？

◇ 案情介绍

一天，某米业公司老板找到笔者，说是原代理商解除合作后，把之前自己的一款明星大米产品的包装袋图案申请了外观设计专利，标注上专利号，打着专利产品的旗号大为推广，消费者不明就里，导致该米业公司在该区域的销售遭受重创。出了此事后，公司突然想起很久之前申请过专利，于是很高兴地从角落找出积灰的专利证书想要告对方，结果一查傻了眼，这件专利已经失效了。现在该米业公司眼睁睁地看着前合作伙伴现竞争对手代理商拿着自己设计的包装卖得不亦乐乎，明明觉得哪里不对，但是手里就是拿不出能用的家伙去打击对方，很是窝火。

原来，该米业公司数年前申请了这款大米包装袋的外观设计专利后，因为管理不到位，忘记缴纳年费，导致专利失效。该米业公司的原代理商发现了这一情况，灵机一动，立马申请了一款相同的外观设计专利，以此抢夺市场。

想争夺市场，专利是最直接有效的方式，但该米业公司却自毁长城，将其拱手让人，着实令人惋惜。因为这个失误，该米业公司主打产品销量几乎

遭到腰斩，损失惨重。如此沉甸甸的一口“锅”压在前来咨询的管理副总身上，这个“80后”的年轻人也不得不脱发了。

“以目前的情况，抢回市场得从长计议，不过可以告对方出出气。”笔者提议。出气的计划很容易，只需要拿自己之前的专利作为证据，提起对方专利无效即可，结果没有什么悬念。如此，对方就不能再标注“专利产品”，对消费者的吸引力在一定程度上有所削弱。

但想彻底制止对手使用这款包装图案，则要另辟蹊径了。笔者建议米业公司从著作权入手尝试，先对包装袋作品做著作权登记，之后，拆分出图案上的部分元素注册商标，以期后效。

按照笔者的建议，该米业公司启动了无效程序，也毫无意外使对手的专利权被“无效”掉了。

拿到著作权证书后，米业公司公证取证了对方的侵权产品，随后正式提起了诉讼，诉讼依据很简单：侵犯著作权。但法院的态度如何，无法预判。

关于专利失效后能否以其他知识产权保护，学术界存在两种截然相反的观点。一种观点认为，在美术作品基础上获得的外观设计专利，权利人同时拥有专利权和著作权，当外观设计专利权终止后，权利人享有的著作权依然存在，应受到著作权法的保护；另一观点认为，在权利重叠的情况下，一旦权利人选择了专利法保护，即意味着其承诺在专利权终止后，不再行使排他的垄断性权利，该外观设计即进入公有领域，任何人可以自由利用。

经过激烈的庭审，一审裁判支持了米业公司的诉讼请求，判决销售厂家停止侵权行为，并赔偿相关的损失。

◇ 律师评析

外观设计专利失效后能否以其他知识产权来继续保护，是实务中存在争议的问题，部分观点认为，如果一种外观设计专利因保护期届满或者其他原因导致专利权终止，该外观设计就进入了公有领域，任何人都可以自由利用。但是，在知识产权领域内，一种客体可能同时属于多种知识产权的保护对象，其中一种权利的终止并不当然导致其他权利同时也失去效力。

就获得外观设计专利权的商品外观而言，有判决认为，外观设计专利权终止之后，在使用该外观设计的商品成为知名商品的情况下，如果他人对该外观设计的使用足以导致相关公众对商品的来源产生混淆或者误认，这种在后使用行为就会不正当地利用该外观设计在先使用人的商誉，构成不正当竞争。

就著作权而言，《著作权法》规定只要是独创的作品，不论其是否与已发表的作品相同或相似，均可获得独立的著作权。相比之下，专利权，如果发明人就一项工业设计获得外观设计专利，其他人未经他的许可，不能随便生产、经营该外观设计专利产品。

第一，法律并不禁止权利人在同一客体上享有多种民事权利。本案中，大米包装袋的图案设计也属于一种美术作品，美术作品创作完成后，就自动享有著作权。美术作品在快消行业被大量使用到工商业领域，如产品的外观设计等。因此美术作品在受到著作权法保护的同时，由于也获得了产品的外观设计，能够得到专利法的保护。

第二，一种权利的终止并不当然导致其他权利同时也失去效力。只要是独创的作品，不论其是否与已发表的作品相同或相似，均可获得独立的著作权。实践中很多情形有相同或相似的著作权存在，如果就相同美术作品的工业设计所获得外观设计专利在权利失效后，就认定相同或相似的著作权成为社会财富，定然违背了著作权法的立法初衷，也是矛盾的。因此一种权利的终止并不当然导致其他权利同时也失去效力，两者之间没有必然的联系。

第三，在其两种权利可共存基础上，以及两者没有必然联系的条件下，当外观设计失效后，并不导致该美术作品进入公有领域。因著作权的排他性相对于专利权影响更小，所以并不影响相同或相似美术作品的存在，不会对社会的发展产生任何阻碍，反而切实地符合著作权中鼓励创作和作品的传播、促进精神文明和物质文明的发展的根本宗旨，符合社会公众的根本利益。

本案启示

本案中米业公司因为自身的疏忽，致使遭遇侵权时，专利这把利刃无法出鞘，只能采用著作权方式迂回解决。这对企业家是一个有益的警示，并不是申请完专利就高枕无忧了，必要的梳理和维护是不可或缺的。

当然，手里的专利多了，疏忽可能在所难免，当遇到本案米业公司的这种窘境时，对知识产权制度的熟悉和储备就很重要了，灵活运用，或许可以绝处逢生。

（承办律师　杜袁成　代群群）

编者按

著作权侵权纠纷是企业最可能遇到的知识产权纠纷。一方面，小到企业的微信公众号图片、字体侵权，企业工作软件非正版侵权，大到企业的产品涉及软件著作权侵权，都可能影响企业的正常经营进程，引发侵权责任承担。另一方面，企业自有著作权的保护，小到产品宣传页、公司网站，大到自主开发的软件产品、文化创意产品，也要防止他人的各种低成本盗版侵蚀企业市场。

关于侵犯著作权纠纷案件的几个诉讼要点

目前常见的版权侵权案件，包括软件版权侵权案件，通常涉及以下几个诉讼要点。

一、关于版权权利人的权利归属证明

版权权利证据资料一般包括四类：一是提供出版物，作品上署名的作者，如无相反证明，即为该作品的版权人；二是提供作品原件、底稿；三是提供相关作品版权登记证书；四是提供取得相关作品版权的合同、协议。

版权权属证据资料的提供通常会遭遇以下四个问题：

(1) 对于上述第四类，以继受取得作品版权的版权权利人，是否还需要权利人提供补强证据，如提供原权利人原有版权归属证据资料来证明现有版权人的权利合法性和完整性，各法院的处理并不一致。这个问题在涉及国外引进的作品版权侵权案件中尤其突出。

(2) 对于作品署名作者与作品权利人不一致的情形，如职务作品、委托作品中版权权利分离的状况下，原告是否具有相应的版权权利，是直接决定其诉讼主体是否适格的前提。

(3) 对于派生（演绎）作品版权人与原创作品版权人的权利重叠情形，如汇编作品的汇编人与其汇编作品中独立的原创作品作者，原则上可以各自独立地行使自己的版权。但是，在汇编人证明自己是汇编作品权利人时，应当还要补强证明其汇编作品中编入的原创作品具有合法授权，否则其汇编作品作为违法作品，也不应当受到法律保护。

(4) 作品邻接权权利人的确定。通常情形下，一个作品的邻接权利人的界定是比较清晰的，如作品的出版者、录音录像者、表演者等。比较特殊的是群体性的戏剧表演，原则上应当确定该承担表演任务的演出单位为"表演者"，但也不排除其中的演员以"表演者"权利人主张相应的表演邻接权。

二、关于网络版权侵权的诉讼管辖

对于知识产权侵权纠纷案件，侵权行为地和被告所在地是确定诉讼管辖的根据地。根据相关司法解释，对于网络版权侵权案件，侵权行为地包括实施被诉侵权行为的网络服务器、计算机终端等设备所在地，在难以确定侵权行为地和被告所在地时，发现侵权内容的计算机终端所在地可视为侵权行为地。另外，对于目前网络电子商务中频频出现的商标侵权案件，个别法院亦采取了上述诉讼管辖确定原则，即可以将电子商务行为实施地，视为侵权行为地之一。

但对于网络版权侵权案件，最困难的并不在于确定诉讼管辖地，而在于确定适格的被告。如何通过侵权网站的注册登记信息来确定被告，已不仅限于法律认知，更多涉及的是技术问题。

三、关于软件版权侵权案件的举证责任分担

通常情形下，原告应首先证明自己是所诉软件权利人，被诉侵权软件与

所诉软件表面形式相同，被告有接触原软件的途径。原告因客观原因无法取得被诉侵权软件源程序等。所谓证明被诉侵权软件与所诉软件表面形式相同，即以两个软件的目标程序作为比对，证明两个软件的目标程序相同。此时，被告主张其被诉侵权软件并非来源于原告所诉软件的反驳主张，则应由被告举证证明，提供其源程序进行软件比对。被告不能提供或拒绝提供，则应由其承担不利诉讼后果。

（撰稿人　陈静律师）

编者按

从实际操作的角度看，软件侵权诉讼有较大的难度，尤其是针对诉讼的发起者原告。通常，软件侵权诉讼会涉及以下几个问题：①关于终端用户的“使用侵权”及其他常见软件侵权情形；②关于软件版权的归属证明及软件版权的相对独立性；③关于软件“实质性相似”的司法鉴定；④关于合作开发者和委托开发人的使用限制；⑤关于作为公司出资的软件版权转让纠纷；⑥关于软件许可使用合同纠纷；⑦关于软件版权与企业商业秘密的关联性；⑧关于软件产品的“发行权用尽”问题。

关于计算机软件著作权侵权纠纷案件的特殊问题

《著作权法》第五十二条、第五十三条列举了19种版权侵权行为，《计算机软件保护条例》针对软件版权所具有的特定权利内容，在其第二十三条、第二十四条中列举了11种侵犯软件版权的行为。在实践中最常见的情形包括：

(1) 盗版行为，即未经软件版权人许可，复制、发行、出租软件。

(2) 网络盗版行为，即未经软件版权人许可，通过网络传播软件，包括提供软件下载、软件下载链接服务。

(3) 非法解密行为，即未经软件版权人许可，故意破坏或者避开版权人为保护其软件版权而采取的技术措施，如加密手段。

(4) 非法使用行为，即终端用户使用以上述途径所获得的盗版软件的行为。

在司法实践中，对上述 (1) (2) (3) 所列举的侵犯软件版权的行为，确定其相应的侵权责任并没有太多的争议。对于 (4) 所述的终端用户使用行为，一种观点认为，因其使用行为必然通过软件一次或数次复制才能进行，从严格意义上其应当归为（1）所述的违法复制行为，复制一次和复制批量，在“复制”的行为性质上没有差别，因此终端用户使用盗版行为，属于版权侵权行为。另一种观点认为，将终端用户使用盗版行为，也认定为侵权行为，过于严苛，软件终端用户没有必要也没有能力去核查其使用的软件是否盗版。司法实践中，多依据《计算机软件保护条例》第三十条规定，软件的复制品持有人不知道也没有合理理由应当知道该软件是侵权复制品的，不承担赔偿责任，但应当承担停止使用并销毁该侵权复制品的侵权责任。

在涉及软件侵权诉讼中，原告首先要进行软件版权的归属证明，即证明其合法拥有所诉软件版权，证明自己的诉讼主体适格。

通常，只要向法庭提交软件版权登记证书，或者软件发表的相关证据资料，如原告发行的软件复制品（光盘）、网上软件发布资料等，在没有相反证明的前提下，软件版权登记证书、软件光盘或网上发布软件上标注署名的个人或单位，即为该软件的作者，享有该软件的版权。

这里有两个问题需要说明。

一是通常情况下，软件的作者或称开发人就是软件版权的所有人，但也会存在例外的情形。例如，所诉软件系受委托开发，且委托开发合同约定软件版权归属于委托人；软件版权的原始所有人将软件的部分版权转让给他人，都会出现软件作者与软件版权所有人不一致的情形。因此，对于继受取得软件版权的版权所有人，还需进一步提供相应的版权受让合同或其他证据资料，以证明其拥有所诉软件版权的合法性，具备提起相应软件侵权诉讼的主体资格。

二是应当注意原创软件和升级软件之间的相对独立性。理论上，原创软件和升级软件是相互独立的作品，分别享有独立的版权。原告在诉讼中，应针对所涉嫌侵权的软件，提交相应的软件版权证明，避免因诉讼客体错误而导致败诉。

（撰稿人　陈静律师）

浅析使用盗版商业软件的法律责任

长期以来，在许多人的心中都存在着一个误解：制造、销售盗版违法，而使用盗版并不违法。《著作权法》明确地对制造、销售盗版的行为予以禁止，并规定了很清楚的法律责任，包括停止侵害、消除影响、赔礼道歉、赔偿损失等。对仅仅使用盗版产品的行为，法律并没有作出违法性的规定。但是，在计算机软件的法律保护上，情况是不一样的，人们所说的“使用盗版软件”的行为是为法律所禁止的，是违法的。

计算机软件的特殊性，使得法律保护必须延伸到最终用户的领域。这是由计算机软件的特点所决定的。计算机软件具有与别的作品不同的两大特点。

一是它的功能性、工具性很强。一般的作品，如小说、油画等，只有或主要用于欣赏的作用。而计算机软件则具有很强的工具性。

二是它很容易被复制，而且质量不受影响。在用模拟复制法复制作品时，复制品的质量与原件会有一定的差距；而计算机软件运用的是数字复制法，复制品与原件没有差别。而且，与音像制品的复制相比，计算机软件的复制更为简单。这一特点尤为重要。

这两大特点的存在，使得对计算机软件著作权的保护要与别的作品不同，不仅要在制造、销售领域予以保护，禁止违法复制和销售，而且要把法律保护延伸到最终用户的领域，对软件最终用户的非法复制和非法使用也要作出禁止。

《计算机软件保护条例》中，第十六条、第二十四条和第三十条，对最终用户的行为作出了规定。

第十六条　软件的合法复制品所有人享有下列权利：

（一）根据使用的需要把该软件装入计算机等具有信息处理能力的装置内；

（二）为了防止复制品损坏而制作备份复制品。这些备份复制品不得通过任何方式提供给他人使用，并在所有人丧失该合法复制品的所有权时，负责将备份复制品销毁；

（三）为了把该软件用于实际的计算机应用环境或者改进其功能、性能而进行必要的修改；但是，除合同另有约定外，未经该软件著作权人许可，不得向任何第三方提供修改后的软件。

第十六条规定了合法持有软件者的权利，即合法购买后，可以将软件装机、备份、为实际使用的需要做些修改。但是，如果要卖出这套软件的话，则须将备份删除；修改的软件也不能随意向别人提供。按这样的要求行事，才是合法的使用，即通常所说的“每一台电脑要用一套正版软件”或“每一套正版软件只能用在一台电脑上”。为什么要对计算机软件的最终用户的权利作出如此严格的限制呢？因为软件的复制太容易了，如果法律不对用户的复制行为加以限制的话，就不会有什么人去买正版了，软件开发者的权益就得不到保护。这条指的是合法持有软件的用户的权利，至于非法的持有者（包括非法购买的和借用他人的）就没有装机、备份、修改的权利了。

第二十四条　除《中华人民共和国著作权法》、本条例或者其他法律、行政法规另有规定外，未经软件著作权人许可，有下列侵权行为的，应当根据情况，承担停止侵害、消除影响、赔礼道歉、赔偿损失等民事责任；同时损害社会公共利益的，由著作权行政管理部门责令停止侵权行为，没收违法所得，没收、销毁侵权复制品，可以并处罚款；情节严重的，著作权行政管理部门并可以没收主要用于制作侵权复制品的材料、工具、设备等；触犯刑律的，依照刑法关于侵犯著作权罪、销售侵权复制品罪的规定，依法追究刑事责任：

（一）复制或者部分复制著作权人的软件的；

（二）向公众发行、出租、通过信息网络传播著作权人的软件的；

（三）故意避开或者破坏著作权人为保护其软件著作权而采取的技术措施的；

（四）故意删除或者改变软件权利管理电子信息的；

（五）转让或者许可他人行使著作权人的软件著作权的。

这一条列举出具体的侵权行为并规定了明确的法律责任，其中第一项就是非法复制。大家需要明白这一点：装机就是复制。把借来的或非法购买的软件装入电脑，就是非法复制，因为未经软件著作权人或其合法受让者的同意。

第三十条　软件的复制品持有人不知道也没有合理理由应当知道该软件是侵权复制品的，不承担赔偿责任；但是，应当停止使用、销毁该侵权复制品。如果停止使用并销毁该侵权复制品将给复制品使用人造成重大损失的，复制品使用人可以在向软件著作权人支付合理费用后继续使用。

这条规定的是，如果在不知道软件是侵权物品的情况下，商店进了盗版软件或消费者购买了盗版软件，侵权责任由盗版软件提供者承担；但必要的话，不知情的持有人仍有义务销毁盗版软件，其所受损失可向提供者追偿。

上面这三条规定，涉及的是最终用户使用软件的权利和非法持有、使用软件的责任。从中我们可以看到，使用盗版软件是违法的。可以通过《著作权法》和《民法典》两种方式来保护软件的合法使用。

规定使用盗版软件违法，与使用盗版软件者应承担什么样的法律责任，这中间还应区别不同的情况而论。应认为，对非过错而拥有非法软件的个人使用者，由于其危害性不大，且因其非过错地获得这套软件的财产权，这时，著作权人的权利并不足以压倒持有人的财产权。所以，这种情况下，不应要求持有人承担法律责任。但是，若是营利性地将非法持有的软件运用于商业性活动中，则应承担有关法律责任，如销毁、赔偿等。因此，使用盗版软件的企业对此应提高自己的法律意识，不能非法使用软件。

企业用户使用盗版软件是属于非法复制著作权人软件的侵权行为，为此要承担一定的行政责任、民事责任甚至刑事责任。

根据《著作权法》，这种侵权行为应当根据情况，承担停止侵害、消除影响、赔礼道歉、赔偿损失等民事责任；同时损害公共利益的，可以由著作权行政管理部门责令停止侵权行为，没收违法所得，没收、销毁侵权复制品，并可处以罚款；情节严重的，著作权行政管理部门还可以没收主要用于制作侵权复制品的材料、工具、设备等；构成犯罪的，依法追究刑事责任。

（撰稿人　陈静律师）

商业秘密
及其他篇

·实战案例·

案例 1

商业秘密保护不易

这是泰州市中级人民法院处理的一桩商业秘密案件。该案件从 2007 年开始，前后历经四年时间，因为当地几乎没有处理商业秘密刑事案件的经验，所以案件几经波折，现将关键之处一一道来。

◇ 案情介绍

笔者和 A 公司的一位老总认识了很多年，一天早晨，接到他的电话：蒋律师，公司的员工跳槽了，现在和我们做同样的产品，导致市场损失很大，我们该怎么办？

电话里说不清楚，笔者驱车赶到 A 公司，了解基本情况：A 公司的两位员工朱某、蔡某先后从 A 公司离职，和本地区的一家 B 公司老总张某合作，专门生产 A 公司的一款主打产品：气动离合器，张某和蔡某不仅从事过技术工作，还负责过市场工作，他们不仅仿制，制成后还以低价抢夺了 A 公司的一些客户，导致 A 公司的市场份额受到很大影响，产品价格跌了 1/3，利润空间被严重压缩。

A 公司在行业内名声斐然，与很多客户已经有十几年的合作关系，所以针对市场的变化，很快就收到了一些客户的反馈和提醒。怎么办？这个问题严重困扰着负责人，放任不管，公司几十年的积累很快就会消逝而去。

A 公司老板恨不得立马把离职员工抓起来，制止 B 公司生产销售。但商业秘密案件之所以属于知识产权案件中难度最高的一类，是有其道理的，涉及刑事程序的商业秘密更是如此，我和当事人耐心分析了原因。

商业秘密案件有以下难点。

1. 商业秘密的存在

首先要明确何为商业秘密，解释有很多，国内法律的明确定义有《中华人民共和国刑法》（以下简称《刑法》）和《反不正当竞争法》。《刑法》第二百一十九条规定："本条所称商业秘密，是指不为公众所知悉，能为权利人带来经济利益，具有实用性并经权利人采取保密措施的技术信息和经济信息。"但不外乎包含三个条件：秘密性（不为公众知悉）、价值（经济利益和实用）和保密措施。权利人在维权之初要根据这些基本条件来判断是否有商业秘密的存在，从而启动商业秘密维权程序。

通常而言，在维权之前，权利人就应当指出自己的秘密之处，这对于很多单位而言，首先就是准确地分析并确定秘密点；其次查明行为人是否有接触商业秘密信息的实际或可能，一般离职员工与原单位商业秘密侵权纠纷中，离职员工所从事的为研究开发工作或者是可以接触到商业秘密信息的人员会被认定为接触，或者非离职员工，如果是技术使用的合作方，其也存在接触商业秘密的可能。

2. 如何证明实施了侵权行为

侵权行为存在的证明往往是最难的，商业秘密侵权判定的基本原则是"接触＋实质相似"，法律及司法解释规定：以盗窃、利诱、胁迫等不正当手段获取商业秘密；披露、使用或者允许他人使用以上述手段获取的商业秘密或者合法知悉的商业秘密的行为属于商业秘密侵权，行为人是否实施上述行为是认定行为人是否实施了侵权行为的关键。

被告对其使用是否存在合法来源，属于被告的举证证明责任。合法来源包括自主研发、善意等。还有现在争论较多的记忆抗辩①。

3. 侵犯商业秘密所造成的损失

对于损失的确定，从侵权嫌疑人的销售收入推断销售利润是最清楚的，

① "记忆抗辩"是指在商业秘密侵权案中，被告常常主张其仅仅是通过记忆的方式获取了前雇主的商业秘密，不构成侵权。

但侵权嫌疑人不可能这么配合提供完整的资料。根据《最高人民检察院 公安部关于公安机关管辖的刑事案件立案追诉标准的规定（二）》第七十三条规定：

侵犯商业秘密，涉嫌下列情形之一的，应予立案追诉：

（一）给商业秘密权利人造成损失数额在五十万元以上的；

（二）因侵犯商业秘密违法所得数额在五十万元以上的；

（三）致使商业秘密权利人破产的；

（四）其他给商业秘密权利人造成重大损失的情形。

在司法实践中，关于如何理解“造成其他严重后果”则相对更加抽象，司法实践认为如果因侵犯商业秘密行为导致权利人商品滞销，严重积压的，致使权利人的营利性服务严重受挫的，或者侵权人将其非法所得的商业秘密多次或者向多人披露、使用或者允许他人使用的，均可认定为其他严重后果。在司法实践里最多的操作为：通过认可的评估机构评估，权利人损失达到50万元以上。

4. 商业秘密的鉴定

对于商业秘密鉴定而言，有两个方面是必不可少的：一是非公知鉴定；二是同一性鉴定。通常两者都需要委托司法鉴定来实施。鉴定机构聘请鉴定专家，需要依据当事人提供的基本资料。这往往会造成当事人对鉴定专家专业能力和鉴定能力的质疑。还有就非公知鉴定而言，在什么样的基础资料上作出鉴定结论需要由分析而定。这就造成一些案件多重鉴定、重复鉴定现象明显。

5. 进行民事起诉还是走刑事诉讼程序

在实际工作中，经常有受到侵害方的当事人在准备采取法律措施维护自己权利时有这样的困扰：到底是进行民事起诉还是通过公安机关进行刑事立案。实质上这两者也不是矛盾的，民事案件在一定程度上也会转为刑事案件程序，最根本的区别在于两点：一是侵权造成的损失，要达到法律规定的数额标准；二是证据的证明力，刑事诉讼关涉到人的最基本的重大权利，其证据要求更高，事实绝不允许模糊不清。

接手这个案件后，笔者首先与公安机关经侦部门进行了充分的沟通，从商业秘密的泄露过程、侵犯商业秘密的内容以及如何进行鉴定等方面提出了建议。

该案件经过公安部门立案、侦察，检察院的批准逮捕，进入公诉阶段，最后由法院进行审判。

以下几点是犯罪嫌疑人的辩护意见以及法院的认定。

其一，被告人蔡某的辩护人提出本案A公司气动离合器的各零部件图纸所记载的零部件结构、尺寸和技术要求等信息不属于“技术信息”的范畴，不应作为商业秘密予以保护的辩护意见。

法院认为：上述图纸所记载的零部件结构、尺寸和技术要求等确切要素共同组合构成一个整体技术信息，且A公司依据该技术信息生产出气动离合器，在经营过程中实际取得了明显的经济效益，所以能够确认该技术信息具有实用性和价值性，属于商业秘密中“技术信息”的范畴，辩护人的上述辩护意见法院不予采纳。

其二，辩护人提出涉案商业秘密使用权利人非A公司的辩护意见。

法院认为：A公司也提供了之前企业改制时出售的资产中包含无形资产的大量证据，其中含本案商业秘密在内的无形资产作价15万元。认为A公司为本案商业秘密的合法使用权利人，辩护人的上述辩护意见法院不予采纳。

其三，辩护人提出的A公司对生产气动离合器的图纸没有采取保密措施，该图纸不属于商业秘密的辩护意见。

法院认为：根据气动离合器技术转让合同的规定，A公司改制前的工厂对该项技术负有保密的义务；证人证言证实，A公司一直要求技术人员对气动离合器的技术注意保密，除工作需要，禁止员工将图纸带出公司或私藏；A公司与二被告人签有保密约定。法庭认为，A公司对气动离合器的图纸采取了保密措施，该项技术信息具有秘密性，符合商业秘密的特征，属于商业秘密，故该辩护意见不予采纳。

其四，关于A公司的损失，被告人蔡某的辩护人提出A公司与沈阳某公司工矿产品订货合同尚未履行，不能作为计算A公司降价销售损失依据的辩护意见。

法院认为：审计部门受侦查机关的委托，对A公司2007年1月至2008年6月相关产品的销售额、毛利润率及造成的损失进行审核，计算A公司因张某经B公司的介入造成合同流失和销售价格降低两方面的损失。审计部门计算权利人损失的方法在审计技术层面更简便、可靠，且有审计部门所依据的销售合同、增值税发票、A公司的账册等审计底册在卷佐证，故该审计结论法院予以采纳。对于其中被告人蔡某的辩护人提出的个别产品订货合同尚未履行，不能作为计算A公司降价销售损失依据的辩护意见，A公司也提供了实际证据证明该合同双方当事人已实际履行完毕，该事实有证人王某的证言、A公司生产通知单、A公司开具的增值税发票相互印证，故辩护人的上述辩护意见不予采纳。

其五，关于被告人朱某的辩护人提出的北京某知识产权司法鉴定中心作出的司法鉴定报告，所依据的鉴定材料来源不清，其结论不能作为本案定案依据的辩护意见。

法院认为：B公司的气动离合器图纸系从栾某处购得，被告人朱某在靖江B公司工作期间窃取A公司气动离合器的图纸出售给B公司，上述事实有被告人蔡某、朱某的供述，证人缪某、赵某的证言，2007年6月28日B公司与被告人朱某订立的合作协议，朱某出具的收据，公安机关根据朱某的供述从B公司提取的气动离合器图纸等证据，与上述司法鉴定报告相互印证，上述证据已形成证据锁链，证明鉴定材料的来源，因此，该辩护意见不予采纳。

最终，法院经审理认为，被告人蔡某、朱某伙同B公司通过收买的不正当手段获取他人商业秘密并使用，给商业秘密的权利人造成重大损失，其行为均已构成侵犯商业秘密罪。检察院指控被告人蔡某、朱某犯侵犯商业秘密罪，事实清楚，证据确实、充分，应予以采纳。

法院判定被告人蔡某犯侵犯商业秘密罪，判处有期徒刑1年3个月，并处罚金人民币3万元；被告人朱某犯侵犯商业秘密罪，判处有期徒刑1年3个月，并处罚金人民币3万元，被告人朱某违法所得的人民币3万元，予以追缴，上缴国库。

律师评析

该案发生在十几年前，客观而言，虽然这十几年来中国的经济发展已经有了质的变化，知识产权保护环境也有根本性的改观，但就商业秘密案件而言，无论是实质性进展还是舆论推动，相比于专利、商标和著作权保护，都明显不足。

商业秘密案件难做，商业秘密难以保护，这是律师界和企业界的共识。之前和进入中国投资或者合作的国外企业的负责人及知识产权部门负责人沟通时，他们也多有呼吁，希望中国加大对商业秘密的保护力度，加快商业秘密立法工作。在处理商业秘密案件过程中，我们也充分注意到，国内不少企业已经有了商业秘密保护的概念，但往往也只是知道在劳动合同中加上保密条款，约定竞业禁止，再进一步的还有一些企业签明确的保密协议。商业秘密案件，尤其刑事案件难以操作，主要存在以下几方面的原因：

（1）权利人保护意识差，没有建立完整的商业秘密体系。

（2）商业秘密保护注重表面形式，没有能形成系统保护。

（3）在公司运行过程中不能有效地实施保护措施。

本案之所以能得到权利人满意的结果，首先得益于企业重视制度建设，与员工签署的协议中有相应的保密条款，在平时的工作中注意保密制度的实施；其次，当地的公安机关严格依法办案，程序合法，执法环境好，知识产权保护意识强。

（承办律师　蒋海军）

案例2

商业秘密纠纷案的"连环扣"

技术秘密的核心是秘密性。当产品成为技术秘密的直接载体时，该产品的公开宣传和销售将可能成为竞争对手进行合法反向工程的机会。尤其是当"技术秘密"体现为具体的产品结构，或是可以检测获得的产品组分、配比等信息，仅仅以技术秘密来进行创新权益维护，失权风险巨大。

◇ 案情介绍

常州Z公司于2009年以常州C公司侵犯其技术秘密为由，向常州市中级人民法院提起诉讼。在该案审理过程中，Z公司将其所主张的技术秘密点确定为型号为207便携式轮椅的"铰链四杆机构"结构及相应尺寸设计。针对该主张，C公司提供了包括某日本专利文献在内的在先公开证据，以证明Z公司所主张的技术秘密为现有公知技术。针对此抗辩，Z公司同意与C公司庭外和解，并签订了书面和解协议。该和解协议约定，C公司停止生产、销售涉案产品NAH-207便携式轮椅，如有违反，需向Z公司赔付50万元。

2012年年中，Z公司发现C公司仍然在销售与NAH-207便携式轮椅相类产品，即再次提起诉讼，并依据双方上述和解协议要求C公司赔付50万元。C公司立即提起反诉，请求确认该和解协议部分条款无效。

经两次开庭审理后，Z公司主动撤回诉请。

下面详细介绍一下办案经过。

在一般的商业秘密案件中，通常的诉讼步骤是先认定Z公司商业秘密，再确定C公司是否在有接触渠道的前提下使用了C公司的商业秘密。

但在本案中，由于原告与C公司双方之前的相类产品商业秘密纠纷诉讼形成了一份在先“和解协议”，所以Z公司直接主张本案为违约之诉，认为只要证明C公司在协议签订后生产销售了协议中列明的涉案产品，即应依照和解协议约定赔付50万元。

第一次开庭时，Z公司拿着一份和解协议原件和一份公证书，觉得胜券在握。

我们作为C公司的诉讼代理律师，经过仔细分析Z公司诉请及证据资料，向法庭主张，本案仍然是侵权之诉，前案形成的和解协议中约定的赔付数额，应当在确定C公司侵犯了Z公司商业秘密的前提下，才能成为确定赔偿损失的依据。因此，在本案中，依然要就Z公司是否拥有商业秘密，其主张的“商业秘密”是否为商业秘密进行审查。

然而，无论怎样，C公司在本案中无法绕开前案这份“和解协议”。

为了解开这个“连环扣”，我们建议C公司即时提出反诉。以Z公司在前案中，明知其所主张的所谓技术秘密均属于公知技术的前提下，约定禁止C公司生产涉案产品，属于非法垄断技术，而附随的赔偿条款也没有相应的权利基础，并且严重损害了包括C公司在内的社会公众自由使用公知技术，进行正常生产经营的合法权益等为诉讼事由，诉请法院依据《合同法》的相关规定，确认前案形成的和解协议的第一、第二款为无效条款。

同时，我们提请合议庭就Z公司公证保全的C公司涉案产品是否为和解协议确定的“NAH-207便携式轮椅”进行检测。为保证检测结果的公正性，双方均邀请各自的技术专家证人到庭参加实地检测。合议庭接受了我们的请求，并组织了第二次庭审。

第二次庭审中，双方公司技术人员当庭利用直尺及游标卡尺测量了相关数据，直尺测量精度至少可达0.1毫米，游标卡尺的测量精度可达0.02毫米。C公司涉案产品的T字形架的相应立管长度比Z公司相应图纸标注尺寸小2毫米。同时按照Z公司所提供的过盈量计算公式计算，实物证据的过盈量约为2.411，为其标准值的5~6倍。按照Z公司所提供的过盈量与锁止力的对应关系说明，C公司涉案产品显然已远超出其标准设定值，并使其所产生的过盈量数值存在重大区别。

我们进一步强调，上述尺寸差别也并不仅为加工装配误差。理由一，Z公司的相关技术说明明确“整车精度晃动范围在0.5毫米以内”，这直接证明其装配精度必须控制在0.5毫米以内。理由二，对于折叠机构所涉及的各关键部件的公差范围，即使按照国家标准中的一般公差标准，也无法形成2毫米的误差，更何况是Z公司在技术说明中反复强调需要精确配合的关键部件尺寸。理由三，现场测量已经证明，由于利用游标卡尺可精确测量至0.02毫米，因此上述测量结果不存在可达到1毫米的测量误差。理由四，上述T字形架是构成折叠机构的关键部件之一，其尺寸差别将直接导致过盈量的变化，使其偏离Z公司所强调的“经验值”。

同时，Z公司当庭确认，其相关产品已公开销售多年，且相关部件尺寸可以有5毫米的误差。

在本案诉讼中，我们提出前案和解协议第一、第二条款效力已终止，且C公司未生产销售前案和解协议所约定的“NAH-207便携式轮椅”产品的主要抗辩意见，具体包括：

（1）和解协议所述“NAH-207便携式轮椅”为Z公司在前案中所主张的商业秘密的载体，并以此界定C公司的禁止行为范围。也就是说，和解协议是建立在Z公司所主张的以“NAH-207便携式轮椅”为载体的专有技术权利基础上的，和解协议的权利基础是Z公司基于NAH-207产品的技术秘密。因此，当Z公司所主张的基于NAH-207产品的专有技术的秘密性丧失，Z公司不再享有相应技术秘密的专有权时，和解协议的相应禁止条款应当自然终止（《合同法》第九十一条第七项之规定）。这类似于专利禁止协议或法院的知识产权禁止类判决，“判令被告停止生产销售涉及……专利的产品”的效力也应止于专利权终止日。

显然，第二次庭审实测过程，直接证明Z公司在本案中所主张的基于NAH-207产品的技术秘密，明显属于“进入市场后相关公众通过观察产品即可直接获得”且“无须付出一定的代价而容易获得”的信息，在Z公司的“NAH-207便携式轮椅”产品公开销售上市后，即为公众所知悉。

根据《最高人民法院关于审理不正当竞争民事案件应用法律若干问题的解释》（法释〔2007〕2号）第十六条的规定：“人民法院对于侵犯商业秘密

行为判决停止侵害的民事责任时，停止侵害的时间一般持续到该项商业秘密已为公众知悉时为止。”判决尚且如此，和解协议的相关禁止义务条款是否更应如此？

（2）Z 公司在本案中确认，和解协议所约定的“NAH-207 便携式轮椅”的比对标准为其在前案中向法院提交的折叠机构部件图。Z 公司强调涉及折叠机构的关键零部件尺寸及相互配合是其技术秘密点的主要部分。经现场测量，C 公司涉案产品已远超出其标准设定值，并使其所产生的过盈量数值存在重大区别，依此可以确定，即使本诉按照 Z 公司主张的违约之诉进行审理，其依据的前案和解协议有效，C 公司涉案产品并非 Z 公司所主张的“NAH-207 便携式轮椅”产品，C 公司没有违反和解协议的违约行为。

同时，我们强调，Z 公司在前案审理过程中始终未对自己所主张的技术秘密作出清晰的界定，且法庭对 Z 公司是否就“NAH-207 便携式轮椅”产品拥有技术秘密，以及“JS88 便携式车椅”是否侵犯 Z 公司商业秘密，均未作出认定，Z 公司所提出的在前案中由 C 公司代表人签字和解协议的所谓“侵权自认”不能作为这些事实的认定依据。

另外，所述和解协议系在前案商业秘密纠纷庭外调解的基础上达成的，和解协议所约定的“NAH-207 便携式轮椅”必然与 Z 公司在前案中所主张的商业秘密密切相关。那么，为什么前案没有在协议中，像通常的商业秘密纠纷案件中约定“C 公司停止使用 Z 公司关于……的技术秘密”这一明确禁止行为范围的和解条款，而是约定“停止生产销售 NAH-207 便携式轮椅”呢？只能有一个原因：Z 公司在前案中所主张的技术秘密范围含混不清，同时 C 公司并不认可 Z 公司在庭审中已列示的技术点为其技术秘密，为达到双方平衡，协议中直接以 Z 公司产品“NAH-207 便携式轮椅”为其主张的商业秘密的载体，并以此界定 C 公司的禁止行为范围。在收到本案应诉通知之前，C 公司对于和解协议中所约定的“NAH-207 便携式轮椅”，理解为承载有 Z 公司该产品的所有各项技术参数和技术细节的轮椅产品，而 C 公司的涉案产品与其存在技术差别，因此，并不在该和解协议的禁止范围内。

综上所述，我们认为，无论哪种情形，均应驳回Z公司本案本诉的所有诉讼请求。

经过两次庭审，Z公司撤回诉请，合议庭裁定结案。

律师评析

Z公司在本案中明确确定其主张的"NAH-207便携式轮椅"，为其在前案中向法院提交的《关于NAH-207轮椅技术秘密点的说明》中的折叠机构图纸所标示的产品，并在本案庭审中进一步限定为具有铰链四杆连接结构中各相邻铰接点之间的长度尺寸的轮椅产品。Z公司在本案中所确定的NAH-207产品的比对范围仅为铰链四杆机构所涉及的各相邻铰接点之间的尺寸。根据其相关技术说明，这些尺寸是由各相关部件的具体尺寸相互配合所确定的，其技术秘密点也在于此。

因此，本案中，无论C公司是否提出了和解协议效力终止的抗辩理由，法庭均应对Z公司在和解协议中的权利基础予以审查，查明其主张的技术秘密是否存在，该技术秘密是否已经丧失秘密性。

首先，Z公司确认其载有上述技术秘密点的NAH-207产品在前案起诉时即已"公开销售数年"；其次，通过当庭测量，在不到5分钟的时间内，测得上述尺寸数据，充分证明Z公司所主张的技术秘密信息，可直接从相关产品上测量取得；最后，C公司通过提交现有技术证据，也充分证明Z公司所主张的"铰链四杆机构"根本不具备新颖性，系抄袭日进公司相关专利技术方案。Z公司所主张的技术秘密，在和解协议签订前即已为现有公知信息。

在上述前提下，和解协议根本不具备权利基础，Z公司所主张的技术秘密在和解协议签订时，即已丧失秘密性，成为本行业自由公知技术，Z公司当然无权禁止或处分该现有公知技术的实施，仅依据《合同法》第五十一条之规定，相应的和解协议条款也应为无效条款。

另外，如果确认和解协议第一、第二条款的效力，将可能导致以下恶劣后果。第一，Z公司无任何法律依据地非法垄断自由公知技术，且可能依此和解协议获得不当得利。第二，C公司的合法经营权受到严重损害。自主经营权相对于企业来说，就相当于自然人的人身自由权，企业合法自主经营权应当受到法律的充分保护，在对其进行限制时，必须有明确的法律依据。在本案中，在任何合法经营者均可无障碍使用自由公知技术时，C 公司的经营权却受到限制，这已经背离民法最基本的公平原则。

（承办律师　陈静）

案例 3

你所认为的“技术秘密”可能并不是“商业秘密”

技术信息是企业商业秘密中很重要的部分，但不是所有的技术信息都能获得商业秘密的保护。企业必须仔细甄别技术信息的秘密性，才可能使企业的商业秘密保护有的放矢。

◇ 案情介绍

俞某原为南京 H 公司的技术副总监，因管理层矛盾，从南京 H 公司离职，并创办了南京 N 公司，经营产品与南京 H 公司相类同，开业一年多，经营势头越来越好。

此时，南京 H 公司向南京市中级人民法院起诉，诉称被告俞某在原告处任职期间，负责技术管理工作，接触并了解原告相关技术秘密。被告俞某从原告处辞职后，到从事与原告相同行业的南京 N 公司处任职，非法利用原告技术秘密生产相同产品，给原告造成重大经济损失。南京 H 公司以南京 N 公司及其经理俞某侵犯其公司“高频预热机”产品所涉及技术秘密为主要事由，要求两被告共同赔偿损失，并立即停止销售涉案产品。

本案经一审法院开庭审理后，原告主动撤回起诉。

下面详细介绍一下办案经过。

在庭审中，南京 H 公司在本案中明确仅对技术秘密提出主张，不涉及销售渠道等经营秘密，并进一步明确其主张的技术秘密包括以下六个技术点：

（1）主变压器输出电压为 4800/5200/5500 伏。

（2）电子管座材料采用 65% ~97% 氧化铝陶瓷。

（3）顶盖开合支架使用滚动轴承。

（4）风机、风扇加装屏蔽板网。

（5）5 千瓦产品使用 7T85RB 型号电子管。

（6）下箱体凸出部为一垂直平面。

对此主张，被告律师提出抗辩意见，即原告所主张的所有技术信息均不构成商业秘密，原告的诉讼主张没有事实依据。

南京 H 公司所主张的六个技术点中，第（3）、（4）、（6）点均为产品部件机械结构或外观形状信息，只要对产品进行直观或简单的拆卸、测绘即可获得；对于第（1）、（2）点，通过本技术领域常规检测手段即可取得相关信息；第（5）点为产品部件的标准通用型号，南京 H 公司也确认可以通过该部件的标注直接读取获得。

同时，南京 H 公司在庭审中确认，其自公司成立后，就“一直在生产销售”包含有其主张的“秘密技术点”的高频预热机产品；南京 H 公司所提供的第二组证据（江苏省半导体行业协会的“技术认定”），明确陈述具有原告所主张的“技术点”的原告产品“已广泛用于”半导体制造行业领域；南京 H 公司所提供的第七组证据（南京 H 公司产品宣传页）也证明原告涉案产品广泛公开销售的事实，并清晰地披露了原告产品的外观形状及电子管参考型号，其所主张的第（5）及第（6）个技术点已被其公开。

由于南京 H 公司所主张的技术信息是本技术领域的一般技术人员在对其公开销售的产品进行直观观察、简单检测的基础上，就可以获得的，因此，在其相关产品公开销售后，原告所主张的技术信息在客观上难以保持秘密状态，必定为公众所知悉。

经充分检索，被告律师进一步举证证明，南京 H 公司所主张的第（2）个技术点，即采用高含量氧化铝陶瓷作为超高频电子管管座材料，也是本技术领域的公知常识。南京 H 公司所主张的第（1）个技术点，实质上涉及产品工作负荷的设置选择，而这一设置选择为本技术领域的常规选择；第（3）个技术点涉及在举升机构上采用滚动轴承，以使举升活动更为灵活顺畅，亦是机械技术常识；第（4）个技术点涉及在产品的风机、风扇处加装屏蔽板网，这更是减少产品电磁辐射的常规技术手段。正因为南京 H 公司所主张的技术信息多为公知常识，已为本行业所公知，因此根本不可能具有秘密性。

针对被告律师的抗辩意见，南京 H 公司修正其主张的秘密技术信息为上述六个技术点的整体组合，然而这一修正主张显然也无法挽救秘密性。其一，所主张的六个技术点涉及产品六个部件，其中任何一个技术点的采用均具有相对独立性，并无相互配合的关系；其二，即使原告上述六个技术点必须整体组合，才具有价值性，该所谓的“整体组合”也被其公开销售产品充分披露；其三，如果原告将其主张的技术秘密变更为“六个技术点的整体组合”，那么，被告产品只要缺少其中任何一个技术点或有不同，就不构成“使用原告技术秘密”行为。

虽然南京 H 公司所主张的“专有技术信息”明显缺乏秘密性，但法院还是依南京 H 公司的申请，对南京 N 公司的产品进行现场勘验。为加强抗辩力度，被告律师也同时申请法院对第三人的在先同类产品进行现场勘验，在证明南京 H 公司所主张的“专有技术信息”缺乏秘密性的同时，证明被告是使用现有公知技术。

现场勘验使主审法官对南京 H 公司所主张的“专有技术信息”有了更直观的理解。在现场勘验结束后，尚未进行第二次庭审前，南京 H 公司的代理律师即被通知被告律师已提出撤诉申请。

律师评析

本案作为商业秘密侵权纠纷案，案情并不复杂，但反映出的一些共性问题，能够很好地说明商业秘密侵权纠纷案中原告败诉率居高不下的原因。

涉及侵犯商业秘密的知识产权案件，对于证据资料的收集和甄别通常非常重要。被告的首要抗辩理由就是原告所主张的内容不构成商业秘密，包括：原告主张的商业秘密的具体范围、内容不清晰，无法证明原告拥有所主张的商业秘密权利；原告主张的商业秘密已为公众所知悉，不具备秘密性；原告所提供的证据不能证明其对所主张的商业秘密采取了恰当合理的具体保密措施；等等。

其中，不为公众所知悉，是商业秘密构成的核心条件，是指权利人主张的技术信息或经营信息在一定时期内一定地区不为同行业内一般人所知悉，也不能从公知途径直接获得。通常情形下，在被告能够举证证明原告所主张的信息存在下列情形之一时，即可认定原告所主张的商业秘密信息已为公众所知悉：

其一，已由国内外公开文献所公开，包括公开出版物、网站、产品宣传页、说明书等记载有相同信息，也包括原告自己将相关技术信息进行了公开演示、申请专利并被公告等情形。

其二，已在国内公开使用，如包含有原告所主张的技术秘密且他人通过直观观察、简单测绘等方法即可轻易获取的该技术秘密的产品，已被公开销售。原告所主张的技术信息内容可通过反向工程读取，并为该领域普通技术人员所知悉。

在本案中，被告律师首先对原告所提交的证据资料进行了归纳和整理，通过和当事人沟通，确定了商业秘密，尤其是技术秘密的争议点，并针对该争议点，检索、收集了充分的反向证据资料，包括在先公开销售的现有产品实物，证明公知常识的技术手册资料，也包括原告自己提供的公开宣传的产品销售资料，直接否定了原告所主张的技术信息的秘密性。在被告的充分举证下，法庭确认原告所主张的技术秘密不具备秘密性，原告只能撤回起诉。

本案启示

随着员工跳槽越来越频繁，侵犯商业秘密纠纷发生率也呈急剧上升趋势。最常见情形是，原公司核心员工，如管理高层或核心技术人员，跳槽到其他同类公司任职，或干脆离开公司独立创办新公司，经营与原公司相同的产品。在上述情形给原公司经营造成重大影响时，原公司通常会启动诉讼，诉离职员工及其现任公司侵犯了原公司商业秘密。

在此类商业秘密纠纷诉讼中，需要重点考虑以下几个问题：

（1）原告如何举证自己的商业秘密？如何界定自己的商业秘密范围或者秘密点？商业秘密的范围是模糊的还是清晰的？是要大一些还是小一些？是要整体化还是离散为各个秘密点？

（2）被告侵犯原告商业秘密的行为通常以提供相同产品或服务截取原告

商业机会，切分原告市场的形式呈现，原告如何证明被告使用内容与自己的商业秘密“相同”？

（3）在启动商业秘密诉讼时，是否可以同步提出被告其他不正当竞争行为的诉求？

（4）在确定侵权损失时，原告的预期利益损失是否可以计入？

（承办律师　陈静）

案例4

技术合同　一字千金

案情介绍

2013年秋季的一天，一位在南京大学工作的朋友打来电话："蒋律师，我有位朋友遇到一个诉讼案件，麻烦您帮助一下。"约好了时间，笔者见到当事人徐教授。徐教授退休前为一所重点大学的教授，他还有在北疆军工企业长期工作的经历，使笔者肃然起敬。

对于律师而言，诉状是了解基本案情的最好手段，笔者快速阅读了诉状。2010年，本案原告包头的一家公司（以下简称"D公司"）和徐教授签订了一份《技术转让合同书》，其中明确公司支付徐教授费用，徐教授向公司提供配方、可研报告等相关材料。原告声称徐教授在签订合同时就已经知道要转让的技术专利权终止的事实，但其隐瞒了该事实，所以构成了欺诈，应当双倍返还已经获得的技术使用费，还要撤销双方签订的《技术转让合同书》。

了解了基本情况，笔者仍然有一些疑问：为什么D公司要撤销一份三年前由原被告双方签订的《技术转让合同书》？这份合同到底是如何实施的？专利权又是怎么一回事？

徐教授提供的合同，是国家科委监制的《技术转让合同书》。按照该标准合同的内容，笔者首先看到的也是本案的争议的——"一、非专利技术的内容、要求和工业化开发程度"中的"非"字有明显删除的标记（见图1）。看到这里，笔者产生了疑问。

随着和徐教授交流的深入，案件细节逐渐揭开。徐教授在退休后不忘自己多年的经验和知识的积累，还继续钻研，并且积极联系实施自己的成果。

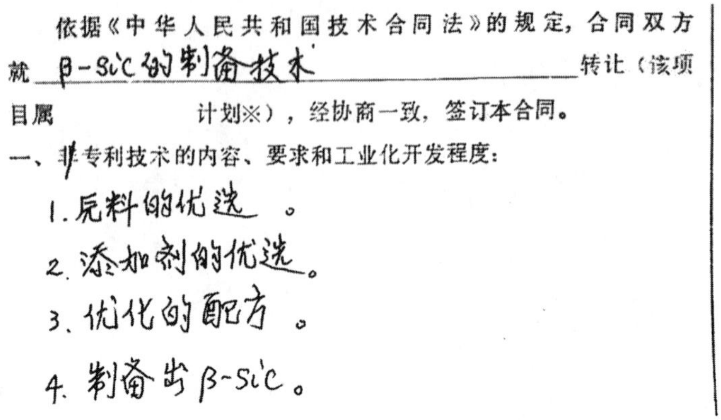
依据《中华人民共和国技术合同法》的规定，合同双方
就 β-SiC的制备技术 转让（该项
目属 计划※），经协商一致，签订本合同。
一、非专利技术的内容、要求和工业化开发程度：
1.原料的优选。
2.添加剂的优选。
3.优化的配方。
4.制备出β-SiC。

图1　本案争议焦点的合同关键内容

很快就有不少企业认同徐教授的技术，其中D公司就找到徐教授，请求长期合作。双方自2005年起一直不断沟通达成合作。双方于2006年3月签订了专利实施许可合同，明确了合同许可实施的专利权是ZL02112717－高硅煤制备纳米级 SiC/SiO_2 及其晶须/纤维。但自签订该许可合同后，D公司并未按照合同予以实际履行，没有支付任何实施许可费，也从未缴纳过专利年费。

徐教授在继续交纳年费至2009年后，考虑到有新的技术研发，没有必要继续维持该专利权，就停止了缴费。2010年D公司负责人A找到徐教授想继续做β-SiC产品，徐教授明确告知了该专利权已因未缴年费终止，现在有更好的石煤制备β-SiC的技术。双方一拍即合，于是签订了《技术转让合同书》。但在实施过程中，因为各种原因，双方合作了一段时间，没有得以继续。由此D公司认为技术转让无法进行，而他们已经为此支付了相应费用，就产生了纠纷。

1. 作为代理律师的思路

笔者首先安排助手查阅了当事人的背景资料，包括徐教授之前的专利及发表的文章，D公司的网站及相关公司情况；之后，组织团队对案件的性质进行讨论分析，这也是思路的核心之处。到底是专利权实施争议还是技术秘密转让争议？这也是笔者了解案情后的疑惑之处。如果是专利实施许可，那之前的专利权和现在的合同标的又是什么关系？这也是技术合同纠纷和普通民事合同的很大不同之处，争议的标的往往是无形的知识产权，不能撇开这些来空谈合同。此外，徐教授交付给D公司的是什么？后续工作开展到了什么阶段？合同是否已经得到了履行或者部分履行？

在团队协助下，笔者在大量文件的基础上进行了综合分析，决定提出反诉请求，目的是扰乱对方的思路，把“战争引入对方阵地”。

2. 案件庭审

庭审中，笔者分别从本案背景、合同的性质、合同是否得到履行、本案合同与之前专利权实施许可合同之间的关系几个角度进行了充分阐述，总结了以下几点。

第一，本案涉案合同的签订是双方真实意思表示，合法有效。

鉴于徐教授在β-SiC技术中所做出的贡献，D公司及其代理人A自2005年起一直寻求与徐教授的合作。双方于2006年3月签订了专利实施许可合同，明确了合同许可实施的专利权是ZL02112717－高硅煤制备纳米级SiC/SiO_2及其晶须/纤维。但自签订该许可合同后，D公司并未按照合同予以实际履行，没有支付任何实施许可费，也从未缴纳过专利年费。

徐教授在继续缴纳年费至2009年后，考虑到有新的技术研发，没有必要继续维持该专利权，所以，就终止缴纳了相关的专利年费。2010年D公司及A找到徐教授想继续做β-SiC产品，徐教授明确告知了该专利权已因未缴年费终止，现在有更好的石煤制备β-SiC的技术。双方一拍即合，于是签订了本案的争议合同——技术转让合同。

D公司主张：徐教授用已经终止的专利即技术转让（专利实施许可）合同（下称“合同1”）中的专利技术作为技术转让合同（下称“涉案合同”）的标的与之签订合同，而其与2013年5月6日拟利用该专利技术申报资助项目时才得知这一事实，徐教授在签订合同时存在欺诈，因此涉案合同系可撤销可变更合同。

徐教授意见：本案相关书证，即A于2013年5月5日出具的终止β-SiC的制备的承诺，其中特别指出系2010年9月的技术转让合同，一方面表明D

公司清楚地了解 β-SiC 的制备技术方案不止涉案合同相关技术一种，另一方面 D 公司在做出终止 β-SiC 的制备的承诺后仍至科技局就涉案技术（其坚称是涉案专利）申报资助项目与常理不符的行为有足够理由怀疑其行为是有意为之，其不知合同 1 专利技术已经终止是虚假陈述。同时，相关证人证言在庭审中也否认了 D 公司于 2013 年 5 月 6 日才得知合同 1 专利技术已经终止这一事实。综上，对方当事人认为涉案合同不是双方真实意思表示，因对方当事人欺诈而可以撤销或变更的主张不能成立。

第二，合同已得到全面履行。

涉案合同有效，并得到全面履行，双方书证均表示徐教授按照合同约定交付了“石煤制备 β-SiC”配方、可研性研究报告，多次飞至包头提供技术支持和现场指导，并成功制备出 β-SiC。虽然双方于 2013 年 5 月 5 日终止“石煤制备 β-SiC”，但其原因在于该项技术的市场效益短期内没能得到市场的充分认可、达到原告的经济预期。

第三，涉案合同不是专利实施许可合同的延续。

D 公司一直主张涉案合同是专利许可合同（原合同 1）的再签订，仅仅是日期变更了。D 公司的认识是错误的。合同 1 系双方当事人于 2006 年签订，合同标的为专利许可，原告实施，合同约定年费由原告缴纳（专利实施许可费），在指定实施期限内没有实施的本合同自动终止。由于 D 公司自身的原因一直没有实施，也没有支付专利实施许可费。徐教授一方面在原有技术上继续新的研发，避免了 β-SiC 制备原料中使用硼酸、氟化钙（这两种原料是专利中权利要求 1 配方中主要的物质），开发出“石煤制备 β-SiC”“粉煤灰制备 β-SiC”等新的技术（其中“石煤制备 β-SiC”采用了商业秘密保护，“粉煤灰制备 β-SiC”采用申请专利的方式保护），考虑到 D 公司无意实施合同 1 专利技术（D 公司未支付专利实施许可费，也未实施该专利技术），于是徐教授在合同签订后缴纳了两年专利年费后未再缴费，专利权因未缴年费提前终止。2010 年 9 月前，徐教授告知 D 公司合同 1 专利已经终止的事实，双方于 2010 年 9 月签订了涉案合同。

合同 1 的标的已经不存在，涉案合同不是合同 1 的延续。

D 公司认为合同 1 和涉案合同中徐教授均有提供《可研性研究报告》的

义务，由此主张合同1和涉案合同是同一合同。徐教授确实就涉案合同提供了一份关于以石煤作为原料制备β-SiC的《可研性研究报告》，其中有提到“高硅煤制备碳化硅”技术，但该项技术是涉案合同技术秘密的项目背景，是现有技术，不是涉案合同的技术秘密。虽然两个技术有联系，但两者是不一样的。同时《可研性研究报告》并没有披露“石煤制备β-SiC”的配方，是因为该配方作为技术秘密需要保密。

合同1的标的是专利技术，涉案合同的标的是“石煤制备β-SiC”配方，是技术秘密，两合同的标的不同，涉案合同不是合同1的延续。

第四，涉案合同系与专利权实施许可不同的法律关系。

（1）合同性质不同，涉案合同是技术秘密转让合同，合同1如对方当事人所说系专利实施许可合同。合同的性质由合同的具体内容决定，由双方的权利义务所决定。根据涉案合同的内容可以判定其性质为转让技术秘密而非专利实施许可。

（2）合同标的不同，涉案合同的合同标的是技术秘密，核心是“石煤制备β-SiC”配方，不是合同1的专利技术。专利实施许可合同的合同标的，即专利权的具体内容是公众所知的，专利号对应的专利权文件就是合同标的，无须再在合同里特别标明转让的技术；尤其对于被许可方来说，其无须为其中的部分或全部技术方案的交付特别支付一定的费用。而涉案合同，在合同里特别提到“石煤制备β-SiC”的配方及其交付及相应的对价16万元，足以推断涉案合同的标的并非专利权而是技术秘密。

（3）涉案“石煤制备β-SiC”的配方与专利权的技术方案不同，尤其表现在原料的选取上。涉案技术秘密的原料系石煤，合同1专利权所选取的原料系高硅煤，且硼酸和氟化钙在专利技术中所占的比重较大。首先，石煤与高硅煤是完全不同的物质。其次，涉案技术秘密的原料中没有合同1专利技术中的重要物质硼酸和氟化钙等。

（4）对于一项技术而言，技术名称不代表技术内容，因此合同1和涉案合同技术名称虽均为“β-SiC的制备”，但二者所涵盖的技术内容是不同的。

首先，技术包含的内容广泛，一项技术可以涉及多项专利权。一项技术的主体内容不变，仅对其中参数进行变更就可以申报专利，这也是我方当事人采用商业秘密的方式而不是申请专利的方式来保护涉案技术的原因。

其次，专利授权的前提是技术方案公开充分，相关技术人员按照专利文献所阐述的技术方案操作即能获得所需要的结果，在本案中是β-SiC。假设涉案合同是专利实施许可合同，涉案标的是高硅煤制备β-SiC专利技术，涉案合同的履行无须徐教授提供新的技术服务和支持。本案庭审中双方当事人均承认徐教授曾多次往返包头为β-SiC的制备提供技术支持和现场指导，而正是徐教授所提供的“石煤制备β-SiC”配方结合后续技术支持和现场指导成功制备了β-SiC，这恰恰证明了涉案合同的标的不是专利技术而是技术秘密，涉案合同的性质不是专利实施许可合同而是技术秘密转让合同。

法院最终驳回了原告D公司的诉讼请求。

律师评析

对于诉讼案件而言，律师代理的是一方，对于真实的案件事实只能听当事人的介绍和通过证据来自我判断。律师接受当事人的委托，代表当事人的利益。所以全面分析证据材料，了解合同争议的标的技术本身也就非常重要，这样可以层层剥开表征内容，不断接近事实真相，并传递给法官。

进入包头市中级人民法院前，我们一直有所担心，本案涉及技术合同、专利权、商业秘密，如果没有一定的技术素养和科技法律功底，很难对庭审进行合理的掌控。幸运的是，无论审判长和主审法官都逐步抓住了案件的核心，从我方提出的争议点中明确争议焦点，在庭审中提醒原被告双方回到争议焦点上来。时间过得很快，从早到晚，一整天的庭审。

本案争议的焦点问题是，合同的名称或者合同形式上的内容与实质的关系。专利与商业秘密的关联，这些都需要从技术入手，化繁为简。

技术合同一定要有专业的知识产权律师来指导签订，因为其往往涉及专利权、商标权、著作权、商业秘密，技术本身涉及的领域也比较广，如生物医药领域、集成电路领域，没有一定的专业素养很难理解相关的基本技术术语，也无法抓住合作的核心，从而不能准确撰写符合双方合作意图的合同。

（承办律师　蒋海军）

案例 5

技术合作的“一地鸡毛”

案情介绍

2006 年，南通 F 公司通过初步调研，与西安 Y 公司达成技术合作意向，共同合作推广应用燃气/蒸汽联合循环发电用煤气电除尘器和转炉煤气湿式电除尘器产品。2007 年 10 月，双方正式签订合作协议，约定由西安 Y 公司提供专利实施许可及技术支持，南通 F 公司生产、销售产品后将利润的 1/3 分配给西安 Y 公司。

双方初期合作相当顺利，并进行了首期利润分配结算。但至 2011 年 10 月，双方就第二期分配结算产生了争议，经几次商议，一直未达成一致解决方案。无奈之下，西安 Y 公司于 2012 年 10 月向南通市中级人民法院提起诉讼，诉请判决南通 F 公司继续履行合作协议，结算支付第二期合作分配利润。

南通 F 公司接到应诉通知书后，即刻向法院提起反诉，以西安 Y 公司未向其充分履行技术支持义务，且西安 Y 公司所提供实施许可的专利技术是现有公知技术为由，诉称西安 Y 公司以非专利技术冒充专利技术，要求解除合作协议，并要求西安 Y 公司退还其已支付的首期利润分配、设计费等合计 55 万余元。

西安 Y 公司没想到对方会倒打一耙，赶紧聘请律师一并处理合作争议的本诉和反诉。

经两次开庭审理，最终双方达成和解，结算未付款项并终止合作协议，双方分别撤回诉讼请求。

下面介绍一下办案经过。

我们在和西安 Y 公司初次会谈时，西安 Y 公司负责该合作项目的技术老总大倒苦水将近两个小时。

为了这个合作项目，公司投入了近十人的技术服务团队，根据项目进度，前后陆续向南通 F 公司提供了 1500 余份设计图纸，更不用说其他海量的技术文件，以及技术人员到项目现场所进行的大量安装指导、运行调试工作。正因为西安 Y 公司尽责到位的技术支持工作，才使得首批中标项目进展非常顺利，并获得了丰厚利润。

西安 Y 公司的技术老总愤愤地说，就是因为首批利润结算分成后，南通 F 公司觉得合作利润被分走得太多，实在心疼，再加上经过前期合作，南通 F 公司觉得今后批次的项目合作无须西安 Y 公司的技术支持，也可以进行，于是就单方毁约，还反咬一口，说西安 Y 公司没有完全履行技术支持义务，以现有公知技术冒充专利技术，诱骗他们签订了合作协议。

根据技术老总的陈述，南通 F 公司如此确切的违约行为，追究其违约责任并不困难。然而，在我们看到双方具体签订的合作协议文本时，心凉了半截。

双方前后协商近一年的合作协议，确定合作期长达五年，合作分成标的可能达千万元级的合作项目，合作协议文本只有两页，具体条款不到十条。

协议约定很简单。双方就合作产品的生产经营项目，共担风险，共享收益并以各自所有的或者经营管理的财产承担民事责任。南通 F 公司负责提供合作产品生产、安装、销售的资金投入，合作产品的生产制作、设备安装、质量监控、售后维修，以及合作产品的市场开拓和销售，西安 Y 公司负责为南通 F 公司生产合作产品提供可行性论证、图纸设计、工艺方案、产品技术文件及专业技术人员的现场安装指导、运行调试及所需的试验研究工作，并协助南通 F 公司合作产品销售招投标的技术支持工作。双方核定具体项目成本，核准项目利润，对核定后的利润，南通 F 公司享有 2/3，西安 Y 公司享有 1/3。

双方诉状里所涉及的具体事项，都难以在合作协议文本中找到对应的约定条款。再细问，技术老总说，这些在双方协商过程中提到过，只是没有最终写在协议文本里。

关于双方诉状均涉及的专利实施许可事项，在合作协议中只找到一句“乙方授权甲方推广、销售合作产品”以及“乙方可以单独对外承接合作产品的设计、生产和销售项目”，然后就是南通 F 公司在合作产品宣传册上所贴出的西安 Y 公司两件实用新型专利证书图片。

经初步检索，我们初步确定以上两件实用新型专利的稳定性存在较大风险，将本技术合同纠纷定性为技术服务合同而非专利实施许可合同，对西安 Y 公司应当更有利，并且也更符合双方合作协议的合同目的。

根据这个诉讼策略，我们指导西安 Y 公司围绕是否充分履行了技术支持等技术服务义务的核心，重新梳理了证据，并在此基础上，结合合作协议利润分配条款，整理确定南通 F 公司未结付项目利润分配数额的相关证据组。

同时，针对南通 F 公司的反诉请求，首先，充分陈述南通 F 公司所提供的证据无法证明西安 Y 公司的专利为现有公知技术的具体理由，西安 Y 公司的专利是否现有公知技术，也与本案争议事实没有直接关联性。其次，南通 F 公司无任何证据证明西安 Y 公司存在所谓“隐瞒”“诱骗”的行为事实，其解除双方合作协议诉请没有事实和法律依据。西安 Y 公司诚实守信地完全履行了双方合同约定的所有技术服务义务，付出了大量的技术劳动，南通 F 公司就该技术服务获得了相应的产品制造销售利益，应当依约充分履行结算付款义务，其反诉事由完全背离了合同履行诚信原则，完全没有客观事实依据，依法不应受到支持。

本案正式开庭审理后，南通 F 公司即表示希望通过和解了结此案。西安 Y 公司基于异地诉讼等因素考虑，最终同意和解。

◇ 律师评析

本案案情并不复杂，但是，过于简单的技术合同文本，让本案的处理复杂化了。

仔细研究本案中的涉案合作协议文本，可以确定这是以技术服务为技术支持方主要义务的技术服务合同。因为合作产品还涉及技术支持方的两项实用新型专利，技术支持方同时给予了合作方专利普遍实施许可。

本案中，出现了技术合同纠纷中的一个常见争议：技术受让人在技术合同履行过程中，提出签订合同时对技术标的有重大误解，要求变更或撤销合同，要求技术转让人退还技术转让费。比如本案中，南通 F 公司提出涉案专利的问题，既而认为，当初签订合同时所约定的技术分成费太高了，显失公平，需要打折。这也是很多技术合同纠纷发生的主要原因。

技术合同文本完善并不能保证技术合作一定顺利完成。但是，完善的技术合同文本是保证技术合作顺利完成的基础。否则，无论是项目成功还是不成功，都可能落得“一地鸡毛”。

本案启示

技术合同纠纷的出现，往往是因为合同约定的不确定引发的。例如：

1. 技术合同标的不确定

技术合同标的不确定包括：混淆技术合同标的实质，如技术标的究竟是专利技术、专有技术（技术秘密）、专利申请技术、技术成果产业化还是公知技术的技术服务或技术咨询，这会导致合同义务边界混乱；技术合同标的描述过于概括和模糊，引发合同权利义务约定模糊；技术合同标的权利的非确定，导致合同无效。

2. 履行义务的不确定

履行义务的不确定尤其是技术提供方（或开发方）的履行义务约定不清晰，包括技术（开发、转让、咨询、服务等）验收标准、验收方式及验收义务承担人等不确定，相关技术资料的交付义务不确定，技术指导义务及其他相关附随义务等不确定，导致各方各执一词，诉讼中两败俱伤。

3. 违约责任条款的不确定

违约责任条款的不确定包括：合同解除权约定条款，合同解除权的确定和行使条件，合同解除的非溯及约定；设置清晰、非重叠的充分保证合同目的实现的自由约定的违约责任条款；充分考虑直接损失和间接损失，体现全面赔偿原则的违约责任具体承担条款；以及缔约过失及预期违约的责任追究。

4. 技术合同义务与其他合同义务混合

技术合同义务与其他合同义务混合包括将技术合同与劳务合同混同，将技术合同与投资合同混同，将技术合同与设备买卖合同混同，将技术转让合同与技术开发合同混同，等等。

那么，如何避免呢？就是签订一份符合双方真实意思、约定条款详细具体的合同文本。

签订技术合同的第一步，首先是确定企业的技术需求。本技术合同的合同目的是什么，一定需要双方充分沟通确认，并体现到合同文本中。企业可以根据自己的技术需求目的，来全面评估技术转让人所提供的标的技术，包括：

标的技术有相关专利或专利申请吗？

技术权利稳定吗？

技术权利人有交叉吗？

技术权利行使有障碍吗？

技术权利范围能满足企业独占市场的需要吗？

标的技术是否“实验室成果”？

为实现市场目的是否需要引入相关联的其他专利技术或专有技术？

……

在技术合作过程中，需要企业认真审视技术合作的目标，识别可能的技术权利风险和使用风险，才可能与合作方真正实现“互惠互利，各得其所”。

（承办律师　陈静）

案例 6

“张冠李戴”之侵犯企业名称权、不正当竞争案

经营者若使用他人有一定影响的企业名称，使得构成混淆，引起消费者误认为是他人商品或者与他人存在特定联系，是否构成侵权，应当如何处理?

案情介绍

东南皮革厂的前身是具有多年光荣历史的江南皮革厂，于 2012 年完成产权重组，在国家级高新技术开发区注册成立，注册资本上亿元，公司现有员工上千人，堪称国内领先的皮革公司。东南皮革厂是生产皮革以及杂件的专业厂家。多年来只在意技术上的革新，却忽视了随着企业的发展，尤其是在完成产权重组过程中，员工的敬业限制协议的执行。部分销售人员离开公司后，利用东南皮革厂多年来产品质量的良好口碑以及客户的积累，创办了不少与东南皮革厂产品相同、相竞争的小公司。李某长期在东南皮革厂从事生产和销售工作，离职后不久就创办了江东皮革厂，销售与老东家东南皮革厂相同的产品。

不久，东南皮革厂接到客户反映，称江东皮革厂将“东南皮革厂”作为关键词通过前度搜索引擎网站发布广告，致使消费者在前度搜索引擎中输入“东南皮革厂”后搜索链接至江东皮革厂的宣传网站；导致东南皮革厂客户误认江东皮革厂网站链接系原告东南皮革厂经营网站，严重损害了原告利益，扰乱市场公平竞争的经济秩序。于是东南皮革厂将江东皮革厂、百度诉至法院。

一审法院经审理查明：前度搜索引擎网站中的竞价排名业务的实际经营

者为百度，为被告提供“竞价排名服务”，即客户交纳一定的费用后，取得竞价排名系统的账户和密码，由客户进入竞价排名系统在线提交关键词、网站的网址并自行撰写搜索结果标题，竞价排名系统自动将客户提交的关键词与客户网站的网址设置关联；当网络用户通过搜索引擎搜索该关键词时，搜索引擎以一定的算法将该客户网站的链接结果进行排序，并将该搜索链接结果提供给网络用户。

江东皮革厂与百度公司签订了《前度竞价排名合同》，约定江东皮革厂向百度公司交纳“推广费”，有偿参加“前度竞价排名服务”。在签订合同时，百度公司审查了江东皮革厂的营业执照及网络域名的备案查询信息。江东皮革厂向百度公司支付推广费后，登录前度搜索引擎网站的竞价排名系统自行在线提交了关键词“东南皮革厂”及其江东皮革厂网站的网址，撰写了“东南皮革厂”的链接标题。前度竞价排名系统自动将提交的“东南皮革厂”关键词与江东皮革厂的网站进行了关联设置。不久，东南皮革厂接到客户反映，于是委托律师调查相关情况。律师发现在前度搜索引擎网站页面的搜索框中输入“东南皮革厂”，点击“前度一下”后，在该搜索结果页面显示的第一个搜索结果是标题为“东南皮革厂”的链接，点击该“东南皮革厂”链接后，进入了江东皮革厂的宣传网站。委托律师对此涉嫌侵权行为做了公证保全。

公证后，东南皮革厂向百度公司投诉，百度公司及时将江东皮革厂提交的关键词“东南皮革厂”做了下线处理。

一审中，江东皮革厂认为，网站仅仅是他们的展示途径之一，“东南皮革厂”是众多关键词之一，江东皮革厂网站各网页均明确展示他们的各项宣传资料，无任何冒充东南皮革厂的行为，也没有任何损害东南皮革厂利益的文字描述，销售的所有产品全部为自有产品，没有冒充东南皮革厂产品的行为，客户选择供应商通常会经历以下流程，接洽考察企业，了解市场评价，关注并验证同行的业绩证明，对关键环节进行技术交流，考察产品性价比、技术支持及售后服务等诸多的客观细节。皮革市场特别注重品质、服务和性价比竞争，链接行为没有对东南皮革厂造成任何损害，客户绝不会因为通过链接访问到江东皮革厂的网站而轻易地选择合作。最后政府也是鼓励创业，允许一定的错误，况且，他们并没有因此获得什么业务，反而增加了广告的推广成本，东南皮革厂却因为他们的关键词获得一定的关注。江东皮革厂就这种问题，也及时地对此链接进行了撤销。因此并没有给东南皮革厂带来市场损失。

本案中，东南皮革厂具有一定的市场知名度，在本领域获得多项美誉，是生产皮革以及杂件的专业厂家。江东皮革厂擅自将其字号“东南皮革厂”作为关键词参加“前度竞价排名服务”，导致欲了解东南皮革厂有关信息的消费者在前度搜索引擎中搜索“东南皮革厂”时，却找到了江东皮革厂的网站链接，进而误导消费者进入江东皮革厂网站。这种行为显然挤占了东南皮革厂在互联网领域的市场利益，也会使东南皮革厂在市场中投放的广告效应降低，扰乱了市场秩序，从而使东南皮革厂在市场竞争中处于不利地位。同时江东皮革厂属于同业竞争者，且江东皮革厂的负责人李某曾是东南皮革厂生产销售岗位的员工，主观恶意明显，严重违反了市场竞争中的诚实信用原则，构成了不正当竞争，应当承担侵权的法律责任。

庭审中，百度公司陈述，排名搜索属于搜索引擎技术服务，没有超越搜索引擎的定义，竞价排名不是广告；百度公司对注册用户提交的关键词也予以审查，但关键词范围极为广泛，因此只审查黄、赌、毒及是否侵犯驰名商标权的问题，当出现关键词是他人企业名称时，百度公司并不具备相应的审查能力。为防止关键词侵犯他人权利，百度公司在网站上公示了投诉渠道，在接到投诉后，百度公司已经将江东皮革厂注册的“东南皮革厂”关键词做了下线处理，因此前度在主观上不存在明知或者应知的过错，在客观上也没有助长江东皮革厂实施不正当竞争行为。

◇ 律师评析

通过一审法院的审理，最终三方达成和解。

《反不正当竞争法》第六条第二项规定：经营者不得擅自使用他人有一定影响的企业名称，引人误认为是他人商品或者与他人存在特定联系。就本案来说，正如一审法院所指出的：江东皮革厂与东南皮革厂属于同业竞争者，且江东皮革厂的负责人李某曾是东南皮革厂生产销售岗位的员工，主观恶意明显，网络连接行为显然挤占了东南皮革厂在互联网领域的市场，导致东南皮革厂在市场中投放的广告效应降低，扰乱了市场秩序，从而使东南皮革厂在市场竞争中处于不利地位，严重违反了市场竞争中的诚实信用原则，构成了不正当竞争，应当承担侵权的法律责任。

尽管如百度所陈述的“竞价排名服务”从技术上讲是搜索服务，但“竞价排名服务”作为一种互联网增值服务，能直接为经营者带来商业利益，同时也已经在搜索结果中加入了人工干预因素，因此这种服务不能完全等同于搜索引擎网站进行的自然搜索。

与江东皮革厂签合同时，百度公司虽审查了江东皮革厂的营业执照等基本情况，尽到一定的注意义务，但是，就百度公司在其搜索引擎网站上公示的“通用条款”中明确的条款而言并未全面准确地履行。该条款约定只有百度公司审查通过关键词后方提供服务，且对黄、赌、毒以及侵犯他人版权等权利的关键词也履行审查义务。这就是说，百度公司自己承诺了其负有审查关键词是否侵犯他人权利的义务。但本案中，百度公司却称其对侵犯企业字号的情况无能力审查，这与其承诺相悖。由于百度公司并未尽到其自己承诺的义务，致使与江东皮革厂无关的“东南皮革厂”一词能作为关键词予以使用，因此百度公司主观上存在过错，同时上述行为也给百度带来“推广费”这样的收益，客观上帮助了江东皮革厂实施不正当竞争行为，应当与江东皮革厂共同承担法律责任。

（撰稿人　杜袁成律师）

·实务研讨·

编者按

由于商业秘密案件的诉讼客体相对于专利权、商标权、版权等，其无形性更为突出，权利范围也更难于界定，司法实践中对于侵权行为是否成立的确定更为复杂，因此商业秘密案件具有相对于专利诉讼案件等更加突出的特殊性。

侵犯商业秘密纠纷诉讼之要点

原告要保证胜诉的第一前提是证明自己所主张的技术信息或经营信息是依法应当得到法律保护的商业秘密。根据《反不正当竞争法》（2019 年修正本）第九条第四款的规定，本法所称的商业秘密，是指不为公众所知悉、具有商业价值并经权利人采取相应保密措施的技术信息、经营信息等商业信息。因此，原告就此应当证明三点：所主张的技术信息或经营信息的具体范围和具体内容；该信息不为公众所知悉且具有价值性；原告针对该信息采取了恰当合理的保密措施。以上三点缺一不可。

也就是说，权利人请求将其技术信息和经营信息作为商业秘密保护，首先应当明确信息的具体内容。权利客体必须具体且明确，这是原告诉请保护其权利的前提。如在某些案件中，原告称其商业秘密包括销售客户名单、供货渠道、销售网络，以及进货的品种、时机、价格的确定等信息，但其所提供的证据，只能证明原告与相关单位有经营往来和交易关系，不能证明其主张的商业秘密究竟包含哪些不为公众知悉的信息。在此情形下，即使原告举证证明某客户和本案双方当事人均有业务往来，也仅证实了被告与原告的原有客户进行交易，并不能证明这种交易关系是利用了原告的商业秘密并对原告的经营活动造成了不正当的妨害。在法律和商业惯例并无限制，且双方又没有约定的情况下，企业员工离职后成立新公司，经营与企业相同的业务，正常参与市场竞争，是法律允许的行为。新公司作为合法的经营者，有权与多个客户建立业务往来关系，对被告新公司的合法经营权，法律亦应给予保护。

其次，商业秘密作为一种私权利，其取得和行使必须遵循法律法规的规定，符合社会公共利益和社会公共秩序。凡是违反国家法律法规、损害社会公共利益、违背社会公共秩序的“商业秘密”不受法律保护。例如在某案件中，由于原告不能证明其办学活动经教育行政部门审批许可，符合相关法律法规规定，因此，即使原告在幼儿英语教学培训中积累的“经营信息”在形式上符合商业秘密的构成要件，在实质上也不能构成受法律保护的商业秘密。

最后，原告需要证明其对所主张的商业秘密采取了恰当合理的具体保密措施。在已有的司法案例中，对于商业秘密的保密性要求并不严苛，它仅仅要求权利人采取了相应合理适当的保密措施使技术信息或经营信息处于受控的范围内，使其商业秘密“在篱笆之内”。例如，就技术秘密而言，判断权利人是否采取了保密措施，所采取的保密措施是否合理适当，应首先考察该技术信息的载体及技术含量高低，通常认为保密措施的严宽与技术含量的高低成反比；其次，应考察权利人是否明确告知接触者有关信息是保密的，从而与接触者形成有效保密关系，比如在资料的醒目位置标明密级、与员工签订保密协议、与合同相对人签订保密约定等，使无权接触者不能或难以接触到该信息。在大量的商业秘密诉讼案件中，原告多提供一份与被告等人签订的保密协议或一份公司内部保密规定，来证明其采取了相应的保密措施。如果这些保密协议、保密规定模糊，或真实性无法确认，则很可能导致法院做出“保密措施明显不当”的认定。同时，“不为公众所知悉”是一种客观事实状态，商业秘密一旦公开则具有不可逆性，即使事后再采取措施，也于事无补。这就要求原告采取相应保密措施的起始时点，不能迟于原告商业秘密产生的时点，且应当一直持续至诉争时，否则就无法达到使商业秘密一直处于可受控状态的法律效果。因此，原告采取保密措施的时间及持续性，也是判断其保密措施是否得当的一个重要方面。

在证明自己拥有商业秘密之后，原告还需要证明被告使用或披露了其商业秘密。

司法实践中，对于被告是否使用了原告所主张的商业秘密信息，更多的是进行一种事实推定，即通常所说的“相同＋接触－合法来源”原则。在原告证明被告生产了与其相同的产品，或与相同的客户达成交易，且被告有接触到相关产品生产技术信息或客户信息的渠道，而被告并不能证明其就相应信息的取得有合法来源的情形下，即可推定被告使用了原告所主张的商业秘密。例如，被告作为原告单位技术人员，通常可以推定其因工作需要，知悉原告相关技术秘密。但被告离开原告单位后至另一公司就职的事实，并不能直接证明其披露或利用所掌握的有关商业秘密为该公司生产经营获益。原告至少还应当证明被告现任职公司在生产经营中使用了相同的技术信息，如工艺、配方等或所生产产品具有与原告产品相同的特性，否则将承担举证不足的法律后果。

在具体案件中，被告是否使用了原告的技术秘密，往往要借助于司法鉴定，且该举证责任应由原告承担，即使在推定原则下，举证责任仍然很重大，该举证不能也是许多商业秘密案件中原告败诉的主要原因之一。针对此，被告除了消极抗辩外，更应当主动积极地进行“合法来源”的有效举证，主动消除法院对于己方信息来源的“合理怀疑”。

（撰稿人　陈静律师）

技术成果转化过程中的七大“隐患”

在这个技术创新、技术创富的时代，形形色色的技术合作模式层出不穷。技术研发人希望将自己的技术成果顺利转化并获得丰厚的技术收益；企业希望找到一个高精尖的技术让企业市场开出一片新天地，以获得更多的市场利益。合作之初，大多数合作者都对结果抱有美好的憧憬，但经常出现的结局却是不欢而散，甚至对簿公堂。排除那些少数缺乏诚信的技术买卖方，事实上，很多的纠纷隐患在双方签订技术合同时就已经埋下了。

这些隐患可以梳理归纳为以下七大法律问题。

第一隐患：合同主体不适格

合同主体不适格主要包括两种情形。

一是技术转让方根本不是标的技术的权利人。例如，技术研发人员以个人名义转让属于其工作单位的职务技术成果。除非有该职务技术成果所属单位的事前授权或事后确认，该类技术合同通常会基于技术转让方根本无权处置标的技术而归于无效。更严重的情形是，标的技术涉及所属单位的商业秘密，技术受让方还可能因此陷入侵犯他人商业秘密的纠纷之中。

二是技术转让方仅拥有标的技术的部分支配权。例如，技术转让方曾经和第三方进行过前期技术研发合作，并已明确约定了相关技术成果归属双方共有，在该技术成果的后续转化过程中，则要充分考虑该技术成果的支配处置权的分配归属，以及基于该技术成果的后续研发成果的归属，否则，极易产生第三方对于标的技术成果的权属争议。

当然，还有一种常见情形，高校及科研院所设立的从事技术研究开发、转让等活动的课题组、工作室等基于技术转让的便利性，自行签订技术合同。

这也将产生诸多隐患，特别是可能导致合同履行中的责任承担不能及责任承担对象的复杂化；高校及科研院所也可能因此流失重大职务技术成果。

因此，技术成果转化的第一步，是检查标的技术的有效权属人，避免“一女二嫁”或者“替他人做嫁衣”，避免合同无效的严重后果。

第二隐患：技术标的不清晰

技术成果转化涉及各类技术标的，包括专利、专利申请、技术秘密（专有技术）、计算机软件、集成电路布图设计、植物新品种等。在一个新技术项目的产业化过程中，往往涉及多项技术标的的集成，如以一项或多项专利（专利申请）为技术核心，包含相关联的专有技术及后续待开发技术。

技术合作双方通常会存在对技术标的信息了解不对称状况，这极易造成合作双方，尤其是技术受让方对于技术标的的理解偏差和误解，这也是大量技术合同纠纷产生的主要根源之一。对于技术标的客观、准确的描述，也将直接决定合作双方的权利义务范围，尤其是技术出让方的合同义务范围。通常情况下，技术受让方应当将自己的技术需求详细完整地列示在相关合同文本中。

因此，作为技术出让方，应当尽可能地基于技术需求方的合同目的，划定恰当的技术标的范围，描述尽可能完整、客观、准确。作为技术受让方，同样应当基于技术需求目标，检查技术标的的完整性和充分必要性，尤其应当充分考虑实现项目目的的必要关联技术及后续研发技术的持续提供。

第三隐患：技术标的有缺陷

技术合同中的标的技术的先进性和专业性，将直接决定标的技术的转让或实施价格。在诸多的技术合同纠纷中，不乏技术受让方宣称自己上当受骗，因为技术转让方拿来一项现有技术冒充所谓“专有技术”，技术转让方仅仅是提供了现有技术服务，而并非可以实现市场独占的专有技术转让。

出现这种问题的原因，可能是因为技术标的的不明确，更重要的是对明确后的技术标的没有进行必要的审查，未了解该技术标的的真实性、可靠性及市场价值。

对技术成果的来源、法律状况和经济价值进行审查，是预防技术合同欺诈的有效手段。一方面，技术受让方有必要了解技术成果的创造者的整体技术研发水平，通过对技术来源和对技术持有人的审查会对技术成果的实际情况有较全面的认识和掌握；另一方面，合同当事人还要充分审查标的技术法律状况，例如，标的技术包含专利时，审查该专利是否处于有效状态，该专利被无效的风险大小以及该专利保护期的长短等；最后要充分审查标的技术的成熟度，并非所有的专利技术都可以直接产业化，还应当考察该技术是否实用，依靠自己的技术力量和资金力量能否实施等。

对于技术转让方来说，《合同法》第三百五十三条的规定是一柄悬在头顶的利剑。该条规定："受让人按照约定实施专利、使用技术秘密侵害他人合法权益的，由让与人承担责任，但当事人另有约定的除外。"

技术转让方首先应当保证自己是所提供的技术的合法拥有者，并保证所提供的技术完整、无误、有效，能够达到约定的合同目标。其次也要充分审查自己所提供的标的技术，是否可能落入他人专利的保护范围之内。如果存在可能性，应当事前约定技术转让人免责条款。

第四隐患：退出渠道未设置

在技术合同履行过程中，经常会出现诸多阻碍合同目标实现的客观情形。例如，标的技术的研发风险过大，无法获得符合合同目标的研发成果；作为核心标的技术的专利被宣告无效；因国家行业政策改变，合同标的技术的实施将被限制或禁止；等等。上述有些情形可以预见，而有些状况的出现则无法预见。

在进行技术合作之初，针对可能出现的所有阻却情形，设置公平合理的解除、退出渠道，是极其必要的防止合同纠纷的手段，避免"合作一两年，官司五六年"。久拖不决的技术合作纠纷，对于技术合作双方都是伤害，尤其是技术转让方，长期深陷在技术合同纠纷中，对于后续的技术成果转化都会形成很大的障碍。

所谓退出渠道，即设定合同解除条件。例如，因对方迟延履行催告解除，因标的技术本身法律状态的变化解除，因技术风险解除，因其他原因致使合同目的无法实现解除等。技术合作双方均应充分考虑合同履行不能的风险分担方式，力求公平合理。

第五隐患：履行过程无记录

技术合同纠纷如果进入诉讼程序，通常只会关注两个重点：第一，合同的约定是什么？第二，合同双方是否按照合同约定履行了合同义务？

技术转化合同标的技术中的起始技术通常为阶段性技术成果，合同目的在于实现该技术的工业化应用，合同内容也主要在于约定有关后续试验、开发和应用等。因此，这要求技术合作双方，对于合同履行阶段、履行过程，各阶段过程中双方的义务及权利进行明确、清晰的约定。在履行过程中，如果对原约定条款，尤其涉及权利义务条款有所调整和变更，应当书面确定。

另外，合同双方在履行过程中，均应完整保留由对方确认的履行记录，而不是一个寥寥数语的邮件或者一份不完整的传真，甚至仅仅是一个电话口头确认。

大量的纠纷往往出现在履行记录不完整而另一方刚好钻了这个空子，守约方哑巴吃黄连——有苦说不出。但如果守约方做到了上述两点，当另一方出现违约情形时，守约方也许只需要一个律师函就能解决问题，而无须麻烦法院了。

第六隐患：验收标准不明确

技术合同中的标的技术不同于普通买卖合同中的普通货物，其无形性的特点要求交付的完成通常要以达到约定的验收标准为线。如果验收标准不明确，对于技术合作双方都将是一个麻烦的开始。

对于技术转让方来说，验收标准应当与标的技术的先进性密切相关，建议仅限于客观可衡量的技术性指标，谨慎纳入经济性指标，因为诸多的非技术转让方可控制因素，将可能导致这些经济性指标无法实现。即使是技术性指标，也应当尽可能明确相应的技术实施条件和配套实施环境，尽可能排除与标的技术本身技术性无关的因素。

对于技术受让方来说，可能无法精确地审查具体技术标准的合理性，但是可以结合自己的具体技术需求目标，来检查技术转让方所提供的技术性指标是否接轨，技术转让方所设置的技术实施条件和配套实施环境是否与自身实际生产状况相符，如需要改进，是否还需要技术转让方提供附加的技术服务等。

第七隐患：技术转让雇佣一把抓

在技术提供方为个人时，通常情形下，技术受让方会连带着把技术提供人聘用为单位技术人员，负责技术合同项下的技术项目的具体实施。这可能会造成一个比较复杂的局面，在出现技术合作纠纷时，首先要甄别哪些是技术提供人义务，哪些是被聘用员工义务。

更复杂的在于，劳动法律关系是职务发明创造法律关系的基础和前提，不论是当前存在还是曾经存在，不论是长期还是临时，也不论是全职还是兼职，只要当事人之间存在劳动雇佣关系，在项目实施过程中产生的所有后续技术成果，都可能涉及是否可以认定为职务技术成果的问题。因此，如果技术提供人不仅提供标的技术，还受聘为技术负责人，就可能是签订了“卖身契”。

因此，如果技术提供人不是计划从一而终，长期服务于技术受让方，建议尽可能以技术服务协议取代聘用协议，让法律关系更简单明了，义务范围更清晰准确。

（撰稿人　陈静律师）